KB182423

이주민의
에스니시티와
거주지역 분석

* 이 연구는 2008년도 정부(교육과학기술부)의 재원으로 한국연구재단의 지원을
받아 수행된 연구임을 밝힌다(KRF - 328 - 2008 - B00045 - 100099).

이주민의
에스니시티와
거주지역 분석

성공회대학교 노동사연구소
이종구 외 지음

이 책의 주요 내용은 한국 사회에서 이주노동자가 차지하고 있는 위상에 대한 고찰이다

이 책의 주요 내용은 한국 사회에서 이주노동자가 차지하고 있는 위상에 대한 고찰이다. 1980년대 중반부터 한국에 들어오기 시작한 중국, 동남아, 기타 발전도상국 지역 출신의 이주노동자는 현재 사회 구성원의 일부가 되어 있으며 노동집약적 제조업과 서비스업을 유지시키는 필수적인 노동력이다. 한국 정부는 이주노동자의 입출국을 행정적으로 통제할 수 있다는 전제하에서 자진 출국 권유, 산업연수생제, 고용허가제로 이어지는 대증요법적 정책을 집행하여 오고 있다. 그러나 현실적으로 이주노동자는 한국 사회에 정착하고 있으며 사용자들도 체류자격의 합법성 여부와 무관하게 이들을 고용하고 있다. 반면에 정부가 주도하는 다문화 캠페인은 결혼 이주 여성에 초점이 맞추어져 있으므로 이주노동자는 정책적 지원의 대상이 아니었다. 이와 같은 정책과 현실의 괴리를 극복하기 위해서는 사회적으로 이주노동자에 대한 정확한 현실 인식을 공유할 필요가 있다.

이주노동자의 이입과 정착화라는 현상은 세계 자본주의 체제 내부에서 진행되고 있는 국제노동력 이동의 일부라는 시각에서 해석할 필요가 있다. 고임금 취득을 목표로 일단 입국한 이주노동자는 현지 사회에서 사회적 네트워크를 형성하고 생활자원을 획득하므로 출신국 사회 내부에 있던 네트워크는 장기적으로 약화되는 과정이 진행된다. 반면에 이주노동자와 출신국 사회구성원 사이에는 국경을 초월한 사회적 네트워크가 형성된다. 이는 국제 노동력 이동을 촉진시키는 통로가 된다. 글로벌라이제이션이 진행되어 있는 상황에서 각국 정부가 물리적 수단을 동원하여 국경 관리를 완벽하게 할 수 없다는 사실은 이미 유럽이나 미국, 일본이 경험하였다. 즉, 국경의 벽이 낮아지고 있는 현실을 정부가 인정하고 새로운 보편적 기준과 규범에 입각한 이주노동자 정책을 구상해야 한다.

성공회대학교 노동사연구소는 이상과 같은 시각에 입각하여 국내 이주노동자의 상태를 파악하기 위하여 집단 거주지역에 대한 경험적 조사연구에 착수하였다. 연구진은 사회학, 경제학, 신학 전공자로 구성되었다. 조사 대상은 재중동포이며 이주노동자라는 복합적 성격을 가진 조선족의 집단 거주 지역인 서울 구로 지역과 동남아 출신의 이주노동자가 모여 있는 경기도 남양주 마석의 성생 가구공단이었다. 여기는 기독교 계통의 이주노동자 지원 운동이 활성화되어 있는 곳이었으므로 신학적 고찰의 대상으로서도 중요한 의미를 찾을 수 있는 지역이었다. 또한 연구진은 종교계만이 아니라 정부, 기업, 시민 자원봉사자가 이주노동자를 지원하기 위해 공동으로 노력하는 장(場)이 형성되어 있으므로 글로벌라이제이션이라는 맥락하에서 발전하는 새로운 사회운동의 모습을 확인할 수 있었다.

이 연구의 가장 큰 의의는 현재 이주노동자가 사회구성원의 일부가 되어 있으며, 이들과 내국인이 공생할 수 있는 진정한 의미의 다문화 사회를 구현하기 위한 사회적 노력이 필요하다는 사실을 확인할 수 있었다는 점에 있다. 이주노동자는 장기 체류하며 한국사회에 적응하는 가운데 에스니시티와 정체성의 변용을 경험하게 되며, 이들의 내부 구성도 세대, 인종, 체류 기간, 교육수준을 비롯한 개인적 속성에 따라 다양하다. 중국동포의 경우에도 현실적인 편익의 확보 가능성에 따라 한국 국적을 취득하려는 의지가 다르게 나타났다. 그러나 집단 거주 지역을 중심으로 이주노동자의 생활세계가 국내에 형성되고 이들의 세대적 재생산이 이루어지고 있으므로 현행 고용허가제가 전제로 하고 있는 노동력의 도구적 활용이라는 정책 목표를 넘어서는 새로운 접근방법이 요청되고 있다. 무엇보다 숙련을 쌓은 이주노동자를 장기적으로 활용하고 고용허가제에 규정된 번잡한 절차를 밟을 수 있는 역량이 부족한 중소 영세 사업자도 외국인 노동력을 합법적으로 고용할 수 있는 제도 운영의 유연성만이 아니라 각종 인권과 노동기본권을 보장할 수 있는 조치가 필요하다는 것이 현장의 목소리였다. 이와 동시에 이주노동자에 대한 수요는 국내 노동시장의 미스매치에서 발생하는 것이므로 노동력 수급에 관련된 각종 제도적 장치에 대한 재조정도 필요하다는 정책적 함의를 찾을 수 있었다.

여기에 수록된 각종 증언과 자료를 수집하고 분석하는 과정은 전적으로 다수의 이주노동자가 협력하였기 때문에 가능하였다는 점을 밝힌다. 또한 구로지역의 김해성 목사와 남양주 지역의 이정호 신부는 현지 조사에 전폭적으로 협력했으며 센터에 보존된 각종 기록물과 자료뿐만 아니라 본인의 증언도 스스럼없이 제공했다. 이 밖에도 다수의 연구자와 활동가의 조력이 있었다. 연구진 내부에서 소수자 문제의 전문가인 박경태 교수는 현지조사를 설계하고 결과를 해석하는 작업을 사실상 총괄하였다. 민중신학자인 권진관 교수는 이주노동자 집단거주지역에서 지원활동뿐만 아니라 지역 공동체의 중심인 교회의 역할을 분석하였다. 경제학 전공의 박준엽 박사는 접근 자체가 어려운 영세 사업장의 경영자들로부터 실상을 청취하였으며 차질 없이 연구가 진행될 수 있도록 관리하였다. 사회학 전공의 임선일 박사와 김현선 박사는 끈기와 인내가 필요한 질적 자료 수집을 담당하였다. 특히 연구 과정에서 수집한 자료를 기반으로 임선일 박사는 학위 논문을 완성하였다. 성공회대학교 대학원에서 사회학을 전공한 강은숙 조교, 권기호 조교는 각종 연락과 사무 처리, 통계 처리를 맡아 수고하였다. 마지막으로 원고를 교정하고 교열하는 데 큰 도움을 준 강숙경 선생과, 박승하 조교, 김정미 학생에게 고마움을 전하며 책을 출판하는 데 여러 가지 조언을 아끼지 않았던 한국학술정보(주)의 김영권 이사님과 이주은 씨에게 감사의 인사를 전한다.

연구진은 이 책의 내용에 대한 연구자와 독자 여러분의 아낌없는 비판과 지적을 고대하고 있으며 모든 오류와 흠결의 책임은 전적으로 총괄 연구 책임자를 맡은 이종구에게 있다는 것을 밝힌다.

2011. 11. 30.
이종구

■CONTENTS

03 중소제조업의 인력수급과 이주노동자
—마석가구공단를 중심으로—
_ 박준엽

04 한국사회 이주민의 문화변용
—구로의 중국동포와 마석공단의 이주노동자—
_ 임선일

05 귀화 조선족의 정체성과 국적의 탈신성화

_ 김현선

06 기독교 선교와 이주노동자
-구로와 남양주를 중심으로-

_ 권진관

07 한국인의 시선
－경기도 마석 가구공단에 거주하는
한국인들의 이주노동자에 대한
인식을 중심으로－
_ 박경태

08 다문화 사회 실현을 위한 과제
_ 이종구

01

한국의 이주노동자와
다문화 담론

이종구

제1장 문제의 제기:
이주민과 사회통합

1960년대부터 본격적으로 진행된 한국의 초기 경제발전 과정은 노동집약적 경공업 제품의 수출이 선도했다고 말할 수 있다. 농촌의 상대적 과잉인구는 풍부한 노동력의 공급원으로 기능하였다. 이농 청소년 집단은 미숙련 노동자로 전화되어 저임금에 기반을 둔 수출상품의 경쟁력을 확보하는 기반이 되었다. 그러나 한국 경제의 고도성장과 산업 노동자의 증가로 인해 이미 1970년대 말에는 농촌 노동력의 무제한 공급이 한계에 부딪치고 있었으며 이는 임금 인상 압력으로 반영되고 있었다. 정부는 1970년대 후반부터 선진국의 무역장벽을 우회하여 새로운 시장을 개척하기 위하여 숙련 남성 노동력에 기반을 둔 중화학공업을 육성하는 방향으로 산업정책을 전환하고 있었다. 부품과 소재 생산 기반이 취약한 상태에서 추진된 당시의 중화학공업은 조립가공 산업의 성격을 가지고 있었으며 선진국과 비교해 상대적으로 저렴한 노동비용이 경쟁력의 원천이었다. 또한 권위주의적 군사정권 하에서 노동운동과 노동자의 임금인상 요구는 억제되고 있었다.

그러나 1987년의 6월 항쟁과 민주화의 급속한 진행은 노동운동의 활성화와 급속한 임금인상을 초래했다. 이러한 상황 속에서 임금 지불능력이 상대적으로 취약한 중소영세기업은 생산시설을 해외 저임금 지역으로 이전하거나, 임금 및 노동조건에 대한 요구 수준이 낮은 노동력을 확보할 필요가 생겼다. 대기업의 경우에도 노동비용을 절감하기 위하여 노동력 관리의 유연성을 최대로 확보하는 전략을 채용하게 되었다. 특히 대기업 부문은 수량적 유연성을 확보하기 위하여 기업별 노동조합의 보호 대상이 아닌 비정규직 노동자를 활용하거나 사외 하청의 확대, 소사장제와 같은 사내 하청의 도입 등의 방법을 사용하게 되었다. 즉, 대기업 내부의 노동조건은 상향 평준화되었으나 대기업과 중소영세기업의 노동조건 격차는 확대되는 경향이 나타났다. 즉, 노동운동의 활성화에도 불구하고 중소영세기업 종사자의 상대적 박탈감을 느끼게 되었으며 고용 불안정을 감수하게 되었다. 이와 함께 소득과 교육 수준의 향상은 중소영세기업에 종사하려는 신규 노동자의 규모가 감소되는 결과를 초래했다. 그러나 수요자의 다양한 기호를 신속하게 충족시켜야 하는 다품종 소량생산형 제조업과 같이 해외 저임금 지역으로 이전할 수 없으며 품질 및 납기와 같은 비가격 경쟁력을 국내에서 확보해야 할 공정이 있다. 대량생산형 제조업에서도 고도의 품질 관리가 필요한 업종은 국내에서 생산 조직을 유지할 필요가 있다. 이러한 제조업의 하부 부문을 담당하는 중소영세기업은 외국인 이주노동자를 활용할 필요가 생겼다. 또한 생산 현장의 장소 이동이 불가능한 토목, 건축업이나 대인 서비스업에서도 이주노동자에 대한 수요가 발생했으며, 이는 농림어업으로도 확대되었다.

1988년의 서울올림픽으로 상징되는 한국 사회의 대외 개방은 해외 저임금 지역으로부터 이주노동자가 국내로 유입되는 중요한 계기가 되었다. 한편에서는 이미 세계 자본주의 체제에서 중간자적 위치를 차지한 한국으로 고용기회를 찾아 이동하려는 주변부 지역의 노동자들이 생겨났고 다른 한편으로 한국 내부에서는 이들에 대한 수요가 증대하고 있었다. 서울 올림픽과 함께 물질적으로 풍요한 한국의 현실적 상황에 대한 정보가 세계에 전파되었으며 출입국 관리도 개방적으로 변모했다. 한국 정부는 노동시장의 부분적 수급 불균형에서 발생하는 문제를 완화시키는 효과를 가지고 있는 이주노동자의 유입을 묵인하고 있었다. 그러나 외국인 노동자에 대한 인권유린과 부당한 처우가 사회문제로 등장하고 국제적인 갈등이 발생하였으며 이주노동자 지원을 위한 시민운동이 활성화되기 시작하였다.

새로운 사회문제로 등장한 외국인 불법 취업자의 증가라는 현상에 대해 한국 정부가 보인 최초의 대응은 1992년 가을에 자진 출국 기간을 설정하고 여기에 순응하는 이주노동자에게는 출입국관리법 위반에 대한 처벌을 면제한다는 것이었다. 그러나 대량 출국이 기술적으로 곤란할 뿐만 아니라 조업 중단을 우려하는 중소기업 경영자들의 반대로 이러한 조치는 실효를 거두지 못 한 채 주기적으로 반복되었다. 이주노동자를 제도적으로 관리하려는 정부의 시도는 중소기업 협동조합 중앙회가 주관하여 1995년부터 전면적으로 시행한 산업기술연수생 제도이다. 그러나 실질적으로 노동에 종사하는 이주노동자에게 연수생이라는 명분으로 노동기본권을 인정하지 않고 불법 취업자보다도 낮은 임금을 지급하는 고용 방식은 심각한 부작용을 유발했다. 특히, 이 제도 하에서 연수생의 모집과 배치를 전담하는 사용자 단체는 이권을 가지게 되었다. 연수생들은 합법적인 체류 기한이 끝나기도 전에 직장을 이탈하여 임금이 높은 다른 직장으로 옮기고 불법 체류자가 되는 것을 감수하였다. 결국 산업기술연수생 제도는 2007년부터 이주노동자의 노동자성을 상당 부분 인정하는 고용허가제로 대체되기 시작하였다. 직장이 정해진 상태에서 입국 허가를 부여하는 고용허가 제도 하에서 불법 취업자를 둘러싼 갈등이 완화되기 시작하였으며 미흡한 상태이지만 노동시장 질서가 확립되기 시작하였다. 그러나 외국인 체류자가 100만명을 초과하는 시대를 맞은 한국에는 2010년 현재에도 10만명 수준의 불법 체류자는 여전히 남아 있으며, 출입국관리와 외국인 정책은 가장 민감한 사회적 쟁점으로 남아 있다.

이주노동자의 장기 체류와 정착화는 이들이 사회를 구성하는 요소의 일부가 되었다는 사실을 시사하고 있다. 단일 민족사회라는 통념을 저항감 없이 공유하고 있던 사회 구성원들은 이민족 집단과의 공생이라는 새로운 과제에 직면했다. 또한 이주노동자의 처우를 둘러싸고 한국에서 진행되어 온 논쟁은 1987년 6월 항쟁 이후의 정치적 민주화 과정과 노동운동의 진출, 1988년의 서울 올림픽과 대외 개방의 확대를 거치면서 한국 사회 내부에서 중요한 질적인 변화가 일어났다는 것을 보여주고 있다. 즉, 전반적인 소득수준의 향상과 정치적 민주화의 진전은 노동자의 지위와 권리의식을 향상시켰다. 그러나 노사관계, 사회복지, 교육을 비롯한 공공서비스의 합리화가 지체됨으로써 발언권과 교섭력이 약한 중소영세기업 종사자의 사기와 의욕은 급격히 저하되는 문제가 발생했다. 정부와 기업은 제도를 정비하여 문제를 해결하는 것이 아니라 사실상 무권리 상태에 놓여 있는 이주노동자를 활용하여 이러한 불균형을 완화하는 방향으로 행동했다. 기업별 노동조합 체제를 기반으로 한 노동운동 세력도 중소영세기업 노동자나 외국인 노동자를 효율적으로 지원할 수 없었다.

제도의 비합리성에서 발생하는 비용을 약자에게 전가하여 모순을 단기적으로 완화하는 정책적 대응 방식은 공동화되어 가는 농촌 지역에도 적용되어 결혼 이주 여성이 증가하는 결과를 가져왔다. 실질적으로 가사, 육아, 농업노동을 담당하는 발전도상국 출신 이주 여성의 증가는 이주민의 정착과 내부화에 대한 사회적 관심을 촉구시키는 계기가 되었다. 즉, 국내 농촌 인구가 고령화되고 젊은 여성이 농민과 결혼하기를 꺼리게 되는 원인을 찾아 해결하기 위해서는 종합적 정책 구상이 필요하다. 그러나 정부는 농업정책, 농업 경영 조직, 농촌 지역의 생활기반 시설 정비, 등에 대한 정책 기조를 혁신적으로 바꾸는 것보다는 보조금으로 고통을 완화시키는 방법을 사용하였다. 사회적으로 준비가 되지 않은 상태에서 증가하고 있는 결혼 이주 여성과 자녀는 이미 사회문제로 등장하고 있으며 관주도 하향식 다문화(multiculture) 사회 담론이 유포되는 결과를 초래했다. 한국에서 통용되는 다문화의 실질적 내용은 미국과 서유럽에서 이미 시행 착오를 겪고 폐기된 냄비(melting pot)모델인 동화론이며 본래의 뜻인 각자의 고유성을 존중하며 공생한다는 이념적 지향과는 거리가 멀다. 따라서 각종 정부 조직과 사회단체가 예산과 자원 획득을 위한 명분으로 다문화를 현실적으로 이주민이 사회적 의사 결정 과정에 참가할 수 있는 통로는 마련되어 있지 않다고 볼 수 있다.

이상에서 살펴 본 바와 같이 1980년대 말부터 한국사회의 민주화와 세계화를 배경으로 등장한 이주노동자와 결혼 이주 여성의 증가라는 사회 현상은 한국의 사회과학에 새로운 과제를 제시하고 있다. 여기에서 가장 중요한 일은 선입견과 당위론을 배제하고 현실을 인식하는 데 기여할 수 있는 시각을 확립하는 것이다. 그러나 이 작업은 객관적인 자료에 의해 뒷받침 되어야 한다. 이 연구는 이주민의 정착화가 진행되고 있으나 이에 대응할 수 있는 국내 제도의 변화는 지체되고 있으므로 사회적 갈등이 발생하고 있다는 문제의식에서 출발하였다. 결혼 이주 여성은 입국 목적에 영주와 국적 취득이 포함되어 있다는 점을 감안하면 고찰의 초점을 이주노동자에 맞출 필요가 있다. 또한 이주노동자의 집단 거주지의 상태를 조사함으로써 정착화 현상을 관찰할 수 있다는 점에 착안하였다. 이러한 작업을 추진하기 위해서는 우선 이주노동자의 이입과 정착이 발생하는 배경에 대한 고찰에 착수할 필요가 있다.

제2장 이주노동자의 기능과 위상

　한국 사회에서 이주노동자가 증가하는 가장 큰 표면적인 원인은 사회 제도를 운영하기 위해 반드시 필요하지만 내부에서 충원할 수 없는 인구 집단을 외부에서 받아들이기 때문이다. 즉, 국제 노동력 이동은 국내 노동시장의 미스매치(mismatch)가 초래하는 파행적 결과를 완화시키는 기제로 작용하고 있다. 실제로 이주노동자의 도입을 반대하는 논자들은 노동시장의 개방이 국내 사회제도의 개선을 지연시키고 있다는 비판을 제기하고 있다. 그러나 시장통합과 함께 자본과 노동력의 이동이 촉진되는 세계화 시대에 개별 국가의 의지로 이주노동자의 흐름을 통제하는 것은 한계가 있다는 사실이 드러나고 있다. 또한 역사적 경함에 비추어 보면 이주노동자의 이동은 비가역적인 성격을 가지고 있으므로 단기적인 노동력 활용을 목적으로 도입한 이주노동자는 결국 정착 집단화되었다.

　이주노동자가 생활자원을 획득하는 직업 기회만이 아니라 사회적 네트워크와 생활세계가 현지 사회에서 재생산되는 과정이 진행될수록, 이들이 본국과 유지하는 사회관계는 희박해진다. 이주노동자가 현지 사회에 적응하는 과정에서 자신의 언어, 문화, 가치관을 비롯한 에스니시티의 변용을 겪게 된다. 이러한 과정이 진행되는 시간이 길어질수록 이주노동자가 본국으로 귀환해 사회생활에 적응하기 어려워질 가능성은 낮아진다. 더구나 2세의 경우에는 사회화 과정이 현지에서 진행되므로 본국은 사실상 외국이나 마찬가지가 된다. 한국에서도 이주노동자의 취로를 허용할 것인가, 추방할 것인가를 논의하는 것은 무의미해졌으며 오히려 현재 진행되고 있는 정착화의 양상을 파악하는 작업이 선결 과제로 등장하고 있다.

이주노동자에 대한 사회적 수요를 확인할 수 있는 가장 간단한 지표는 노동시장의 미스매치를 보여주는 업종별 부족률이다. 지표와 이 구조적으로 직종별 수급불균형의 문제를 내포하고 있다는 점에서 찾아야 한다. 업종별로 살펴보면 아시아 외환위기의 여파로 생산 설비의 가동률이 극단적으로 악화되었던 1998년 하반기와 1999년 상반기를 제외하고 1996년에서 2011년까지 제조업 부문의 노동력은 3~4% 수준으로 일정한 수준의 부족률을 보여주고 있으며, 이는 전 산업의 부족률을 초과하는 수치이다. 운수업의 부족률이 2002년부터 상승하고 있으나 이 부문의 취업자격은 면허제도에 의해 관리되고 있으므로 사실상 이주노동자가 진입하기 어렵다. 절대수로 보아도 부족률이 가장 심각한 부문은 제조업이다.

<표 I -1> 업종별 부족인원 및 부족률 추이

구 분		전산업	제조업	운수업	사업 서비스업	도소매업	숙박 및 음식업
1996	부족인원(명)	155,596	104,194	18,127	8,474	6,580	1,142
	부족률(%)	2.98	3.94	3.53	1.97	1.61	1.46
1997	부족인원(명)	129,257	79,523	21,497	6,140	5,459	1,292
	부족률(%)	2.44	3.12	4.02	1.24	1.25	1.62
1998	부족인원(명)	32,007	15,802	8,121	2,115	2,029	321
	부족률(%)	0.65	0.73	1.56	0.40	0.49	0.46

1999	부족인원(명)	62,600	29,875	9,344	3,854	7,253	1,455
	부족률(%)	1.11	1.30	1.86	0.69	1.15	1.16
2000	부족인원(명)	72,343	40,662	8,378	5,002	6,973	2,458
	부족률(%)	1.26	1.71	1.58	0.85	1.12	2.01
2001	부족인원(명)	76,053	39,835	9,552	5,559	5,892	3,031
	부족률(%)	1.28	1.58	1.85	0.93	0.96	2.05
2002	부족인원(명)	149,556	85,814	16,290	12,044	14471	2,860
	부족률(%)	2.49	3.43	3.14	1.86	2.13	1.72
2003	부족인원(명)	141,126	78,636	22,960	8,920	10,163	4,782
	부족률(%)	2.18	2.94	4.13	1.23	1.48	2.55
2004	부족인원(명)	179,717	82,827	38,023	16,206	13,940	2,905
	부족률(%)	2.54	3.00	6.50	1.88	2.04	1.22
2005	부족인원(명)	225,479	98,140	38,934	24,786	21,752	8,275
	부족률(%)	3.07	3.50	7.00	2.59	3.06	3.47
2006	부족인원(명)	205,166	83,004	34,274	22,264	14,674	7,448
	부족률(%)	2.74	2.95	7.04	2.79	2.10	3.30
2007	부족인원(명)	250,367	95,730	38,192	26,539	20,971	12,027
	부족률(%)	3.23	3.39	7.37	3.03	2.98	5.19
2008 상	부족인원(명)	225,873	86,481	21,591	31,753	18,683	10,661
	부족률(%)	2.8	3.1	4.5	3.2	2.8	4.5
2008 하	부족인원(명)	171,861	66,655	15,343	26,013	16,779	6,424
	부족률(%)	2.1	2.3	3.1	2.4	2.5	3.4
2009 상	부족인원(명)	179,906	68,260	15,514	11,675	13294	6845
	부족률(%)	2.1	2.4	3.1	2.0	1.8	2.8
2009 하	부족인원(명)	229,730	97,925	18,770	10,313	19,654	9,591
	부족률(%)	2.7	3.5	4.0	1.9	2.6	4.1
2010 상	부족인원(명)	285,000	118,000	25,000	16,000	23,000	14,000
	부족률(%)	3.3	4.5	4.7	2.7	2.9	6.0
2010 하	부족인원(명)	271,000	119,000	21,000	17,000	20,000	14,000
	부족률(%)	3.1	4.1	4.5	2.9	2.6	5.7
2011 상	부족인원(명)	264,000	107,000	23,000	13,000	23,000	14,000
	부족률(%)	2.9	4.0	3.9	2.2	2.7	5.6
	구성비(%)	100.0					

자료 : 노동부. 노동력수요동향보고서 각 년도.
주 : 노동력수요동향보고서 조사대상이 2004년부터 임시 · 일용 · 외국인 노동자를 포함하는 것으로 확대되었음.
* 각 산업의 노동부족률=산업별 부족인원/산업별필요인원×100
단, 산업별 필요인원은 지면관계상 생략하였음. 노동력수요동향보고서 각 년도 참조.

한국에서는 1997년의 외환위기 직후의 수년간을 제외하고는 2~3%의 노동력 부족률이 상례적으로 나타나고 있으며, 실업률도 비슷한 수치를 보이고 있다. 그러나 실업률을 연령 집단별로 살펴보면 노동시장에 진입하는 20대가 전체보다 압도적으로 높다.[01] 이와 같이 노동력 부족률과 청년층의 높은 실업률이 동시에 나타나고 있다. 즉, 청년층이 선호하는 양호한 일자리의 부족이 문제이므로 이주노동자와 내국인 노동자 사이에 일자리를 둘러싼 경쟁이 존재한다고 볼 수 없다. 이와 같이 간단한 지표를 보아도 이주노동자에 대한 수요가 일정하게 있다. 한국 사회에도 이주노동자가 장기 체류할 수 있는 기본적 환경이 조성되어 있는 것이다.

〈그림 I -1〉 연령 집단별 실업률 추이

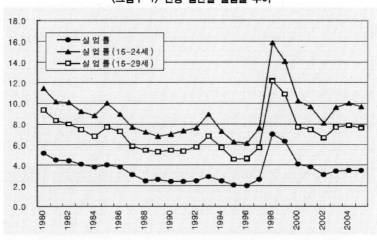

자료: 남재량, "노동시장의 동태적 특성에 관한 연구", 노동연구원, 2008, 28쪽.

노동력 부족과 청년층 실업이라는 두 가지 문제가 병존하는 상황

---

01 남재량, "노동시장의 동태적 특성에 관한 연구", 한국노동연구원, 2008

은 불법 취업 상태에 있는 이주노동자가 증가하는 배경이 되고 있다. 산업연수생 제도가 실시되고 있던 시기에 경기도 지역의 이주노동자를 대상으로 2002년 10월에 조사한 자료에 의하면 한국 체류기간이 평균 3.8년으로 나타나고 있었다<표Ⅰ-2>. 당시 산업연수생에게 허용되는 최대 합법 체류 기간은 3년이었으므로 이 자료에서도 제도의 실효성이 낮다는 사실을 볼 수 있다. 응답자의 90.1%가 불법 체류자였고, 산업연수생으로 입국했으나 불법 체류자로 전화된 경우가 32.8%였다. 전국적으로 보아도 불법체류자의 비율은 계속 증가하여 2002년에 49%에 달하였으나 고용허가제의 적용과 재입국 허용을 전제로 한 출국 권유 조치로 1/3 수준으로 저하되었다. 그러나 장기적으로 이주노동자의 숫자는 계속 증가했으며 2008년 현재 약 100만 명의 규모에 달하는 것으로 추정되고 있다<표Ⅰ-3>.

<표Ⅰ-2> 경기도 조사 응답자의 불법체류 상황(단위: %)

구 분		비중(%)
한국 체류기간	1년 미만	9.2
	1년 이상	27.0
	2년 이상	20.9
	3년 이상	12.2
	4년 이상	10.2
	5년 이상 장기체류	20.5
불법체류 여부	산업연수생	8.9
	연수생 ⇒ 불법체류자	32.8
	처음부터 불법체류	57.3

자료: 김용훈 이석원 이환성, "경기도 외국인 노동자의 노동환경 개선방안", 경기개발연구원, 2002, 81쪽

<표 I-3> 불법 체류 외국인 추이(단위: 천명, %)

연도	총체류자	불법체류외국인				불 법 체류율
		계	등 록	단 기	거 소	
97년	386,972	148,048	32,990	115,058	0	38.3
98년	308,339	99,537	25,301	74,236	0	32.3
99년	381,116	151,986	31,317	120,669	0	39.9
00년	491,324	205,205	42,048	163,157	0	41.8
01년	566,835	272,626	67,064	205,562	0	48.1
02년	629,006	308,165	83,779	224,386	0	49.0
03년	678,387	154,342	72,500	81,842	0	22.8
04년	750,873	209,841	89,857	119,216	768	27.9
05년	747,467	204,254	107,049	96,373	830	27.3
06년	910,149	211,988	106,657	103,835	1,496	23.3
07년	1,066,273	223,464	107,278	114,295	1,891	21.0
08년	1,158,866	200,489	93,461	106,486	542	17.3
09년	1,168,477	177,955	83,729	93,613	613	15.2
10년	1,261,415	168,515	78,545	89,238	732	13.4
11.09	1,418,149	170,614	82,738	86,934	942	12.0

자료: 법무부 출입국관리국 통계.

이주노동자에 대한 수요가 한국 사회 내부의 노동시장 미스매치에 기인하는 상황 속에서 사용자는 저임금 노동력의 활용 이전에 노동력의 확보를 중시하게 되었다. 즉, 이주노동자를 둘러싼 노동문제나 인권문제 속에는 중소영세기업의 고용관계에서 나타나는 실태가 반영되어 있다. 한국노동연구원이 이주노동자 고용 업체를 대상으로 2001년 7월에 외국인과 내국인 노동자의 임금과 생산성을 조사한 자료에 의하면 이주노동자의 숙박비를 제외할 경우 "외국인 근로자의 국내 근로자에 대한 비교임금(남자 65.9%, 여자 72.9%)은 생산성 수준(76.4%)"보다 다소 낮은 것에 불과하였다. 이 자료에서는 기업이 주관적으로 느끼는 외국인 근로자의 고용비용이 국내 근로자에 비해 낮거나 비슷한 수준에 있었다. 국내 업체가 외국인을 고용하는 가장 큰 이유는 '국내 인력을 구하기 어렵다'는 것이었다. 또한 기업들은 내국인 생산직 인력이 부족하게 된 이유를 열악한 작업 환경, 저임금, 거주지와의 지리적 거리, 등으로 응답하고 있었다.[02]

국내에 이주노동자에 대한 수요가 지속적으로 존재하는 상황에서 현실적으로 아시아 지역에서 한국의 임금수준은 일본 다음으로 높다 <표Ⅰ-4 >. 이것은 아시아 지역에 한국으로 유입할 수 있는 잠재적 이주노동자의 저수지가 존재한다는 것을 말한다. 따라서 고임금 지역의 출입국관리 정책 및 이주노동자 정책의 상태에 따라 노동력 이동의 방향과 규모가 결정된다고 볼 수 있다.

〈표Ⅰ-4〉 아시아지역의 인건비(월) 국제비교(2003. 11 현재) (단위: 미 달러)

	橫浜	北京	深圳	上海	서울	방콕	쿠알라룸푸르	뉴델리	하노이
노동자 (일반공)	2,60 2	79 ~ 139	86 ~ 335	109 ~ 216	879 ~ 1,801	184	202	133 ~ 154	79 ~ 119
엔지니어 (중견기술자)	3,627 ~ 5,00 8	121 ~ 266	179 ~ 494	269 ~ 601	1,163 ~ 1,770	327	684	317 ~ 387	171 ~ 353
중간관리직 (부과장)	5,30 8 ~ 6,194	314 ~ 1,382	408 ~ 1,193	567 ~ 1,574	1,855 ~ 2,682	790	1,892	936 ~ 989	504 ~ 580

자료 : ジェトロセンサース (2004年4月)´ 『ものづくり白書2004年版』
(経済産業省など編). (三橋規宏 内田茂男 池田吉紀 『ゼミナール日本経済入門』
2005年度版, 日本経済新聞社, 2005, 412쪽)에서 재인용.

그러나 최소한 제2차 세계대전 이후의 국제 노동력 이동 과정을

---

02 유길상 이규홍, "외국인 근로자의 고용실태와 정책과제", 2002, 한국노동연구원, 56~57
쪽, 61~62쪽, 91~92쪽

보면 지역간 임금 격차는 이주노동자가 발생하는 배경적 요인에 지나지 않다는 사실이 확인되고 있다. 실질적으로 국제 노동력 이동이 발생하려면 개인이 국경을 넘어 이동할 수 있는 통로의 기능을 하는 사회적 네트워크가 존재해야 한다. 사회적 네트워크는 정보의 유통, 이동 안내, 직장 알선, 초기 정착 과정 지원, 등의 기능을 수행한다. 즉, 처음에는 공공기관의 알선이나 사적인 중개조직의 개입으로 국제 노동력 이동이 시작되어도 곧 이주노동자 집단과 출신국 사회 간에 네트워크가 형성된다. 일단 형성된 국제간 사회적 네트워크는 자체적으로 재생산을 한다. 이 경우에 이주노동자가 현지 사회에서 형성하는 민족 집단의 기능이 중요하다. 민족 집단 내부에서 새로 도착한 이주노동자는 현지에 적응할 수 있도록 정보를 얻고 일자리를 소개 받으며, 기타 생활자원을 확보한다. 먼저 도착한 이주노동자는 나중에 도착한 동료들을 보호하고 안내한다. 또한 이들은 자연적으로 저렴한 비용으로 주거를 마련할 수 있고 일터에 접근이 용이한 장소에 집단 거주하게 된다. 이주노동자의 집단 거주지역에서 민족 집단의 사회적 재생산과 함께 문화의 전승과 변용이 이루어진다. 여기에서 진행되는 문화의 전승은 민족 집단의 경계와 정체성을 유지하는 기능을 한다. 문화의 변용은 이주노동자가 현지 사회에 적응하며 재사회화 과정을 겪는 것이라고 말할 수 있다. 즉, 현지 사회와 상대적으로 격리된 상태를 유지하는 집단 거주지역에서는 이주노동자 집단이 자체적으로 통용되는 규범에 입각해 질서를 유지하며 사회조직을 형성하게 된다. 이 조직은 현지 사회에 대해 이주 민족 집단의 이익을 대변하고 내부의 정체성을 재생산 하는 기능을 수행하게 된다. 이와 같이 집단 거주지 내부에 지식, 정보, 자원, 사회적 네트워크가 축적되면 본국으로부터 이동해 들어온 새로운 이주노동자가 정착하기 쉬워진다.

한국에서도 이주노동자의 장기 체류화와 내부화를 보여주는 현상은 다양하게 나타나고 있다. 이주노동자가 주도하는 노동운동 조직이 형성되어 2005년에는 노조[03] 설립 신고를 시도하였다. 이주노동자 운동의 요구사항도 초기의 인권에서 노동권 보장을 거쳐 시민권 부여를 요구하는 방향으로 변화하고 있다[04]. 또한 세대적 재생산의 양상을 보아도 국가인권위원회가 2002년에 발표한 조사 결과에 나타난 응답자의 사실혼을 포함한 결혼 관계를 보면, 기혼자 비율은 50.7%, 배우자와 동거하는 경우는 52.9%였다. 물론 불법 체류자가 많아 외부인과의 접촉을 기피하고, 직장과 거주지가 산재해 있어 통계적으로 대표성을 인정할 수 있는 표본을 추출하기 어려운 조사 대상의 특성을 감안하더라도 응답자의 1/4이 한국에서 결혼 생활을 하고 있다는 사실에 주목할 필요가 있다. 이 조사에 응답한 기혼자의 90%가 자녀를 가지고 있으나 자녀를 동반하고 있는 비율은 10% 이하로 나타났다. 반면에 한국계 미등록 기혼 노동자의 자녀 동반 비율은 60% 수준이었다[05]. 무엇보다도 출신 지역을 중심으로 조직화가 이루어지고, 각지의 공단 주변에는 집단 거주지역이 형성되었다는 사실이 중요하다. 이미 한국에서도 이주노동자는 단기적인 방문 취업자가 아니라 사회 구성원의 일부로 정착하기 시작했다고 볼 수 있다. 사회적으로 정착한 이주노동자는 한국 생활에 적응하는 과정에서 에스니시티의 변용을 겪을 수밖에 없다. 즉, 에스니시티 변용 과정에 대한 고찰은 이주노동자의 내부화를 파악할 수 있는 방법이라

---

[03] 이주노조 MTU, 서울경기인천 이주노동자 노동조합, Seoul-Gyeonggi-Incheon Migrants Trade Union

[04] 이선옥, "한국 이주노동자운동의 형성과 성격변화 – 고용허가제 도입시기 명동성당 농성 사례를 중심으로 –", 성공회대학교 일반대학원 사회학과 석사학위 논문, 35쪽 72~74쪽

[05] 국가인권위원회, "국내거주 외국인노동자 인권실태조사", 2002. (장혜경 김혜경 오학수 이기영. "외국인 노동자 가족관련 정책 비교연구", 한국여성개발원, 2003. 126~127쪽에서 재인용)

고 할 수 있다.

반면에 국내 연구 동향을 보면 이상과 같은 이주노동자의 현실은 소홀하게 다루어지고 있었다. 특히 정부, 사용자 단체, 인권 단체, 노동 단체, 학계를 막론하고 조사 연구의 주안점은 실태 파악과 출입국 관리 제도 개선에 초점을 맞춘 정책 개발이었다. 이러한 상황에서 농촌 남성의 결혼문제를 해소한다는 명분으로 시작된 결혼 이주 여성의 증가는 다문화 담론이 확산 되는 계기가 되었다. 저출산 대책이 시급하다는 여론을 배경으로 정부가 주도하는 다문화 정책은 실질적으로 동화정책을 의미하고 있다. 정부가 관주도 다문화 정책의 추진과정에서 다양한 명목으로 지원 예산과 정책 연구비를 살포하는 가운데 이주 문제에 대한 연구자의 관심도 결혼이주 여성의 보호와 정착 지원 방안에 대한 모색으로 옮겨 갔다. 따라서 이주민 연구의 원점이라고 할 수 있는 불법 취업자나 귀환 해외동포에 대한 학계의 연구는 상대적으로 위축되었다. 반면에 외국인 불법 취업자는 구조적으로 재생산되고 있으며 중국에서 귀환한 조선족 동포는 여전히 한국사회의 주변부에 머물러 있다는 사실은 그대로 남아있다. 현실적으로 이주노동자의 처우와 수용 태세의 합리화가 수반되지 않은 상태에서 추진되는 다문화 정책은 외국계 주민을 도구적으로 활용하는 대상으로 간주하고 있다. 따라서 현행 관주도 하향식 다문화 캠페인은 인권 시비에 휘말려 막대한 사회적 비용을 유발할 가능성을 내포하고 있다. 이러한 위험에 대해서는 이미 이주노동자 집단 거주지역인 안산에서 현장과 밀착된 다문화 연구를 진행하고 있는 연구자들도 문제를 제기한 적이 있다.[06]

이주노동자의 사회적 정착을 내용적으로 파악하기 위해서는 앞에

---

06 오경석 등, 『한국에서의 다문화주의-현실과 쟁점-』, 한울, 2007

서 참조한 통계 자료는 황을 간접적으로 보여주는 지표에 불과하므로 현지 조사에 입각한 확인이 필요하다. 이러한 작업은 이주노동자 문제를 한국에만 있는 특수한 현상으로 보는 것이 아니라 글로벌라이제이션에 따라 세계적으로 진행되는 국제 노동력 이동의 결과물로 파악하는 시각을 전제로 한다. 한국 사회도 선진 공업국에서 이주노동자와 주류 사회 구성원 사이에 일어나는 각종 사회 갈등을 직시해야 하는 단계로 접어들고 있다. 이는 공허한 국익론이나 원칙론에서 벗어나 보편적 기준에 입각하여 다문화 사회의 미래상을 그리는 일이 사회적 과제로 떠오르고 있다는 것을 의미한다.

제3장 이주노동자의 정착 실태: 시각과 자료

　성공회대 노동사연구소는 이상과 같은 문제의식에 입각하여 필리 핀을 비롯한 동남아시아 출신의 이주노동자가 밀집하여 있는 경기도 마석의 가구공단과 귀환 중국 동포가 집단 거주하고 있는 서울 구로 구 속칭 "연변동" 지역에 대한 실증적 조사 연구에 착수하였다. 연구 기간은 1년 (2008. 12. 1.～2009. 11. 30)이었으며 한국학술진흥재 단의 지원을 받았다.

　조사 연구를 구상할 때 설정한 기본적 가설은 1)글로벌라이제이션 의 영향을 받는 한국 사회는 국제 노동력 이동 경로에 포함되었다, 2)"이주노동자는 해외 진출이나 자동화가 곤란하지만 국내에 유지해 야 하는 산업을 가동하기 위해 필수적인 노동력이 되었다", 3)"국내 에 유입된 이주노동자 집단은 자체 재생산을 하고 있으며 사회적으 로 정착하고 있다", 4)"이주노동자는 한국 사회 주변부에서 집단 거 주 지역을 형성하고 있으며, 주류 사회와 분리되어 있다", 5)"이주노 동자의 장기 체류화는 에스니시티의 변용을 초래하고 있으며, 본국 과의 관계도 소원해지고 있다", 등으로 요약할 수 있다. 이에 따라

"중소 제조업과 이주노동자의 수요", "이주노동자 집단 거주지역의
구조와 기능", "한국인과 이주노동자의 사회적 관계", "교회의 이주
노동자의 관계", "이주노동자의 에스니시티 변용" 등의 문제를 구체
적으로 설정하였다. 양적 자료와 질적 자료를 동시에 활용하기 위하
여 자기 기입식 설문지 방식에 의한 대량 관찰, 현장 견학, 참여 관
찰, 심층면접, 문서자료 수집 등의 방법을 사용하였다. 조사자에 대
한 이주노동자의 신뢰성을 확보하기 위하여 집단 정착 지역의 사회
적 구심점 역할을 하는 교회에 협력을 요청하였다. 또한 이주노동자
지원 운동에 관계하는 실무자 및 연구자들과도 심층 면접과 연구협
의회를 가지며 자료의 객관성을 화보하려는 노력을 기울였다. 조사
대상 지역과 자료의 성격은 부록에 수록되어 있다.

제4장 조사 연구의 결과와 함의

　이 책에 실린 글들은 전술한 조사 연구를 통해 수집한 자료를 기반으로 작성되었다. 여기에는 집단 거주지역의 형성 과정과 구성원의 상태를 비롯한 사회적 배경에 대한 기술과 분석만이 아니라 이주노동자가 한국 사회에 적응하여 정주하는 기제에 대한 설명이 포함되어 있다. 다음과 같은 내용을 가진 사례 연구의 성과는 다문화 사회를 실현하기 위해 갖추어야 할 정책적 수단을 논의하기에 앞서 정책입안자와 연구자, 운동가, 시민이 공유할 필요가 있는 기초 자료이기도 하다.

　우선 박준엽은 마석 가구공단의 경영자들을 면접하여 이주노동자를 사용하고 있는 중소기업의 상황을 분석하였다. 가구산업은 개별주문생산이고 부피가 커서 장거리 운송이 곤란하다는 특성이 있으므로 소비지에 근접한 지역에서 공장을 유지하게 되는 도시형 제조업의 성격을 가지고 있다. 그러나 가구 생산 공정의 자동화는 한계가있으며 노동집약적 산업의 특성을 가지고 있다. 한국인 노동자는 모두 40대 이하이며 20대, 30대는 입직을 기피하고 있다. 즉, 한국인과 외국인은 일자리를 둘러싸고 경쟁하지 않는다. 경영자들은 이주노동자를 사용할 수밖에 없다. 반면에 영세 공장에서는 고용허가제를 이용하는데 필요한 행정 수속과 경비를 부담하기 곤란하다는 현실적 제약이 있다. 이러한 사정은 슬리퍼 공장이나 업소용으로 맞춤형 냉장고를 생산하는 대규모 공장에서도 마찬가지였다. 마석 가구공단은 지가가 저렴하고, 대규모 소비시장인 서울에 인접하고 있으며 교통이 편리하다는 이점을 가지고 있음에도 불구하고 노동력 부족이 최대의 문제이다. 또한 이 글에는 노동집약적 업종이지만 국내에 생산기반을 유지할 필요가 있는 제조업 부문에 종사하는 이주노동자의 숙련도가 높아지고 있으므로 이들을 장기적으로 활용할 수 있도록 유연한 출입국 관리 정책이 필요하다는 함의가 포함되어 있다.

마석 가구공단에서 한국인이 이주노동자를 보는 시선을 분석한 박경태는 양자의 관계에 대해 생활공간이 분리되어 있으므로 갈등이 일어날 소지가 희소하며 공단 내부에서도 이익 충돌이 일어나지 않고 호혜적인 관계를 유지하고 있다는 사실을 밝혔다. 공단지역의 한국인 들은 바깥에서 살면서 일하는 시간에만 공단에 머물며, 밤의 공단은 거의 외국인들만 사는 세상이. 공단 지역 인근에 거주하는 한국인은 비교적 외국인에 대한 편견이 적다는 것도 지적되었다. 이 사례 연구는 서울 근교 농촌 지대에 고립적으로 존재하는 공단지역에 한정된 조사이기는 하지만 시민사회가 이주 외국인과 한국인의 관계에 대한 근거없는 편견을 불식하고 객관적인 시각을 유지하는데 필요한 균형 감각을 제공하고 있다.

서울 서남부 구로 일대의 조선족 집단 거주지역을 분석한 김현선은 이들이 국내에 정착 하려는 의지는 강하지만 국적 회복에 대해서는 각자의 입장에 따라 실용적으로 접근한다는 점을 지적했다. 조선족들은 연령이 젊을수록 민족 의식이나 문화적 친화성보다는 유리한 경제활동 기회를 찾아 입국했다는 반응을 보이고 있다. 반면에 입국

동기의 차이에도 불구하고 국내 체류가 장기화될수록 이들 사이에는 한국 국적을 가지려는 경향이 많다. 또한 이주 과정을 보면 가족이나 친척, 친구와 같은 연고를 의지하여 구로지역으로 이입하는 사례가 많다. 즉, 한국으로 이주하려는 조선족이 활용할 수 있는 가장 큰 사회자본은 혈연을 비롯한 일차적 사회관계라고 볼 수 있다. 여기에서는 전체적으로 보아 조선족 집단 거주지역은 확대되고 있으며 경제활동, 사회활동의 양상도 다양화되고 있으므로 한국 사회도 귀환 동포인 조선족에 대한 합리적인 처우를 고려해야 하는 지점에 도달하고 있다는 함의가 제시되어 있다.

민중신학의 시각에서 권진관은 구로와 마석의 이주노동자 집단 거주지역의 구심점 역할을 하는 교회를 분석했다. 사실상 기독교의 외국인 노동자 선교는 한국에서 외국인 노동자의 인권과 기본적 권리를 보호하는 사회운동의 출발점이었으며, 지금도 중요한 지원세력으로 남아있다. 여기에서는 이주노동자를 한국 사회의 하층을 구성하는 새로운 민중으로 파악하는 시각이 제시되어 있다. 권진관은 외국인 노동자 선교를 개발독재 시대에 민주 노조운동의 맹아가 되었던 산업선교와 민중교회 운동의 전통을 잇는 사회선교의 일환으로 파악하고 있다. 권진관은 구로의 김해성 목사, 마석의 이정호 신부의 활동을 민중신학적 시각에서 소개하고 해석하며 외국인 노동자 선교가 기독교 사회선교의 영역을 넓히고 있다는 평가를 하고 있다. 이 글은 글로벌라이제이션이 한국의 사회운동과 종교 활동에 미치는 영향에 대한 실증적 사례 연구라는 의미를 가지고 있다.

임선일은 에스니시티의 변용을 지표로 삼아 이주노동자의 정착 과정을 살펴보고 있다. 중국동포인 조선족은 한국인과 민족적 정체성을 공유하면서도 중국 공민의 자격을 활용하려는 의지를 포기하고 있지 않고 있으므로 이중 정체성을 가지고 있다고 볼 수 있다. 한민족으로서 특별한 지위를 가지고 있지만 문화적 이질성을 극복하지 못하고 있는 조선족은 주류 사회의 일원이 아니라 주변부에서 생활 세계를 구축하게 된다. 이 과정에서 정체성의 혼란을 겪게 되는 중국동포들은 한국과 중국 어느 곳에서도 완전한 정착을 희망하고 있지 않으며 두 나라를 자유롭게 오갈 수 있는'자유왕래'를 강력하게 주장하고 있다. 반면에 비한국계 이주노동자는 한국사회에 적응하면서 문화변용을 경험하지만 종교와 음식 문화 같은 핵심적 가치는 유지하고 있다. 여기에서 중요한 사실은 한국계, 비한국계를 막론하고 이주노동자들은 한국의 주변부 사회와 접촉하며 정착하고 있다는 것이다. 즉, 이주노동자의 사회적 위상은 한국 사회의 계급 문제의 일부가 되고 있다는 점에 주목할 필요가 있다.

이상에서 살펴본 바와 같이 유럽과 미국이 이미 경험한 이주노동자의 내부화가 한국에서도 집단 거주지역을 중심으로 진행되고 있다는 사실을 확인할 수 있다. 이질적인 문화를 가진 민족집단이 한국 사회 내부에 정착하고 있다. 이들과 출신 지역 사이에 형성된 사회적 네트워크는 이주노동자의 이입을 지속시키는 통로를 형성하고 있다. 이주노동자의 집단 거주지역이 한국 사회의 주변부에 형성되고 있다는 점을 감안하면 합리적인 이주민 정책의 수립과 집행은 사회통합을 위해서도 긴요하다. 그러나 현행 다문화 정책은 동화정책을 지향하고 있다. 한국 사회도 사회 구성원의 에스니시티가 다양화되는 현상을 인정하고 보편적 기준에 입각하여 질서를 확립하는 진정한 의미의 다문화 정책에 대한 논의가 요청되는 단계로 접어들고 있다고 할 수 있다.

02

재한(在韓) 중국동포의
에스니시티 변용
-서울의 서남부 지역을
중심으로-

───

이종구, 임선일

제1장 중국동포의 에스니시티

1. 문제의 제기

　재한 중국동포에 대해 처음 한국사회가 관심을 가지게 된 계기는 1980년 대 후반, 서울의 지하철 노점에서 한약재를 판매하거나 식당에서 서빙을 하는 재한 중국동포들의 생활상을 방송을 통해 접한 이후일 것이다. 이 때까지만 해도 중국과의 수교가 이루어지기 전이었기 때문에 한국사회에 이입한 중국동포는 소수에 불과했으며 이들에게 기울이는 한국사회의 관심도 크지 않았다. 그러나 1992년 한중수교가 공식적으로 이루어지면서 중국동포들의 한국행이 본격적으로 시작되었다. 중국동포에게 있어 한국행은 발전된 조국으로의 귀환이며 개인의 생활 향상을 위한 '코리안 드림'의 출발점이었다. 하지만 한국으로 입국하기 전 민족적 동질감을 담보로 기대하고 있던 환대의 수준은 입국 후의 그것에 미치지 못하였다. "한국정부와 한국민들의 생각은 이들의 보상심리를 전혀 고려해 주지 않았다. 가난한 사회주의 나라에서 온 불쌍한 동포쯤으로 생각했을 뿐 조국을 위해

헌신했다거나 희생했으니 그 당사자들과 후손들을 대우해줘야 한다는 인식이 정리되지 않은 상태였다(문형진, 2008:138)." 중국동포와 한국인 누구도 인식의 변화가 미처 정립되지 않은 상태에서 국내 노동력의 수급을 위해, 중국동포들은 경제생활의 향상을 위해 한국에 본격적으로 이입하기 시작하였다.

한국사회에 이입한 재한 중국동포는 한국사회와 괴리되었던 시간만큼이나 내재된 정체성이 한국인과 차이가 있었다. 중국에서 중국정부에 의해 소수민족으로서의 차별을 경험하였으며 한족과는 다른 정체성을 가지고 있었던 이들은 중국사회의 비주류라는 체념의식과 한족보다는 우수한 민족이라는 막연한 우월감[01]이 공존하고 있었다. 중국동포 지식인들이 쓴 조선족에 관한 저술에는 중국동포들이 중국의 건국과 중국 땅의 개척자이며 민족해방에 대한 공헌을 서술한 내용들이 많은데 정판룡(1993:1∼2)은 중국동포들의 정체성을 '조선족의 특성'으로 분석하여 정체성의 규명을 시도하기도 하였다. 이와 같이 복잡한 경험을 가진 중국동포들은 한국으로의 입국 후 또다시 정체성의 혼란을 겪게 되는데 그동안 이들의 내적 속성의 변화에 주목하는 연구는 아직까지 활발하지 않다.

물론 문화 적응과 정체성에 주목한 한현숙(1996)이나 노고운(2001)의 연구 성과도 있었지만 그동안 재한 중국동포에 대해 한국사회의 노동계나 사회학 분야에서 주목했던 부분은 이들의 인권문제나 노동현장에서 발생하는 다양한 문제가(설동훈:1996, 2001, 2003, 유명기:1995, 박충환:1995) 대부분이었다.

포괄적으로 본다면 이 글 역시 재한 중국동포의 삶의 행태에 관한

---

01 1932년 일제에 의해 세워진 만주국은 효과적인 지배를 하기 위해 처음부터 일본인을 1등 국민, 조선인을 2등 국민, 중국인을 3등 국민으로 정하여 각기 다른 종족으로 분류했다는 사실이 70세 이상의 조선족들에게서 공통적으로 확인된다.(이현정, 2001)의 내용을 필자가 재구성한 것임.

연구이다. 그러나 여기에서는 재한 중국동포들이 겪고 있는 인권이나 노동 문제를 넘어서 이들이 담지한 정체성의 규정을 넘어 '에스니시티'라고 개념화 된 내적 속성의 변용에 주목하고자 한다. 다시 말해 중국동포들이 한국으로의 이입할 당시에 가지고 있던 에스니시티가 한국사회에서의 생활세계 경험을 통해 일정한 방향성을 가지고 변용된다는 가설을 증명하기 위한 시도이다. 이를 위해 첫째, 다양한 개념으로 사용되고 있는 '에스니시티'라는 용어의 개념을 이 글에 맞게 정의하려 한다. 이를 통해 재한 중국동포들의 한국으로 이 시기에 가지고 있던 에스니시티를 정리 할 것이다. 둘째, 재한 중국동포의 에스니시티가 어떠한 기제에 의해 변용되는가를 살피고 셋째, 이들이 한국에서 생활하며 변용된 에스니시티의 유형을 분류해 볼 것이다. 이러한 작업은 밀접한 관계를 가진 듯 느끼지만 실상 가깝지는 않은 관계를 유지하고 살아가는 한국사회의 중국동포를 이해하는데 도움이 될 수 있을 것으로 생각된다.

2. 접근방법과 대상

재한 중국동포들은 전국의 다양한 지역에서 삶의 터전을 잡기 시작하였다. 과거의 경험이 비슷하고, 공통의 에스니시티를 담지(擔持)한 이들이 정착하게 된 전형적 공간이 수도권에서는 구로지역이다. 이들의 에스니시티와 변용과정을 연구하기 위해 면담을 통한 분석을 실시하기 위해 구로지역에서 활동하고 있는 이주노동자와 재한 중국동포를 지원하는 단체를 통해 도움을 받기로 했다. 이 단체가 '(사단법인) 지구촌 사랑 나눔'이다. 여기는 재한 중국동포가 한국사회에 적응하면서 발생하는 다양한 문제를 상담하기 위해 찾는 대표적 재한 중국동포 지원단체로서 일요일 하루에만 방문하는 재한 중국동포의 수가 1,500여 명에 이르고 있다. 면담은 이 단체를 통해 대상자를 소개 받은 후 눈덩이 표집 방식을 통해 다른 대상자를 소개 받는 형식으로 진행되었다. 면담 장소는 지구촌 사랑나눔 사무실과 재한 중국동포들의 대표적 에스닉 타운[02]인 대림동이었다. 대림동을 중심으로 한 집단 거주지역은 이들의 모습을 다양하게 관찰 할 수 있으며 재한 중국동포들의 사회적 네트워크가 활발하게 활동하는 지역이기도 하다.

〈표 II-1〉 구로지역 면담 대상자

이름	국적	나이	거주기간	결혼여부	직업	면담일
김관준	중국	46세	5년	○	건설 노동자	2009.9.1
김일선	중국→한국 (진행중)	50대 중반	16년 거주, 2006년 귀한 후 2007년 재입국	○	건설 노동자	2009.7.15
김해철	중국	53세	14년	○	식당 운영	2009.8.18
미라	중국	30세	5년	○	유흥업 종사	2009.9.1
신덕화	중국	50대 초반	2년	○	건설업 오야지	2009.7.9
오학봉	중국	32세	7년	×	보험 회사 직원	2009.9.3
윤영순	중국	52세	3년	○	식당 주방장	2009.7.12
이림빈	중국→한국 (완료)	40세	1997년 최초입국 산재 후 중국 귀국. 2000년 재입국	○	식당 운영	2009.9.4
장학림	중국→한국 (완료)	50대 중반	20년(수시왕래), 2005년 국적취득	○	환전소 운영	2009.8.18

연구 조사를 위한 면담대상자는 총 9명으로 남성 7명, 여성 2명이었다. 연령대는 30대에서 50대 까지 다양하게분포 되어 있으며 현재

---

02 이러한 소수의 이문화 집단의 거주지를 엔클레이브(Enclave), 또는 에스닉 타운(Ethnic town)이라 하는데 본 논문에서는 에스닉 타운이라는 용어를 사용할 것이다.

의 국적은 중국 국적인 사람과 한국 국적을 이미 취득한 사람, 그리고 현재 국적 취득 절차를 진행하고 있는 사람 등으로 배분하였다. 에스니시티의 변용은 성별, 연령, 국적에 따라 일정하게 발생하는 것이 아니다. 따라서 면담대상자 표본의 대표성을 확보하기 위해 다양한 조건의 사람들을 선정하였다. 재한 중국동포가 담지하고 있었던 에스니시티의 변용에 관한 연구는 면담자와 신뢰관계가 형성되지 않으면 속내를 밝히기를 꺼려하기 때문에 필요에 따라 식사를 같이 하거나 경우에 이들의 자체 네트워크 활동을 동행하면서 면담을 진행하였다.

제2장 에스니시티와 이주민의 이론적 검토

1. 에스니시티와 문화

국제적으로 노동력의 이동이 활발해 지면서 한국사회도 이주노동자의 이입[03]이 자연스러운 현상이 되었다. 그들은 이입국 사회로의 적응을 위해 본래 가지고 있던 민족 정체성이나 국가 정체성이 변화하는 과정을 겪게 된다. 그런데 다양한 국적을 가진 이주노동자들이 담지한 출신국별, 민족별 속성을 국가 정체성이나 민족성으로 표현하기에는 무리가 있다. 이주노동자가 출신국을 떠나 새로운 공간에 이입하는 순간부터 이들이 본래 지니고 있던 국가정체성, 민족성, 종족성과 같은 속성은 고려의 대상이 되지 않으며 단지 이주민의 지위를 받아들이면서 이입국 사회에서 살아가게 된다. 한국의 경우 200

---

[03] 이주노동자가 특정지역(혹은 국가)을 중심으로 한 '구조적이며 목적의식적이며 주체적인 활동'의 의미로써, 이동을 사회·경제구조와 이주노동자의 관계성 속에서 발현되는 동적구조로 파악하기 위하여, 이주노동자 입장에서 기존의 수입(受入)·송출이나 유입·유출과는 구분되고 차별화되는 이출(移出)과 이입(移入)이라는 김병조의 정의를 사용하기로 함.

여 개국 출신의 외국인이 국내에 거주하고 있지만[04] 내국인들은 그들 각각의 속성을 고려하지 않으며 단지 '이주노동자' 또는 '외국인 노동자'라고 부를 뿐이다. 이들은 체형적·문화적·역사적 특성을 달리하지만 국적의 경계를 넘어 새로운 집단으로 탈바꿈하게 된다. 이러한 집단의 내적 속성을 특징적으로 표현할 수 있는 용어의 선택이 필요해진다. 따라서 이 글에서는 이주노동자의 내적 정체성을 고찰하는데 있어 '에스니시티(ethnicity)'라는 개념을 사용하고자 한다. 에스니시티는 "체형적, 문화적 유사성, 혹은 공통의 역사적 경험을 바탕으로 하여 실재 혹은 상상의 혈연관계에 대한 주관적 믿음을 가지는 집단"으로 넓게 정의하는 코넬(Cornell, 1998)과 하트만(Hartmann, 1998)의 시각을 받아들이면 문화적 역사적 특성만을 강조하는 기존의 개념에서 벗어 날 수 있을 것이다. 실제로 에스니시티라는 말은 역사적, 문화적 특성을 강조하는 개념에서 벗어나 정치, 경제적 변화에 의해 형성되는 집단을 연구하는 용어로 쓰이기도 한다(박종일, 2006:284). 이러한 에스니시티 개념은 종족을 포괄하는 정치적 타자에 의해 규정되어 지기도 하고 스스로 자각하여 담지하고 있기도 하다.

이 논문에서 고찰 대상이 되는 재한 중국동포 집단의 특성은 정치·경제적 요인에 의해 국경의 경계를 넘어 한국에 이입하였지만 민족적 정체성을 공유하고 있는 집단이며 소수자로서 중국과 한국 사이에서 문화적·역사적 경험을 공유하며 어느 한 국가로도 완전하게 편입되지 못하는 마이너리티 집단(minority group)으로서의 속성을 가지고 있다. 이러한 속성을 전제로 하는 에스니시티의 변용을 분석하기 위해서는 먼저 개념과 변용 유형에 대한 이론적 고찰을 시도 할 필요가 있다.

이상과 같이 에스니시티의 개념을 설정하면, 에스니시티의 변용이

---

04 2009년 법무부 출입국관리 통계연보.

라 함은 곧 에스니시티의 변형과정을 통한 문화변용이라 할 수 있다. 여기에서 문화변용(acculturation) 또는 문화적응(adaptation)의 개념05 은 문화 간 접촉에서 발생하는 문제에 대한 관심에서 탄생하였다. 이는 문화접촉 상황 초기에 나타나는 집단수준의 변화를 지칭하는 개념으로써 '문화적 근원이 다른 사람들간의 지속적이고 직접적인 접촉의 결과로 일어나는 변화'로 정의 할 수 있다(Redfield, Linton & Herskovits, 1936). 문화변용은 상호작용을 하는 두 집단 모두에 게서 나타나는데 실질적으로는 두 집단 중 한 집단이 다른 집단에 비해 더 많은 변화를 겪게 되는 것이 일반적이다(Berry, 1990).

문화변용의 초기 연구는 미국에 이주한 이민자들의 정신건강에 관한 연구로부터 시작되었다. 이 연구는 미국의 이민자를 선별하여 받아들이는 정책을 입안하는데 기초가 되었다(Furnhan & Bochner, 1986). 1970년대 중반까지 지속되었던 이민자에 관한 연구는 주로 이민자의 정신건강 문제에 천착해 있었다고 할 수 있다(Ward et al, 2001). 1980년대에 들어서는 타 문화와의 접촉에 의해 발생하는 문화변용을 학습경험으로 바라보기 시작했다. 즉 문화적 적응을 위한 개입에서 중요한 것은 치료가 아닌 준비, 오리엔테이션, 문화와 관련한 사회적 기술의 습득이라는 것이다(Furnhan & Bochner, 1982; Klineberg, 1982).

문화학습이론이 적응의 행동적 측면에 초점을 맞추고 비교문화적 적응에 있어 사회적 기술의 학습에 주안점을 두고 있는 이론이라면

---

05 개인별 이주민의 문화적응 정도를 나타내는 말로 문화변용(acculturation) 또는 문화적응(adaptation)을 쓰는데 이에 대한 개념은 아직까지 한국에서 정립되지 않은 용어이다(김효정, 2009). 예를 들면 Berry의 문화적응 척도를 나타내는 모델을 정진경, 양계민(2004)은 문화적응으로 윤인진(2004)은 문화변용으로 각각 표현하였다. 이 밖에도 문화접변, 문화변이, 문화동화 등이 쓰이기도 한다. 본 논문에서는 문화적응 정도 또는 척도를 표현하기 위해 문화변용이라는 용어를 사용 할 것이며 적응은 단순히 수용(accommodation)의 의미로 사용 할 것이다. 인용문을 옮긴 경우에는 저자의 의도를 훼손하지 않기 위해 본문의 내용을 그대로 정서했음을 밝힌다.

스트레스 대처(Stress and coping) 접근은 적응의 정서적인 측면에 관한 이론이다. 이 이론은 문화간의 이동을 스트레스라고 보고 이에 대한 대처방안의 필요성을 강조하고 있다. 스트레스 대처 접근에 관한 Lazarus와 Folkman(1984)의 영향을 받은 여러 연구는 스트레스적인 사건(Lin, Tazuma & Masuda, 1979), 외향성, 모호함을 견디는 인내, 중심적 가치를 이루는 신념의 성격 등과 같은 인성적 특징(Ward & Chang, 1997: Ward & Kennedy, 1992), 대처 방식(Shisana & Celentano, 1987), 향수병(Pruitt, 1978), 그리고 결혼 여부(Naidoo, 1985), 출신국과 이입국과의 관계(Furnham, 1985)와 같은 요인 이외에도 성(性)이나 인종, 직장의 유무에 관한 변인들을 고려하였다.

스트레스 대처 접근 이론이 정서적 측면을 고려하고 문화학습 이론이 행동적 측면을 강조한다면 Tajfel(1982)에 의해 제기된 집단역동에 관한 이론인 사회정체감(Social identification) 이론은 인지적 측면을 강조하며 접근하는 연구방법이다. 이 이론에서는 다른 집단에 속한 사람들이 서로를 어떻게 조망하는지, 어떻게 편견이 발생하는지, 왜 사람들이 어떤 집단에는 남아 있고 어떤 집단에서는 떠나는지, 집단의 구성원이 어떻게 자아존중감에 영향을 미치고 있는지에 관한 연구를 주로 수행한다. 사회정체감 이론은 자신이 속해 있는 집단이 호의적이지 않은 상황에서 자아존중감을 유지시키기 위한 전략을 잘 설명해 주고 있다. 예를 들면 이민자는 다수파인 주류집단의 편견에 노출되는 대상이 되기 쉽다. 이 때 이민자는 자신의 자아 존중감을 유지하기 위해 다양한 방법을 사용하게 된다(Tajfel & Turner 1986). 이는 세 가지로 분류할 수 있는데 다음과 같다. 첫째, 낮은 지위의 집단을 떠나 사회적으로 높은 지위라고 인정되는 집단으로 옮겨가는 것이다. 두 번째, 자기 집단의 내적 특성을 다시 평가하고 긍정적 특성을 유지하려고 하는 것이다. 셋째, 외부 집단과 경쟁을 하며 긍정적인 특성을 계발하는 방법이 있다. 사회적 정체감은 다양한 요인에 의해 다르게 나타나는데 이를 살펴보면 첫째, 교육수준 및 사회경제적 지위가 정체감 형성에 영향을 미치고 있다. 교육수준이 높을수록 그리고 사회경제적 지위가 높을수록 현지문화의 정체성을 빨리 수용하고 동화하는 것으로 나타났다(Suinn, Ahuna & Khoo, 1992). 둘째, 연령과 성별에 따라 다르게 나타난다. 연구결과 나이든 사람보다 젊은 사람들이 새로운 문화의 가치를 더 쉽게 받아들이는 경향이 나타난다(Marin, Sabogal, Martin, otero-Sabogal & Perez-Stable 1987). 이는 젊은 사람들이 나이 든 사람보다 언어 습득 능력이 더 뛰어나가 때문이라고 생각된다. 또한 나이든 사람들일수록 출신국의 정체성을 고수하려는 경향이 강하기 때문에 새로운 문화의 가치 습득에 소극적일 수밖에 없다(Montgomery, 1992). 성별로는 연령에 관계없이 여성보다 남성이 훨씬 빨리 동화되는 것으로 나타났다(Ghaffarian, 1987).

문화적 정체감을 강조한다는 점을 근거로 삼아 사회적 정체감 이론을 발달시킨 베리(Berry, 1980, 1990, 1997)는 문화변용 모형을 제시하였으며 문화변용의 상태를 두 가지 차원의 네 가지 결과로 분류하고 문화변용을 파악하는 다양한 측정 방법을 개발하였다. 이를 표로 설명하면 다음과 같다.

〈표 II-2〉 베리의 문화변용 모형

척도2 \ 척도1		문화적 정체감과 특성을 유지할 것인가	
		그렇다	아니다
주류사회와 관계를 유지할 것인가	그렇다	통합(Integration)	동화(Assimilation)
	아니다	분리(Segregation)	주변화(Marginalization)

*Berry, 1997: 10.

이 모형을 구성하는 양대 척도는 주류사회와의 관계를 유지할 것인가 아닌가의 문제와 자신의 문화적 특성을 유지할 것인가 아닌가의 문제이다. 모국의 문화를 유지하면서 새로운 문화를 동시에 받아들이면 통합(Integration), 모국의 문화는 유지하지 않고 새로운 문화만을 받아들이면 동화(Assimilation), 모국의 문화를 유지하면서 새로운 문화를 받아들이지 않으면 분리(Segregation), 모국의 문화를 유지하지도 못하면서 새로운 문화를 접촉도 하지 못하면 주변화(Marginalization)가 된다. 베리의 이론은 주목을 받았지만 현실적 문제점도 있었다. 이민자가 새로운 사회에 적응하는 과정에서 반드시 하나의 전략만을 선택하기 어렵다는 점이다. 이민자는 처해진 상황과 시기에 따라 다양한 전략이 사용할 수 있다. 그러나 베리의 이론이 가지고 있는 의미는 이민자가 문화변용을 일방적으로 수용하고 있다는 문화학습이론이나 스트레스 대처 접근 이론과 같은 기존의 논의에서 벗어나 새로운 문화를 접촉 할 때에도 고유한 자신의 정체성을 유지하려 한다는 입체적 관점을 제시한 점에서 평가할 수 있다. 이러한 이차원적 관점은 재한 중국동포의 이중적 정체성을 분석하는 데 적용할 수 있다. 여기에서는 베리의 문화변용 이론을 중심으로 논의를 확장 시켜 나갈 것이다.

2. 에스니시티 변용 유형의 재구조화

일반적으로 이주노동자는 시기의 차이는 있지만 현지 정착과 본국 귀환을 선택하게 되며 이 경우에는 등록자인가·미등록자인가를 포함한 신분의 상태, 가족관계, 수취하는 이익의 크기를 포괄적으로 판단하여 결정해야 하는 시점을 맞이하게 된다. 이러한 결정을 하는 데에는 이주노동자 본인이 가지고 있는 현재의 위치에 대한 고려, 이입국 사회의 적응 정도, 에스니시티의 변용 정도와 같은 조건을 척도로 하여 판단하게 되는데 여기에는 이입국 사회의 상황이나 이민자 개인의 심리적 요인에 관한 분석이 필요하다. 또한 이민자는 본인의 주관적 의지 이외에도 사회적 자본이 이입국 사회에 형성되어 있기 때문에 출신국의 인적·사회적 네트워크와 유지하는 접촉면은 감소하게 된다. 이와 같이 복잡한 상황에 처한 이주민이 이입국 사회에서 적응하는 과정을 베리의 모델로는 정확하게 분석 할 수 없다. 또한 이주민이 이입국에서 적응하려는 노력을 할 때 하나의 전략만을 구사하지 않는다는 점에서도 문제가 있다. 따라서 필자는 베리의 문화변용 모델에서 제시되는 유행을 더욱 구체화 하여 문화변용 과정을 설명하고자 한다.

〈표 II-3〉 에스니시티의 변용 유형

척도2 \ 척도1		문화적 정체감과 특성을 유지할 것인가	
		그렇다	아니다
주류사회와 관계를 유지할 것인가	그렇다	주체적 통합(현지 적응형) (Independent-integration, Local Adaptation type)	편의적 동화(新유목민형) (Expedient assimilation, Neo-nomad type)
	아니다	주체적 분리(귀소 지향형) (Independent-segregation, Homing aim type)	자발적 주변화+강제적 주변화 (상황 선택형) (Self-marginalization+ Compulsory marginalization, Conditions selection type)

*위 표는 베리(1997)의 문화변용 모델을 기초로 필자가 재구성한 것임.

먼저, 모국의 문화 정체감을 유지하면서 이입국의 주류사회와 관계를 설정하기 위해 적극적으로 노력하는 주체적 통합은 이민자들이 가장 선호하는 유형이다(Krishhan & Berry, 1992: Sam, 1995). 많은 이민자들은 이입국에서 출신국의 문화를 유지하기를 바라므로 결과적으로 이러한 적응 방식은 다른 전략에 비해 긍정적인 효과를 보여준다(Sam & Berry, 1995). 이러한 통합 지향은 많은 이민자들이 선호하는 주도적인 전략이 된다. 따라서 이는 베리의 '통합' 개념에서 진일보한 '주체적 통합'의 개념으로 확장 시킬 수 있으며 자발적 의지로 이입국사회에 원활하게 적응하는 것을 의미하기 때문에 '현지 적응형'이라고 표현 할 수 있다. 둘째, 편의적 동화는 이입국 사회에 강제적으로 편입될 수밖에 없고 주변의 상황때문에 출신국의 문화정체감을 유지하기 어려운 경우에 선택하는 적응 유형을 말한다. 예를 들어 결혼이라는 과정을 통해 이주하지만, 후진국에서 선진국으로 이주한 결혼이주 여성이 출신국의 문화를 유지한다는 것이 쉽지 않다. 이주여성은 출신국의 에스닉 그룹과의 접근성이 취약하기 때문에 출신국의 문화 자체에 접근 할 수 있는 통로가 협소하다. 그러나 한국인 남편이나 시댁을 중심으로 생활해야 하므로 주류사회와 관계를 유지해야 한다. 결국 출신국의 문화정체감은 환경때문에 유지 할 수 없고 주류사회와 관계를 가질 수 밖에 없는 상황이 되는데 이를 '동화'라는 지향 개념으로 설명하는 것은 지나치게 단순하다. 이와 같은 유형을 외부적 환경에 의해 고유의 문화 정체감을 유지하지 못하는 이주자가 편의를 위해 주류사회와의 관계를 유지 하는 '편의적 동화'의 개념으로 설명할 수 있다. 이러한 유형의 이주자는 출신국의 문화 정체감을 고집하지 않고 자연스럽게 이입국 사회로 진입을 시도한다. 이는 어떠한 사회에서도 적합한 조건만 구비된다면 적응 할 수 있다는 의미에서 '신(新)유목민형'이라고 표현 할 수 있다. 셋째, 모국의 문화를 유지하면서 새로운 문화를 받아들이지 않는 분리(Segregation)지향은 대부분 후진국에서 선진국으로 이주한 이주자에게 나타난다[06]. 이는 후진국 출신의 이주자가 이입국의 주류사회와 관계를 맺거나 유지 할 수 있는 사회적 통로가 제한적이기 때문에

---

[06] 예를 들면 헝가리 출신의 캐나다 사람들 중 1세대와 노르웨이에 사는 개발도상국 출신의 이주민은 가장 선호하는 통합 모델 다음으로 분리 모델을 선호한다(Berry et al, 1991).

나타난다. 이들은 선진국 사회 구성원과 소통 할 수 있는 인적 관계가 전무한 상태에서 이입한다. 이주자는 결국 출신국 네트워크를 통해 이입국에 적응하기 위해 필요한 도움을 받게 되고 문화적 정체감은 지속적으로 유지된다. 이러한 현상은 외부적 강제에 의해 발생한다기 보다는 이주민 스스로의 자발적 의지에 의해 발생한다. 따라서 이를 '주체적 분리'라고 표현 할 수 있다. 이러한 '주체적 분리'유형에 속한 이주민은 이입국에 정착하고자 하는 주관적인 의지와는 관계없이 자신과 이입국 사회와의 현실적인 괴리를 경험하게 되면서 정착 여부를 결정한다. 그런데 이 유형의 사람들은 출신국에 대한 문화적 정체감이 강하고 이입국 사회와 적극적으로 관계를 설정하지 않으며 출신국으로 귀국 할 수 있는 가능성을 열어놓고 있다. 따라서 이를 '귀소 지향형'이라고 개념화 시킬 수 있다. 넷째, 출신의 문화를 유지하지도 못하고 이입국의 새로운 문화에도 접촉 하지 못하는 주변화(Marginalization)는 진행 과정이 단순하지 않으나 장기적으로 가장 주목 해야 할 유형이다. 왜냐하면 이러한 유형은 출신국으로의 귀환할 것을 상정하거나 이입국에 정착하려 노력하는 이주자와는 달리 이입국 사회의 주변부를 배회하며 주변인으로 존재 할 가능성이 높다. 결국 방치된 이방인 집단이 되어 사회 문제를 일으킬 가능성을 가지고 있다.

'주변화'라는 에스니시티의 유형이 형성되는 과정을 보면 이는 출신국의 문화적 정체감을 유지하기 위해 이민자가 스스로 결정한 것일 수도 있고, 외부의 영향으로 강제 된 것일 수도 있다. 예를 들면 젊은층의 이주자는 고령층의 이주자 보다 출신국의 문화 정체감이 약하기 때문에 정체감 유지에 소극적일 수 밖에 없다. 여성에 대한 권위적 태도를 당연시하는 이슬람 출신의 이주자가 서구 사회로 이입하여 출신국의 문화를 고집하기는 어렵다. 이입국 사회가 출신국의 문화적 정체감을 유지하기에 충분하지 않은 사회적 조건을 가진 사회라면 이주자의 문화적 정체감 유지는 곤란 할 수 있다. 이입국에서 주류사회와 관계를 설정하는 것도 마찬가지이다. 이입국 주류사회와 관계 설정하는 것을 의식적으로 기피하는 사람도 있지만 미등록 이민자는 신분 때문에 근본적 불안감을 가지고 있어 이입국 주류 사회와 관계를 맺지 않으려 한다. 이러한 상황을 단순히 주변화라고 개념으로는 설명하기 곤란하다. 따라서 이를 '자발적 주변화와 강제적 주변화가 혼재'된 유형으로 규정하는 것이 보다 적합하다. 이와 같이 출신국의 문화적 정체감도 일정하지 않고 이입국의 주류 사회와 관계를 설정하는 것에도 소극적인 이주민은 결국 이입국의 정책적 상황에 변화에 따라 출신국으로 돌아 갈 수도 있고 이입국에 남아 있을 수도 있다. 따라서 이러한 유형을 '상황 선택형'이라고 규정할 수 있다. 여기에서 이와 같은 개념에 기초하여 재한 중국동포인 에스니시티 변용을 분석하고 변용이 진행되는 유형을 정리 해 볼 것이다.

3. 재한 중국동포의 이입시기와 에스니시티

재한 중국동포에 관한 연구의 동향을 보면 비한국계 이주노동자와 마찬가지로 노동현장에서 발생하는 갈등(문형진, 2008)에 대한 고찰만이 아니라 중국이라는 국가의 국민이며 한민족이라는 두 개의 정체성을 가진 특수한 부류의 사람들이라는 상황에서 발생하는 정체성의 문제(유명기, 2002)를 다룬 연구가 나타나고 있다. 방문취업 제도에 의해 이입한 중국동포의 일 경험과 생활세계에 관한 사례(김현미, 2009)를 통해 재한 중국동포들의 한국사회 적응정도에 관해 분석한 연구를 비롯해 재한 중국동포의 정체성에 주목하여 종족 정체성 형성과정(이현정, 2001)을 분석하는 연구가 진행되었다.

　모국인 한국의 신화적 발전에 따라 노동력을 담보로 이주하는 '노동 귀환형' 이민이라는 특수한 '디아스포라'[07]의 경험을 가지고 있는 재한 중국동포는(전형권, 2005) 재외동포법이 내포하는 제도적 문제를 둘러싼 논쟁의 중심에 서 있다(오타 타카코, 2004). 이왕재는 이러한 입장을 가지고 있는 재한 중국동포가 한국에 대해 가지고 있는 인식을 실증 적으로 분석(이왕재, 2001)했다. 이 밖에 재한 중국동포들을 위한 주거 공급 방안에 대한 계획도 등장했다(최정신, 이영심, 2007). 여성은 재한 중국동포의 이주 과정에서는 중심적 역할을 수행하며 초국가적 가족이라는 환경을 무릅쓰고 삶을 영위하는 강인한 모습을 보인다. 이들이 문화적 차이에 따른 갈등과 차별(여수경, 2005)을 겪는 실상에 대한 연구도 수행되고 있다.

　한편 재한 중국동포와 비한국계 이주민은 이제 국가별 네트워크를 중심으로 상권을 형성한다. 중국 동포는 일정한 지역에 집단적 상권을 형성하고 비한국계 이주노동자는 민족네트워크를 따라 전국적으로 상권을 확장시키기도 한다(정영진, 2006). 여기에서 한발 더 나아가 이제는 이주노동자들이 시간이 지날수록 국내에서도 정주(定住)하는 모습을 띠고 있다(우평균, 2002).

　이와 같이 다양한 경로를 통해 한국사회와 접촉하는 재한 중국동포들이 증가하고 있으므로 이들이 겪는 에스니시티 변용에 대해 고찰 할 필요가 있으며 이후의 적응 정도를 가늠할 수 있는 척도에 관한 기준이 필요하다. 이 글에서는 베리의 논의를 통해 설명하고자 한다. 그러나 베리(1990)의 문화변용 모델을 이용하여 한국계 이주노동자의 에스니시티를 고찰할 경우에도 한 가지 문제점이 발생한다.

---

07 성경의 신명기(Deuteronomy)에 등장하는 디아스포라(Diaspora)라는 말은 원래 고국 팔레스티나에서 추방당한 유대인들의 민족이산(民族離散) 또는 이산된 유대인 혹은 유대인들이 이산된 지역을 뜻했다. 유대인의 경험을 기초로 한 이 개념은 점차 국외로 추방된 소수 집단 공동체, 혹은 본국을 떠난 이산민족을 의미하는 넓은 의미로 사용된다.

이는 문화적 정체감과 특성이라는 척도1의 문제이다. 재한 중국동포는 중국과 한국의 정체성을 동시에 공유하고 있기 때문이다. 따라서 베리의 모델을 적용하려면 재한 중국동포의 정체성을 명확히 파악하는 작업이 선행되어야 한다. 임채완과 김경학이 1999년 6월부터 2001년 1월에 걸쳐 중국 길림성 연변조선족 자치주 일대에서 연구한 '연변 조선족의 민족정체성 조사연구'에 의하면 연변조선족들은 상호 친밀감이 높으며 높은 민족적 긍지를 가지고 있으나 생활양식은 중국에 가깝다(임채완 외, 2002). 비슷한 시기에 연변 조선족의 정체성을 조선족 정체성과 한족 정체감으로 나누어 비교 연구한 신승철의 연구에서도 감정적 측면에서는 한족 정체감이 높은 반면 행동적·인지적 측면에서는 조선족 정체감이 상대적으로 높게 나타났다(신승철 외, 1994). 이 결과는 조선족이 조선족으로서의 민족의식과 중국 국민으로서의 국민의식을 동시에 가지고 있는 이중 정체성(dual identity)을 가지고 있음을 말해 주고 있다.

그러나 중국에서 공인된 소수민족의 하나인 조선족이라도 한국 입국 후에는 구로와 영등포를 중심으로 하는 엔클레이브(Enclave)에서 삶을 영위하는 이주민이 된다. 이들에게 엔클라이브라는 공간은 한국사회가 아닌 구로구의 새로운 '연변동'(가리봉동, 대림동 일대의 중국동포 집단 거주지역을 가리키는 말이다.)으로서 한국사회 적응에 필요한 정보와 자원을 획득하는 곳이며 재사회화 과정을 경험하면서 문화 변용을 일으키는 장소이기도 하다. 민족이란 인식론적으로 구성되어 지는 상상의 공동체(imagined communites)라는 베네딕트 앤더슨의 정의를 받아들이면 실체가 불분명한 한민족 정체성을 재한 중국동포의 정체성으로 규정하기는 곤란하다. 예를 들면 중국으로의 이민 1세대는 한민족의 정체성을 고스란히 간직하면서 일정 부분 중국 사회로 적응했다. 그러나 여기에서 다루는 재한 중국동포들은 모두 이민 3세대와 4세대에 포함되어 있다. 따라서 행동적, 실체적, 인

지적인 측면의 정체성이 중요한 의미를 가지므로 재한 중국동포의 정체성은 중국 국민으로서의 정체성을 가지고 있다고 규정하는 것이 타당하다[08].

또한 재한 중국동포가 정체성과 특성을 유지하려는 의지의 내용을 알아볼 필요가 있다. 이입이 시작된 초기에는 재한 중국동포가 한국에 대해 호의적인 태도를 가지고 있었다. 왜냐하면 이들은 아버지와 할아버지가 조국을 위해 희생하였으므로 자신들이 조국으로부터 보상을 받을 차례라는 인식을 가지고 있었기 때문이다(문형진, 2008). 이러한 기대를 배경으로 한 호의적인 생각을 가진 중국동포는 한국에 입국하면서 스스로를 중국인이라기보다 한국인이라고 생각하고 있는 경향이 강했다. 그렇기 때문에 중국 국민의 정체성을 유지하려는 성향은 보이지 않았다. 요약하면 재한 중국동포는 중국 국민의 정체성을 담지 한 채 한국사회에 이입하였지만 이를 유지하려는 의지는 가지고 있지 않고 있었다고 볼 수 있다.

다음으로 주류사회와의 관계에 대한 척도2의 문제를 생각해 볼 필요가 있다. 초기에 한국으로 이입한 재한 중국동포는 모두 친족 방문을 명분으로 비자를 발급 받아 입국했다. 이는 당시에 입국한 재한 중국동포는 한국인 중 누군가와는 친족관계를 가지고 있다는 것을 의미한다. 비한국계 이주노동자와는 달리, 의지 할 수 있는 친족이 있는 재한 중국동포는 자신을 비주류로 생각하고 있지 않았다. 이는 재한 중국동포가 주류사회와 관계를 설정하는 일에 대해 호의적이었다는 의미로 해석 할 수 있다.

종합해보면 재한 중국동포는 중국의 공민이라는 정체정과 한민족의 정체성 속에서 갈등하지만 하나의 정체성을 고집하지 않으며 한국사회와 유연하게 접촉하려 시도하였다. 이러한 점에서 한민족 정

---

[08] 재한 중국동포의 정체성을 단순히 규정하기에는 무리가 있을 수 있다.

체성을 유지하려는 경향이 적었다고 볼 수 있다. 그러나 이들은 한 민족 정체성을 근거로 친척이 살고 있는 한국의 주류사회[09]와 관계

09 일반적으로 이민자의 출신국을 기원사회(Origin Society), 이입국 사회를 정착사회(Host Society) 또는 정착국 주류사회라 한다.

를 유지하려는 경향이 강했다. 돈을 벌기 위해 한국행을 결정한 재한 중국동포가 중국 공민이라는 정체성을 유지하며 한국 사회에 적응하려 시도하는 것은 현실적으로 생활에 도움이 되지 않고 있다. 이를 필자의 에스니시티 변용 유형에 대입해 보면 '편의적 동화(Expedient assimilation)' 유형에 속한다고 할 수 있으며, 돈을 벌기 위한 분명한 목적을 전제로 한국에 입국하는 사람들이 대부분이라는 의미에서 '신유목민형(Neo-nomad type)'이라고도 할 수 있다.

제3장 에스니시티의 유형과 사례

1. 주체적 통합: 현지 적응형

한국사회에 주체적으로 통합하려는 의지를 가지고 있는 에스니시티 유형은 중국으로 귀환할 것을 상정하지 않는 그룹에서 나타난다. 이들은 적응에 적극적인 사람들로 그 속성을 살펴보면 몇 가지 유형으로 분류할 수 있다. 첫째, 연령층이 높은 사람들이 이러한 경향을 가진다. 중국으로 이주했던 이민 1세대나 2세대는 질 좋은 교육 여건에서 소외되어 있었으며, 낮은 학력과 함께 소수민족이라는 신분 때문에 겪는 차별을 경험하였다. 그들은 중국사회의 주류에 편입 될 수 없기 때문에 중국으로의 귀환을 원하지 않고 있으며, 하층 노동자의 생활을 감수하더라도 한국에 정착하기를 희망하고 있다.

면담자 : 이번에는 어떻게 국적 취득하시는 거예요?
김일선 : 부모님이 국적회복 돼가지고.
면담자 : 회복되셨어요?

김일선 : 네.

면담자 : 혼자 계세요, 여기엔?

김일선 : 가족 다 나왔어요. (중 략) 그게 돈 때문에 들어온 거지(웃음). '이 나라 다시는 안 들어오겠다' 뒤도 안돌아보고 간 놈들이 반 년 있다가 현장에서 또 만나다는 거요. '또 여기 왜 왔는데' 그러니까 '야! 집에 돌아가 봐라' 일자리도 없다 이거야(김일선 50대 중반, 체류 16년).

둘째, 친족의 대부분이 한국으로 이전된 사람들이다. 이들은 한국 사회의 보이지 않는 차별에도 불구하고 친족 간의 네트워크를 공고 히 하며 한국사회에 적응하려고 애쓴다. 중국으로 귀환하더라도 가 장 견고한 네트워크인 친족 네트워크가 이미 한국에 이입하여 있으 므로 더 이상 중국에는 그들이 이용 할 수 있는 사회적 자본이 존재 하지 않는 것이다. 이들은 한국사회에 적응하려 적극적으로 노력 할 수밖에 없다.

면담자 : 그런데 제가 궁금한 게 거기서 회계 공부했으면 중국에서도 회 사 취직할 수도 있었는데 일루 온 게 순전히 부모님이 오셔가지 고 그래서 온 거예요?

오학봉 : 네.

면담자 : 그쪽에서 뭐 일 할 때는 있었어요?

오학봉 : 어… 구룡하고, 북경가고, 음X도 가고, 광주도 가고 다녔어요. 한 4년 동안.

면담자 : 4년 동안?

오학봉 : 예. 친구해서 소개해서.

면담자 : 예?

오학봉 : 친구해서 소개해서.

면담자 : 소개해서?

오학봉 : 회사 들어가고 일을 하고, 근데 부모님이 이렇게 있으니까, 그래 서 이렇게 여기서 같이 와서 살자고 내가 큰 아들이니까. 그래 서 생각하면서 한 번 와 봐요. 와 보고 괜찮으면 계속 여기서

있고(남, 32세, 한국, 체류 7년).

한국어 구사가 유창하지 않은 오학봉 씨는 가족이 모두 한국으로 이입하여 한국 국적을 취득한 사람이다. 그는 중국에서 대학교육을 마치고 직장 생활을 했지만 먼저 이입한 가족들의 권유로 한국에 입국해 생활하고 있다. 그는 보험설계사 일을 하고 있는데 중국으로 귀환하기보다는 현재 하고 있는 중국동포를 상대로 영업하는 일에 만족하고 있었다. 이 밖에 사업을 위해 한국 국적을 취득하기를 희망하는 사람들이 있다. 엄밀하게 분류하면 이들은 현지 적응형에 포함시킬 수 없다. 비록 한국 국적을 취득하기를 원하지만 이러한 유형의 중국동포는 한국사회에 정착하려는 것이 아니라 중국과 한국을 자유롭게 왕래 하면서 경제적 이익의 극대화를 도모하고자 하는 목적을 가지고 있기 때문이다.

> 장학림 : 그때 장사하느라고.
> 면담자 : 왔다갔다 하셨으니까.
> 장학림 : 그랬으면 영주권은 벌써 줬을 낀데. 그런데 영주권제도가 없어.
> (중 략)
> 장학림 : 와서 3개월 동안 왔다갔다 하면서.
> 면담자 : 자제분들까지 국적취득 다 하셨어요?
> 장학림 : 안 했어요. 저만 했어요.
> 면담자 : 사모님은.
> 장학림 : 안 했어요.(남, 50대 중반, 한국, 체류 20년)

환전소를 경영하는 장학림씨는 중국동포의 입국이 허용되기 시작한 초기에 한국행을 결행했던 사람이다. 한국과 중국의 경제와 문화를 비롯해 다양한 방면에 대해 많은 정보를 가지고 있다. 이 때문에 재한 중국동포들이 국적 취득이나 송금과 같은 생활상의 문제를 상담하기 위해 방문하기도 한다. 가족들은 모두 중국에 살고 있으며 본인만 한국 국적을 취득하였다. 장학림씨의 두 아들은 모두 중국에서 회사를 다니고 있다. 이들은 중국에서 누리는 삶에 만족하고 있기 때문에 한국으로 이입하는 것을 고려하고 있지 않으며 장학림씨만이 한국에 정착하여 대림동에서 사업체를 운영하고 있다. 한국 국적을 가지고 있기 때문에 출입국에 아무런 문제가 없고 1년에 두 세 차례는 중국을 다녀오고 있다.

2. 주체적 분리: 귀소 지향형

귀소 지향형의 에스니시티를 가진 중국동포는 한국에서 정착할 생각이 없고 단지 돈을 벌어 돌아가는 것을 목적으로 삼고 있는 집단이다. 따라서 주류사회와 교류를 적극적으로 가지려 하고 있지 않다. 이러한 유형을 몇 가지로 나누어 보면 다음과 같다.

첫째, 본국에 직접적으로 부양할 가족이 있는 경우인데, 일반적으로 이들은 일정 기간 노동 해 돈을 모은 후 귀국을 선택한다.

> 윤영순 : 아들도 대학 졸업하고 소주(중국의 도시 : 저자 주)에서 이제…
> 한국분하고 같이 기업합니다.
> 면담자 : 따님이나 아드님은 한국에서 이렇게 살면서 직장생활을 왜 안하
> 세요?
> 윤영순 : 일본 가 있고, 아들도 한국분하고 일하니까 회사일로 자주 왔다
> 가기도 하고, 이제 요번에 아버지 보러 온지 아직 한 달 안 되
> 지요? 왔다 갔어요. 한 일주일.
> (중 략)
> 윤영순 : 예, 예. 그러니까 한국에 재미가 없네요. 뭐 돈도 못 벌제, 돈 벌
> 러 왔는데.
> 면담자 : 그런데 이제 한국에 오실 때는 이렇게 국적 취득을 목적으로 하

신 건가요? 아니면 돈을 벌면 다시 돌아가실 생각이신 건가요?

윤영순 : 돈 벌어서 다시 돌아갈라고 했지요. 뭐 우리 국적 취득 할, 우리
　　　　는 아무런 그 게 없잖아요. 위에 뭐가 있어야 국적을 취득하고,
　　　　아무 것도 없이 못하잖아요. 그렇지요?

면담자 : 그렇죠.

윤영순 : 예. 그러니까 우리는 돈이나 벌어가겠다 그러고 왔지요(여, 52세,
　　　　중국, 체류 3년).

　　중국과 일본에 각각 자녀를 두고 있는 윤영순 씨는 중국으로 귀환
하기를 희망하고 있었다. 현재 가족이 모두 흩어져서 살고 있지만
돈이 모이면 중국으로 돌아가 아들과 같이 살고 싶어 하고 있었다.
이와 같이 가족과 떨어져 살고 있는 귀소 지향형 재한 중국동포는
출신국으로 귀환하는 날을 기다리고 있다.

　　둘째, 한국생활에서 습득한 한국어나 축적한 정보를 바탕으로 한국
과 무역을 하며 생활하려는 집단이 있다. 한국 사회에서 아직까지도
근절되지 않는 차별을 견디기 어려워하는 이들은 귀국을 선택하지만
한국 내에서 쌓았던 인적 네트워크나 정보를 활용하여 사업한다.

이림빈 : 동포 분들 만나보면, 그래도 다들 열심히 살아요. 진짜 타지에
　　　　와가지고 타지잖아요. 솔직히 여기가. 열심히 살아요.

김해철 : 합법으로 되면서 돈이 있는 사람도 나타나는 거요. 열심히 사는
　　　　사람들이 돈 많이 벌고. 중앙시장 들어가는 데 그 삼성전자 파
　　　　는 데 그 어디야 그 동네 삼성전자 그 건물도 20억 주고 산 사
　　　　람도 있고.

면담자 : 애! 교포 분이?

이림빈 : (끄덕)

면담자 : 그 분은 어떻게 해서 그렇게 성공을 하셨대요? 흔치 않은 성공
　　　　이잖아요.

이림빈 : 아마 무역 쪽으로. 그쪽으로 많이 했나 봐요(남, 한국, 40세, 체
　　　　류 10년).

김해철 씨와 이림빈 씨의 면담 결과에서도 중국동포의 성공이 회자되고 있었으며 한중 무역을 통해 부의 축적을 이룬 사람들이 생겨나고 있다. 이들을 모델로 중국으로 돌아가 한중 무역에 종사하여 부를 축적하고자 하는 사람들이 생겨나고 있다.

셋째, 한국으로 이입한 이후 심한 차별을 경험하여 돈을 벌면 한국을 하루 속히 떠나기를 희망하는 사람들이 있다. 중국동포를 포함하여 이주민에 대한 한국사회의 차별은 일상화 되어 있다. 시민사회를 비롯해 공공 기관인 국가인권위원회의 권고에도 불구하고 한국사회에 자리 잡은 차별 의식은 거의 소멸되지 않고 있다. 차별적 시선과 대우를 견디기 힘들어 하는 사람들은 중국으로의 귀환을 강력히 원하고 있다.

> 면담자 : 일 하시는 과정에서는 조선족이다 뭐 이렇게 해서 차별하거나 이런 경우가 있지 않았어요? 없었어요?
> 미라 : 당연히 있죠.
> 면담자 : 있었어요?
> 면담자 : 근데 사람마다 다 똑같은 거 같애요. 착한 사람도 있고 나쁜 사람 또 회사 다닐 때 보면 어떤 한국 사람들은 되게 잘해줘요. 근데 어떤 한국 사람들은 이 질투심이라 그래요? 어느 정도 우리가 배우는 단계가 있잖아요? 어느 정도 그게 손이 빨리 가고 빨리 할 수가 있으면 되게 얄미워하는 사람이 있어요. 그게 다 보이거든요(여, 30세, 중국, 체류 5년).

이러한 유형에 속하는 사람들은 차별을 경험하면서 중국에 대한 향수와 한국에 대한 반한(反韓)감정을 가지게 되고 돈을 벌면 중국으로 귀환한다는 목표를 세운 채 삶을 영위한다. 소수자에 대한 차별은 한국사회의 중요한 사회 문제이지만 아직도 현재진행형이다.

3. 편의적 동화: 신(新) 유목민형

출신국의 정체성을 유지하지 않으며 이입국의 주류사회와 관계를 유지하려는 동화 전략은 이민 2세와 결혼을 통해 이주한 사람들이 보여주는 전략이라고 할 수 있다. 한국으로 이입한 재한 중국동포 집단에서도 이주초기에 나타났던 유형으로 볼 수 있으며, 헝가리에서 캐나다로 이주한 이민의 2세들은 통합 전략 다음으로 동화 전략을 선호하는 것으로 나타났다(Berry et al, 1991). 출신국의 전통적 문화나 정체성이 약한 이민 2세 이후의 세대는 교육 수준이 향상되면서 자연스럽게 이입국 주류사회로 진입하게 된다. 한편 결혼을 통해 이주를 결행하는 여성 이주자의 경우를 보면 출신국의 정체성을 유지 할 수 있는 에스닉 네트워크가 단절된다. 음식으로 본 여성이민자의 갈등과 그 전략을 분석한 연구에서 여성 이민자는 남편과 시부모로부터 한국의 음식 문화를 일방적으로 강요받고 있으며 특히 시부모와 동거하는 결혼 이민자는 그렇지 않은 여성보다 많은 스트레스를 경험하는 것으로 나타났다(김영주, 2009). 결국 결혼이민자의 생활세계는 이입국 사회의 주류인 남편이나 시댁과의 관계 속에서 형성되고 유지된다. 이는 여성이민자가 강제적으로 동화 전략을 선택 할 수밖에 없는 상황으로 간다는 것을 의미한다. 이러한 편의적 동화는 출신국의 특수한 정체성을 유지하지 못하고 새로운 어떠한 사회에도 필요에 의해 적응한다는 의미에서 '신 유목민형'이라 할 수 있다. 그러나 여기에서는 한국으로 이입한 이후에 형성된 재한 중국동포 2세대[010]나 결혼 이민자는 고찰 대상에서 제외 하였다.

---

010 1992년 한·중 수교 이후 한국으로 영구 귀국하거나 혹은 비자를 재발급 받으면서 삶을 영위하는 재한 중국동포들은 아직까지 세대 재생산에 필요한 시간을 충족시키지 못한 측면도 있지만 젊은층의 중국동포들은 굳이 한국행을 선호하지 않기 때문에 면담자를 선정하기가 매우 까다로운 측면이 있었다.

4. 자발적/강제적 주변화: 상황 선택형

돈을 벌기 위한 목적을 가지고 입국했던 중국동포들은 한국의 정책 동향에 민감한 반응을 보인다. 이는 정책의 변화가 초래하는 이익에 대한 전망이 거취를 결정하는데 중요한 요인으로 작용하기 때문이다. 예를 들면 미등록 신분을 가진 재한 중국동포들의 경우 항상 출입국관리 당국의 단속에 대해 불안감을 가지고 살아간다. 그러나 한국과 중국의 현격한 임금격차는 이들이 쉽사리 귀국을 결정하지 못하는 요인이 된다. 중국에 직접 부양해야 할 가족이 있는가의 여부와 관계없이, 대다수의 재한 중국동포들은 한국 정부의 재외동포 정책에 민감한 반응을 보인다. 신분의 합법화가 이루어지면 한국 사회에 정착을 하겠지만 만일 정부의 단속에 걸려 체포되면 중국으로 귀환하는 길을 선택하겠다는 중국동포가 이러한 유형의 집단에 속한다. 그러나 이러한 유형으로 분류되는 집단 이외에도 대다수의 재한 중국동포들이 실질적으로는 여기에 속한다고 할 수 있다. 이들은 한국과 중국을 비교하여 돈을 더 많이 벌 수 있는 공간을 선호한다. 이러한 거취의 결정과 한국정부의 재외동포 정책은 맞물려있다. 즉, 재한 중국동포들이 희망하는 '자유왕래'는 중국과 한국의 경제 상황에 따라 필요한 공간에서 보다 큰 경제적 이익을 취하겠다는 의미로 넓게 해석 할 수 있는 것이다.

-사례 1-
면담자 : 돈 많이 벌어가라고 하는 말은 선생님은 돈을 많이 벌면 중국으로 돌아가실 생각이세요?
김관준 : 여기서 아니 갈 수 있으면 가고 뭐 여기는 뭐 이기는… 몇 년 후에 있다가 가야 된다면 안 되고, 있을 수 있으면 계속 있고….
면담자 : 아! 잘 모르시는 거고?
김관준 : 예.

면담자 : 그러면 국적은 중국으로 돼 있으시죠?

김관준 : 예.

면담자 : 그럼 아직 지금 저 상태가 합법적인 상태로 계신 거예요? 아니면 미등록 비자로 계신….

김관준 : 요번에 5년 비자로 그 걸로 비자 한 사(4)년 있어요. 그래 그 때 가서 또 이게 어떻게 되느냐, 저기 있을 수 있으면 있고(남, 46세, 중국, 체류 5년).

-사례 2-

면담자 : 어떠세요 앞으로 이제 돈도 좀 벌고 국적을 합법적으로 취득하게 되면 한국에 살고 싶으세요? 아니면 중국으로 다시 가고 싶으세요?

신덕화 : 어 그거는 이제 실정에 따라서 뭐 진짜 국적을 나온다 카든가 혹시나 뭐 그러게 되면 한국에 살만 하면 살아야죠. 경제라든가 토대에서 한국에서 몇 년을 벌어야 집을 한 채를 살 수 있고 그런 걸 이제 경제 사정을 따져 봐야겠죠. 만약에 내가 한국에서 집 한 채 살 걸 중국에서 두 채 세 채 살 수 있겠나? 이거도 알아봐야 되고 (중 략) 이제 중국 정책하고 한국 정책에 따라서.

면담자 : 이렇게 할 수도 있고 저렇게 할 수도 있다는…(남, 50대 초반, 중국, 체류 2년)

어떤 의미에서는 한국사회에 정착을 할 것인가, 중국으로 귀환 할 것인가의 유형을 구분하는 작업이 의미가 없을 수도 있다. 넓게 이해해보면 재한 중국동포와 재중 중국동포가 모두 상황 선택형의 유형에 포함 될 수 있기 때문이다. 결국은 수취하는 이익의 크기, 본인의 현재 신분, 한국정부의 정책방향 등을 살펴본 뒤 이를 토대로 본인에게 유리한 방향으로 거취를 결정하려고 하는 상황 선택형의 에스니시티를 가진 중국동포가 대다수라고 보아도 무방할 것이다.

제4장 에스니시티 변용 과정과 사회적 네트워크

1. 이입 초기의 에스니시티

재한 중국동포가 이입 초기에 가지고 있던 에스니시티는 다양한 유형으로 변용된다. 이들은 한국사회에 적응하는 과정에서 에스니시티의 변용을 경험하고 한국사회에 정착할 것인가, 아니면 출신국으로 귀환 할 것인가를 고민해야 하는 시점을 맞이하게 된다. 이러한 결정을 내리는 과정에서 고려하는 요소는 재한 중국동포 본인이 가지고 있는 현재의 사회적 위상, 체류 자격, 가족관계, 중국과 한국에서 획득할 수 있는 이익에 대한 비교, 그리고 한국사회에 대한 적응 정도와 같은 일이다. 이상과 같은 시각에서 재한 중국동포의 에스니시티 변용을 종합해보면 다음과 같은 특성이 나타난다.

첫째, '가난한 나라 중국에서 돈 벌기 위해 입국한 불쌍한 존재'였지만 하층 노동력의 토대를 이루는 집단으로 자리 잡았다. 한국인에게 재한 중국동포가 과거에 중국에서 한 일은 중요하지 않다. 돈을 벌기 위해 한국에 이입한 '자신(한국인)'보다 가난한 하층으로 인식할 뿐이다. 재한 중국동포는 이러한 한국인의 인식에 대해 잘 알고 있으며 한국사회에 적응하려 노력하기보다는 돈을 버는 본래의 목적에만 충실하게 된다.

둘째, 재한 중국동포는 과계민족011의 특징인 이중적 에스니시티를 담지하고 있다. '조선민족을 모태로 한 민족이며 지금은 중화인민공화국의 공민이자 중화민국 대가정의 일원으로서 중국과 남북조선 사이의 경계상황에서 실존하는'(임진철, 2005: 31) 민족이다. 이들은 중국 국적을 가지고 있으며 혈연적으로는 한민족이라는 이중정체성을 가지고 있다. 정치적 정체성은 중국에 기반을 두고 있지만 민족정체성을 내세우며, 경제적 필요성에 의해 한국으로 이입하였지만 스스로의 정체성을 규정하지 못하는 혼란한 상태에 위치해 있다. 이입 시기나 거주기간과는 무관하게 이러한 재한동포의 에스니시티는 변하지 않는다.

셋째, 한국국적의 취득보다는 '재외동포법'의 범주에 포함되기를 희망하는 재한 중국동포가 다수를 이룬다. 재한 중국동포는 이입 초기에 미등록체류자의 비율이 높아 한국정부를 향해 요구사항을 전달할 수 없다는 신분적 제약을 가지고 있었다. 이들은 미국이나 일본을 비롯한 선진국에 거주하는 동포와 마찬가지로 한국에 자유롭게 출입국할 수 있는 자격을 한국정부가 부여해 주기를 바라고 있었다. 그러나 한국정부에게 이러한 요구조건을 전달 할 수 있을 만큼 조직화된 캠페인을 전개하지는 못하였으며 한국 사회 내부의 지원 단체가 이들을 대변하는데 그쳤다. 그러나 2004년에 법 개정 운동을 지원 단체가 대대적으로 전개한 이후의 상황을 보면 제도가 재한 중국동포가 만족할 만한 수준은 아니지만 비교적 관용적인 방향으로 개

---

011 과계민족이란 두나라의 경계에 걸쳐서 살고 있는 민족을 말한다. 중국에는 공식적으로 56개의 민족이 있는데 그 중 30여 개 민족이 중국과 국경을 사이에 두고 있는 국가에도 동일한 민족이 집단 거주하고 있다. 즉 이들을 지칭하는 말을 과계민족(跨界民族: Cross-boarder Ethnicity)이라 한다.

정되었다.

2. 에스니시티의 변용과정

한국에 이입하던 초기에 중국동포가 보유하고 있던 에스니시티는 한국사회 내부에서 생활하는 동안 변용하게 된다. 연령, 성별, 개인적 상황, 한국정부의 정책변화 등에 의해 변용의 내용은 다르게 나타난다.

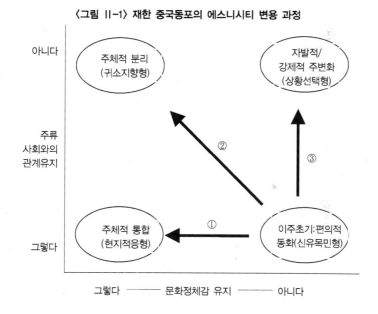

〈그림 II-1〉 재한 중국동포의 에스니시티 변용 과정

화살표 ①의 과정을 경험하는 집단은 고연령층이거나 가족 전원이 한국으로 이주한 중국동포이며 이들의 에스니시티는 '주체적 통합'의 유형으로 변용된다. 고연령층의 중국동포는 중국으로 돌아가더라도

주류 사회에 편입되기 어려우며 젊은이들에 비해 한민족의 정체성을 보존하고 있다. 이들은 젊은 세대보다 한국사회에 대한 문화적 이질감이 낮으며 적극적으로 한국사회에 적응하며 남은 삶을 정리하기를 바라고 있다. 면담자 중 김일선 씨가 여기에 해당 된다. 마찬가지로 가족이 모두 한국으로 이주한 사람들은 친족 네트워크가 더 이상 중국에 존재하지 않기 때문에 중국으로 귀환하기 보다는 한국사회에 남기를 희망한다. 오학봉 씨와 이림빈 씨의 사례가 여기에 해당된다. 그 밖에 가족을 포함한 친족 네트워크는 중국에 있지만 한국에서 사업을 목적으로 체류하는 중국동포가 있다. 장학림 씨와 같이 이미 한국에 사업체를 가진 중국동포는 한국 국적을 취득하게 되면 한중 왕래가 자유롭게 되는 이점이 있다. 그러나 이들은 중국사이에 구축된 견고한 인적·사회적 네트워크는 약화되지 않는다. 만약 중국 국적을 가지고 있는 상태에서 한국을 자유롭게 왕래할 수 있다면 이들은 다시 중국 국적을 취득할 용의를 가지고 있다. 이러한 행동 지향은 현지 적응형 에스니시티와 상황 선택형 에스니시티에서 모두 나타나는 특성 이라고 볼 수 있다. 그러나 이와 같은 유형의 사람을 제외한 고연령자와 가족 전원 이입자의 특성은 한국사회에, 전폭적으로 적응하려는 개인적 동기가 작용하여 나타나는 에스니시티 변용의 유형이다.

화살표 ②의 과정은 중국으로부터 단독으로 한국에 이입한 중국동포에게서 나타나며 중국에 가족들이 남아 있기 때문에 돈을 벌고 난 이후에는 중국으로 귀환하는 것을 상정한다. 비한국계 이주노동자는 말할 것도 없고 중국동포 역시 한국행을 결단한 배경을 보면 가족의 생계유지가 중요한 목적이었다. 따라서 가장 중요한 가족이라는 네트워크가 아직까지 중국에 남아 있는 경우 돈을 벌면 곧바로 귀국하기를 희망한다고 볼 수 있다. 이 밖에 한국사회에서 쌓은 경험을 기반으로 무역을 시도하려는 집단이 있다. 한국사회에서 심한 차별을 경험한 집단도 있다. 이들은 개인적 동기에 의해 한국사회에 적응하려는 의지가 강하지 않고 스스로를 한국사회라는 구조와 분리시키는 주체적 분리의 유형으로 에스니시티가 변용되는 집단이다. 면담자 중에서 윤영순 씨와 미라 씨의 사례가 이에 해당 할 것이다.

마지막으로 화살표 ③번의 유형은 한국 정부의 정책을 살피면서 중국으로 귀국하거나 한국 사회에 정착하는 것을 결정하려는 집단이다. 젊은 층만이 아니라 중국동포의 다수가 이러한 유형의 에스니시티를 가지고 있다. 면담자 중에는 김관준 씨와 신덕화 씨 그리고 김해철 씨가 여기에 속한다. 이들은 한국정부의 정책과 본인의 개인적 상황 등을 고려하면서 미래의 거취를 결정하려고 한다. 대부분의 중국동포는 돈을 벌기 위한 목적으로 한국에 입국하였기 때문에 한국과 중국을 비교하게 되고, 수입이 커질 수 있는 가능성이 있는 공간으로 이동하게 된다. 여기에는 한국정부가 중국동포에게 부여하는 체류자격 문제가 중요한 기제로 작용하게 된다. 비자의 종류나 체류기간, 그리고 취업 직종에 관한 제도적 장치는 이들이 한국에 체류할 것인가, 귀환 할 것인가를 결정할 때 가장 중요한 조건이 된다. 따라서 중국동포들은 이와 같이 제도적 환경 때문에 어쩔 수 없이 주변화 되거나 아니면 자발적으로 주변화 되는 과정을 겪으며 결과적으로 다수가 한국사회의 주변부에 위치하게 된다. 이는 한국사회의 구조와 개인 각자의 상황을 감안하여 거취를 결정하는 상황 선택형 에스니시티 변용 과정이라고 할 수 있다.

결론적으로 초기 이입시기에 보여주었던 편의적동화 유형은 주체적 분리 개념인 귀소 지향 유형이나 주체적 통합 개념인 현지 적응형 유형 등으로 다양하게 변화되고 있다. 그러나 대부분의 재한 중국동포는 한국사회의 구조와 개인의 심리적·현실적 상황을 종합적으로 감안하여 자발적 주변화와 강제적 주변화가 혼재된 상황 선택형 에스니시티를 가진 집단으로 성격이 변화되고 있다.

3. 사회적 네트워크의 쌍방향성

재한 중국동포는 편익확보를 위해 상대적 고임금 지역인 한국에 이입하였다. 당시에 이미 실질적인 민족적 정체성은 변용되기 시작하였다. 한국에 정착하기를 원하는 집단과 중국으로 돌아가기를 희망하는 집단으로 분화되었다.

첫째, 20～30대 젊은 계층은, 중국에서 태어나 교육 받고 생활하였으므로 사회주의 국가체제 하에서의 공고화된 국가 정체성을 가지고 있으며 혈연적 정체성에 대한 의식도 부모, 조부모 세대와 달라 한국에 귀화하거나 정착하는 것을 원하지 않고 있다. 이들은 중국에서 한민족 특유의 교육열에 힘입어 대학 이상의 고등교육을 받았고, 음식, 문화, 관습을 포함하는 일상의 사고체계가 중국화 되어 있으며, 혈연을 기반으로 한 민족공동체와 자기를 맹목적으로 동일시하지 않는다. 또한 중국에 정착하려는 욕구가 강하며, 혈연적, 민족적 관계를 활용해 한국에 이입하더라도 일상의 사고체계를 버리고 새로운 에스니시티를 구성해야 하는 문제에 봉착하게 되는 상황을 피하려 한다. 한족으로부터 차별 받은 경험이 있는 젊은 층은 한국에 정착하려 시도하기도 한다. 그러나 정착을 시도하더라도 젊은 재한 중국동포들은 연장자 세대와는 다른 방식을 시도하고 있다. 40대 이상의 중·장년층 남성이 대부분 건설 현장을 비롯한 그 밖의 일용직에 종사하고 있으며 여성의 경우 식당이나 가정부와 같은 서비스 업종에서 일을 하지만 이들은 전혀 다른 직종을 선택하고 있다. 예컨대 보험설계사나 무역업, 식당 운영과 같은 직종이다.

둘째, 중국에서 태어난 이주 2세대, 3세대는 반드시 한국 국적 취득을 바라지 않는다는 점이다. 재한 중국동포들은 중국 시장의 잠재적 가치를 인식하고 있으며 몇 십년 안에 중국의 경제력이 한국을 추월할 수 있으리라는 믿음을 가지고 있다. 중국 사회과학원 학부위원, 청서 주요 책임자, 수량경제(數量經濟) 연구소 소장인 왕퉁산(汪同三) 교수에 의하면(2008년12월2일), 중국 사회과학원에서 발표한 '2009년 경제청서(靑書)'에서 중국의 2009년도 GDP 성장율은 9%가 될 것으로 예상했다.012 이러한 발표 내용은 재한 중국동포들이 중국의 경제 성장에 기대를 가지게 하는 근거 자료의 역할을 하고 있다. 실제로 세계은행(국제부흥개발은행, IBRD)이 2009년 4월7일 발표한 "동아시아 경제반년보"에 따르면, 동아시아의 가장 큰 국가인 중국경제는 호전 징조를 보이기 시작했으며, 암담한 세계경제에 일말의 희망을 주고 있다고 지적했다. 또한 중국정부의 강력한 경기부양책으로 중국경제는 2009년부터 회복되기 시작하고 2010년에 전면 회복될 것으로 전망하면서 중국경제가 회복되면 동아시아 및 태평양지역 각국의 경제성장에 도움이 될 것이라고 언급하면서 2009년 중국의 경제성장율이 6.5%에 달할 것으로 전망했다. 이러한 사실은 2000년대 이후에 세계경제의 불황에도 불구하고 중국 경제는 괄목할만한 성장을 지속하고 있다고 볼 수 있다. 이와 같은 상황에서 재한 중국동포들은 한국 국적을 취득하는 것보다는 중국 국적을 유지하는 편이 유리하다고 판단하고 있다. 물론 한국 국적의 취득을 바라는 사람들도 있지만 이들조차도 오히려 한국 국적 취득보다는 출입국 절차가 간소화되어 자유롭게 사업이나 취로를 할 수 있는 환경을 원하고 있다.

셋째, 한국계 이주노동자인 중국동포들은 한국 사회와 네트워크를 구축하는 일에 소극적이며 중국에 남겨 놓은 인적 네트워크를 유지하는데 적극적이다. 본인은 한국 국적을 취득하더라도 중국에 남아 있는 다른 가족의 한국 국적 취득에는 소극적인 태도를 보이고 있다.

---

012 인민일보 2009년 2월2일자 참조.

이들은 중국의 경제성장에 대한 기대를 가지고 있으며 한국과 중국 사이에 연결된 네트워크를 유지하는 것이 경제적 이익 향상에 도움을 줄 수 있다고 생각한다. 따라서 중국에 있는 가족이나 친지와 밀접한 관계를 유지하고 있다. 특히 젊은 중국동포는 한국 사회에 체류하고 있지만 경제적 문제와 상관없이 언제든지 중국으로 돌아갈 수 있는 심적 준비가 되어 있다.

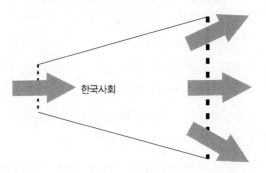

〈그림 II-2〉 중국동포의 에스니시티 개념모형

넷째, 60대 이상의 고령자에 속하는 재한 중국동포 중에는 한국 국적을 취득하여 정착하기를 원하는 집단이 있다. 그러나 이들도 본인의 의지로 정착을 지향하는 것이 아니다. 자녀의 국적 취득을 돕기 위해 이러한 생각을 하고 있거나, 중국에 돌아가도 마땅한 수입이 없는 경우가 대부분이다. 결국 200만이 넘는 중국동포의 입국 절차를 간소화 하더라도 폭발적인 인구 유입이 발생하는 일은 없을 것으로 보인다. 따라서 한국정부가 일본이나 미국에 거주하는 동포와 재중동포를 동등하게 대우하는 '열린 동포정책'을 적용해도 우려할 필요는 없다.

제5장 마무리

　서울 서남부에 위치한 재한 중국동포의 집단 거주지역에서 수집한 에스니시티 변용과정에 대한 질적 자료의 분석 결과는 다음과 같이 요약 할 수 있다.

　경제적 편익 확보를 위해 이입한 중국동포들은 실질적으로 정착하고자 하는 경향이 있다. 이주 초기의 에스니시티인 편의적 동화 유형은 거주기간이 경과 하면서 주체적 통합 유형인 현지적응형, 주체적 분리 유형인 귀소지향형, 그리고 강제적 주변화와 자발적 주변화가 혼재된 유형인 상황선택형으로 분화되고 있다. 세대별로 에스니시티의 변용과정은 차별화되며 젊은 세대일수록 에스니시티가 편익을 중시하는 상황선택형 에스니시티를 가지게 되는 방향으로 변용된다. 그러나 전반적으로 생활 자원을 획득하는 기반이 되는 사회적 자본과 사회적 네트워크가 한국사회 내부에서 생성되고 축적되고 있는 경향이 확인되었다. 이는 법적인 국적과는 무관한 정착과정이다. 그러나 재한 중국동포는 중국과 사회적 네트워크를 유지하며 경제적 실리를 확보하려는 지향을 보이고 있다. 이 사례는 국경을 초월하여 생활권을 형성하고 있는 현상이 한국에서 진행되고 있다는 사실을 지적하고 있다. 즉, 사회관계의 형성이 국경을 초월해 진행되는 글로벌라이제이션(Globalization)을 준거 틀로 하여 재한 중국동포의 사회적 위상을 설정할 필요가 있다. 이와 같은 상황으로부터 이주민과 귀환 해외 동포에 대한 정책 기조의 전환이 필요하다는 함의를 찾을 수 있다. 즉, 이주민에게 다문화를 내세워 한국사회의 규범과 제도를 수용하오도록 촉구하는 동화정책을 지양하고 각자의 에스니시티를 존중하는 진정한 다문화 사회를 지향할 필요가 있다.

참고문헌

김주섭, 2005, "청년층의 고학력화에 따른 학력과잉 실태분석", 『한국노동 연구원』.

김현미, 2009. "방문취업 재중 동포의 일 경험과 생활세계", 『한국문화인류학』. 제42권 2호.

노고운, 2001, "기대와 현실 사이에서:한국 내 조선족 노동자의 삶과 적응전략", 서울대 대학원 인류학과 석사논문.

리상우, 2007, "개혁기 중국조선족사회의 정체성에 대한 고찰", 『동아연구』.

문형진, 2008, "한국내 조선족 노동자들의 갈등사례에 관한 연구", 『국제지역연구』, 제12권.

박종일, 2006, "다문화 시대의 정체성 연구를 위한 '에스니시티(Ethnicity)'의 개념화-민족, 인종, 종족, 그리고 소수민족과 연결하여", 『사회학대회』.

박충환, 1995, "한국인과 외국인 노동자간 문화접촉에 관한 연구: 작업장내 비형식적 인간관계를 중심으로", 경북대 대학원 고고인류학과 석사논문.

설동훈. 1996a. "한국사회의 외국인 노동자에 대한 사회학적 연구: 외국인 노동자의 유입과 적응을 중심으로". 서울대학교 박사학위논문.

_____. 2001. 『외국인 노동자. 현대판 노예인가 외국인 용병인가』. 생각의 나무.

_____. 2003a. "한국의 외국인 노동운동. 1993~2003년: 이주노동자의 저항의 기록". 『진보평론』. 제17호.

연변조선족자치주개황 집필소조, 1988, 『중국의 우리민족』, 연변인민출판사간, 도서출판 한울.

우평균. 2002. "동북아 각국의 외국인노동자 정책: '에스닉 집단화'의 가능성과 관련하여". 『평화연구』. 제11권 1호.

유명기, 1995, "재한 외국인 노동자의 문화적 적응에 관한 연구", 『한국문화인류학회』27:145-181.

_____. 2002, "민족과 국민 사이에서: 한국 체류 조선족들의 정체성 인식에 관하여", 『한국문화인류학회』. 제35권 1호.

윤인진. 2004. 『코리안 디아스포라』. 고려대학교 출판부.

은기수, 2008, "한국의 인구변화 실태와 사회적 영향", 『제1차 사회과학 포럼』.

이병욱 외, 2008, "중소기업 기술 인력의 경쟁력 제고를 위한 공업계 고교의 역할과 직업교육의 방향", 『한국기술교육학회지』.

이순태, 2007, "다문화 시대의 도래에 따른 외국인의 출입국 및 거주에 관한 법제 연구", 『한국법제연구원』.

이현정, 2001, "조선족의 종족정체성 형성 과정에 관한 연구", 『비교문화연구』, 제7집.

임진철. 2005. "조선족 사회 발전전략과 초록 민족공동체 발전구상". 『동북아시대 조선족 사회 발전을 위한 귀향 아리랑 문화축제와 국제 학술 심포지움 자료집』. 재한 중국조선족경제문화발전협회.

임채완 외, 2002, "중국연변 조선족의 민족정체성 조사연구", 『대한정치학회보』, 10집, p248.

장영진. 2006. "이주노동자를 대상으로 하는 상업 지역의 성장과 민족 네트워크: 안산시 원곡동을 사례로". 『한국지역지리학회지』.

정판룡, 1993, "서문" 『당대중국 조선족 연구』, 김동화 ,김승철 공역, 연변인민출판사.

조현미, 2006, "외국인 밀집 지역에서의 에스닉 커뮤니티 형성", 『한국지역지리학회지』.

한현숙, 1996, "한국체류 조선족 노동자의 문화갈등 및 대응", 한양대 대학원 문화인류학과 석사논문

황익주, 1999. "조선족의 사회조직과 그 변화", 『한국문화인류학회 학술대회 발표논문집』, pp 270-282.

Benedict Anderson, 1991, "Imagined Communities.: reflections on the origin and spread of nationalism", Verso.

Berry, J. W. 1980. Acculturation as varieties of adaptation. In A. M. Padilla(Ed), *acculturation: Theories, madels and findings*(pp.9-25). Bouder, CO; Westview.

Berry, J. W. 1990. Psycology of acculturation: Understanding individuals moving between culture. In R. Brislin(Ed.)Applied cross-cultural psycholgy (pp. 232-253). Newbury Park, CA: Sage.

Berry, J. W. 1997. Immigration, acculturation and adaption. Applied Psycology: An International Review, 46, 5-34.

Furnham, A. & Bochner, S. 1982. Social Difficulty in foreign culture: An empirical analysis of culture shock. In S. Bochner (Ed), Cultures in contact: Studies in cross-cultural interactions (pp.161-198). Oxford: Peramon.

Furnham, A. 1985. Why do people save? Attitudes to, and habits of, saving maney in Britain. *Journal of Applied Social Psychology, 15,* 354-373.

Ghaffarian, S. 1987. The acculturation of Iranians in united States. Journal of Social Psychology, 127,565-571.

Lazarus, R. S. and Folkman, S. 1984. Stress, coping and appraisal. New York:Springer.

Lin, K. Tazuma, L. and Masuda, M. 1979. Adaptational problems of Vietnam refugees: health and mental status. *Archives of General psychiatry, 36,* 955-961.

Marin, G. Sabogal, F. Martin, B., Otero-sabogal,R & Rerez-Stable, E. J. (1987). Development of a short acculturation scale for Hispanics. Hispanic Journal of behavioral Science, 2, 21-34.

Motgomery, G. T. 1992. Comfort with acculturation status among students from South Texas. Hispanic Journal of behavioral Science, 14, 201-223.

Naidoo, J. 1985. A cultural perspective on the adjustment of South Asian women in Canada. In I. R. Langunes and Y. H. Poortinga(Eds), *from a different perspective: Studies of behavior across cultures* (pp. 76-92). Lisse, The Netherlands:Swets & Zeitlinger.

Pruitt, F. K. 1978. The adaptation of African students to American society. *International journal of Intercultural Relations, 21,* 90-118.

Redfield, R, Linton, R, & Herskovits, M. 1936. Insanity, Memorandum on the study of acculturation. American Antbropologist, 49, 701-708.

Sam, D. L. & Berry, J. W. 1995. Acculturative stress and young immigrants in Norway. *Scandinavian Jounal of Psychology,* 36, 10-24.

Sam, D. L. 1995. Acculturation attitudes among young immigrants as a function of perceived parental attitudes toward cultural change. *Journal of Early Adolescence, 15,* 238-258.

Shisana, O. and Celentano, D. D. 1987. Relationship of chronic stress, social support and coping style to health among Namibian refugees. *Social Science and Medicine, 24,* 145-157.

Stephen Cornell, Douglas Hartmann, 1998, "Ethnicity and race : making identities in a changing world", Pine Forge Press.

Suinn, R. M., Ahuna, C. & Khoo, G. 1992. The Suinn-Lew Asian Self-Identity Acculturation Scale: Concurrent and factorial validation. Educational and Psychological Measurement, 52, 1041-1046.

Tajfel, H. 1982. *Social identity and intergroup relations.* Cambridge, MA; Cambrige University Press.

Tajfel, H. & Turner, J. 1986. "The social identity theory of intergroup behavior". in W. Austin and S. Worchel(Eds), *The social psychology of intergroup relations* (pp. 7-14). Chicago: Nelson-Hall Publishers.

Ward, C. Bochner, S. and Furnham, A. 2001. The Psychology of culture shock. East Sussex: Routledge.

Ward, C. and Chang, W. C. 1997. Cultural fit: A new prespective on personality and sojourner adjustment. *International Journal of Intercultural Relations, 21,* 525-533.

Ward, C. and Kennedy, A. 1992. Locus of control, mood, disturbance and social difficulty during cross-cultural transitions. *International Journal of Intercultural Relations, 16,* 175-194.

關根政美, 1994. "エスニシティの政治社會學", 名古屋大學出版會, 名古屋.

韓景旭, 1999. "エスニシティー中國・朝鮮族", アジアの文化人類學 (片山隆裕編) ナカニシシャ出版

03

중소제조업의 인력수급과 이주노동자
-마석가구공단을 중심으로-

박준엽

 제1장 머리말

　1980년대 말 이래 국내 산업 각 분야에서는 인력부족 현상이 두드러지기 시작했다. 특히 중소제조업체들의 경우 구인난으로 인해 생산이 차질을 빚을 정도로 문제가 심각해졌다. 중소제조업체들의 인력부족 현상은 다양한 원인을 갖고 있다. 산업구조의 변화에 따른 고용구조의 변화, 출산율하락, 인구의 고학력화, 의식구조의 변화로 인한 생산직 기피현상 등이 그것들이다. 국가는 구인난에 처한 사업체들의 요구를 반영하여 외국으로부터 노동력을 도입함으로써 인력부족 상황을 타개하고자 했고, 이에 따라 많은 이주노동자들이 국내로 들어왔다. 2000년대 중반까지만 해도 제조업분야의 이주노동자 공급은 지속적으로 증가하여 한 해에 10만명을 상회할 정도로 그 수가 많았고, 고용정보원의 통계에 따르면 2010년 말 현재 제조업체에서만 20만명을 상회하는 이주노동자들이 일하고 있다.

　이주노동자의 유입과 함께 국내에서는 다양한 각도에서 이들과 관련된 연구가 활발히 진행되면서, 양적으로도 상당한 축적이 이루어졌다. 이제까지의 모든 연구를 검토해 볼 수는 없어 이하에서는 주요 연구만 살펴보기로 한다. 주제를 기준으로 살펴보면 기존 연구는 이주노동자의 유입 배경(원인) 및 관련 정책(혹은 중소기업의 인력부족 실태와 이주노동자에 대한 수요), 이주노동자들의 실태(노동조건, 생활조건 및 사회적 연결망), 이주노동자들이 경험하는 문화적 마찰, 이주노동자 고용의 경제적 효과나 이주노동자의 유입이 국내 노동시장에 미치는 영향 등의 범주로 분류할 수 있다. 초기에 이루어진 이주노동자에 관한 연구 중에는 외국인력의 도입을 되도록 억제해야 한다는 주장도 있다. 예컨대 백석현(1993)은 고급인력에 대해서는 개방정책을 확대해 나가되 "저기술, 단순 외국인노동자"에 대해서는 향후 더 강력한 폐쇄정책을 도입하고 수입대상국가도 제한해야 한다고 주장하고 있다. 여기에서 제시된 이유는 국가이익을 위해서인데, 무엇보다도 소득유출 효과의 최소화를 기하기 위해서이다. 한편 그는 이주노동자 유입의 근본원인이라 할 수 있는 인력부족에 대해 유휴인력에 대한 유인책의 개선과 혁신적 보상시스템의 개발, 산업구조 고도화와 한계산업의 정리 그리고 노동생산성의 향상 등의 방법으로 극복해야 한다는 주장을 펴고 있다. 반면 이혜경(1994)은 조금 다른 관점에서 이주노동자의 도입을 억제해야 한다고 주장한다. 이것은 1980년대 중반 이후 드러나기 시작한 제조업부문의 인력난이 노동공급의 변화와 노동시장의 분절화에 기인한 구조적인 현상이므로 이주노동자 고용은 단기적으로는 인력난 해소에 도움이 되나 장기적으로는 노동시장에 미치는 부작용이 더욱 클 것으로 보는 시각이 제시되고 있다. 즉 이주노동자의 고용은 제조업부문의 임금, 작업환경 등의 개선을 막아 노동시장의 분절화를 더욱 고착화시키고, 여성 생산직 노동자의 노동시장 탈퇴를 부추기며 동시에 신규노동자, 비정규노동자 및 취업 희망 잠재 노동자가 제조업 부문 진입을 더욱 힘들게 할 것이라는 판단이다. 이러한 시각에 따르면 국내 생산직 노동자의 상승이동이 매우 어려운 상황에서 이주노동자의 고용은 국내 노동자를 보완하기보다는 대체할 가능성이 높고, 특히 여성 생산직 노동자를 대체할 가능성이 높은 것이다. 그러므로 여성 생산직 노동자의 노동시장이탈 방지, 취업을 희망하는 예비 노동자의 고용 기회 확대, 국내 생산직 노동자의 지위향상 등의 개선 조치가 충분히 이루어질 때까지 외국인 노동자의 고용은 가능한 한 최대로 억제되어야 한다는 것이다.

이러한 연구는 비교적 초기에 이루어진 것이기는 하나, 당시 한국경제에 대한 인식이나 전망이 비현실적이고, 문제분석의 틀과 제시하는 해결방안도 설득력이 없다. 백석현은 소득유출 효과와 인력 부족 현상에 대처할 만한 정책을 열거하면서 이주노동자의 유입 제한을 주장했다. 반면, 이혜경은 1992-93년의 각종 통계만을 근거로 이주노동자들이 내국인노동자들과 대체관계에 있을 가능성이 높으며 인력부족은 다방면에 걸친 정책적 대응으로 해소될 수 있다는 결론을 내리고 있다. 그러나 여기에서 제시된, 인력 부족에 대한 대응책은, 이들의 논문이 발표된 이후의 흐름으로 미루어 보아 실효성이 없다고 단정할 수 있고, 시간이 흐르면서 이주노동자의 유입이 증가했다는 사실로부터 현실에 대한 이들의 진단도 정확하지 못했다고 지적할 수 있다. 이들보다 앞서 중소제조업의 인력난을 구조적인 문제로 인식하고 이주노동자의 도입을 문제 해소의 한 방법으로 제시하고 있는 연구도 이미 있다.(이계운 1992) 이후에 나온 대다수의 연구들은 이주노동자의 도입이 현실적으로 불가피한 선택이라는 점을 인식하고, 이로 인해 발생하는 여러 가지 문제들을 지적하고, 해소 방안을 제시하고 있다. 예컨대 강현아(1996), 강수돌(1996, 1997) 등은 그 이전에 이루어진 연구가 이주노동자들의 유입배경이나 실태에 대한 사례분석, 혹은 이들의 국내에서의 적응과정에 대한 분석에 주로 초점이 맞추어져 있었다는 비판의식에서 출발하여 이주노동자에 대한 국가정책을 중점적으로 다루고 있다. 이들은 외국인력 도입

정책이 일관성이 없었고, 이주노동자들의 근로조건과 생활조건이 매우 열악하다는 점을 강조하고 있다. 따라서 이주노동자들의 도입이 불가피하다는 점을 전제로 법제도적 장치의 마련 혹은 개선을 요구하면서, '민주적 다문화사회'의 건설을 지향해야 한다고 주장하고 있다.

이주노동자가 증가함에 따라 1990년대 중반 이후로는 이들의 인권이나 인종차별문제 또는 문화적 적응문제, 이주노동자 공동체 등으로 연구영역이 세분화되기 시작했다(박석운 1995; 함한희 1995; 유명기 1995; 박경태/설동훈/이상철 1999; 석현호 등 2003; 변현진 2004; 권종화 2005; 김흥진 2007; 등). 동시에 이주노동자 문제를 국내 노동시장과 결부시켜 분석하고 바람직한 이주노동자 정책을 모색하고자 하는 연구가 다수 나왔다(김재원 1997; 설동훈 1999; 이재구 2002; 유길상 외 2004; 이규용 외 2007; 유경준/이규용 2009 등). 저자들에 따라 약간의 차이가 있기는 하지만 이 연구들은 기본적으로 이주노동자의 도입이 중소기업의 구인난 해소, 인건비절감, 인력의 적기 공급, 단순노동력의 효율적 활용 등에 기여할 수 있다고 본다. 이는 특히 유길상 등이(2004) 설문조사를 통해 확인한 바에 의하면, 이주노동자를 고용하는 제조업(300인 이하), 건설업 및 서비스업의 사업체가 이들을 고용하는 가장 주된 이유는 '국내 인력을 구하기 어렵다'는 것으로 나타나 있다. 그러나 이주노동자의 채용 이유가 인력부족 외에 인건비 절감이나 통제의 용이함이라 답한 사업체도 절반이 넘는다는 점을 들어 이 연구는 기업들이 인력부족 상황에 대해 단순히 수세적 대응만 하는 것은 아니라고 보고 있다.

다른 한편으로 이 연구의 내용을 보면 이주노동자들가 내국인들이 기피하는 소위 3D직종에 주로 종사하고 있으며, 따라서 국내노동자와 대체관계가 아니라 보완관계에 있다는 점을 강조하고 있다. 특히 제조업의 경우 이주노동자들은 유독 비숙련노동과 보완성이 있는 것으로 평가하고 있다(유길상 외, 2004). 다만 이 점은 시간이 경과할수록 다른 중요한 문제들이 부각되면서 새롭게 다루어지고 있다. 예컨대 이규용 등은(2007) 이주노동자들이 국내 생산관련 단순기능인력의 부족을 해소하는데 상당한 기여를 하고 있다는 점을 강조하고, 이들이 인력부족 업종에 집중적으로 취업하고 있다는 점을 들어 이주노동자의 유입이 국내 노동시장에 미치는 부정적 요인은 크지 않다고 본다(이규용 외:2007). 그러나 유경준 등은 통계상으로 나타난 2000년대 중반 이후의 추이를 바탕으로 이주노동자의 유입 증가가 국내 노동시장을 교란시킬 가능성이 있다는 사실에 주목하고 있다(유경문,이규용:2009). 즉, 이들이 분류한 '비전문 외국인력'이 주로 취업하는 제조업, 건설업, 음식·숙박업에서 외국인의 비중이 증가세를 보이고 있는 반면 내국인의 비중은 감소하고 있다. 이러한 추세는 그간 이주노동자의 유입 증가가 내국인의 고용에 부정적인 영향을 미치지 않고 있다는 가설을 뒤집을 수 있다는 근거로 사용될 수 있다. 이러한 상황에서 중장기적인 인구구조의 변화, 즉 조만간 총인구와 생산 가능 연령 인구가 감소할 것이라는 전망에 비추어 볼 때, 외국인력의 유입확대는 어느 정도 불가피하다는 주장이 제시되고 있다. 따라서 이들은 외국인력의 도입으로 야기되는 파급효과를 종합적이고 중장기적인 관점에서 검토해야 한다고 강조하고 있다. 이 점은 이규용 등도 국내 생산단순노무직의 평균연령 상승으로 인한 고령화와 노동시장에서의 숙련단절 문제라는 측면에서 다루고 있는데, 저자들에 따르면, 특히 이 부문에서 외국인력에 대한 의존도가 높아질 가능성도 크기 때문에 외국인력정책의 기조를 바꿀 필요가 있다고 주장하고 있다.01 이와 관련 저자들은 숙련기능인력이 결국 정주

---

01 이 문제를 해결하기 위해 저자들은 도입되는 외국인력의 자질을 숙련수준과 연계하거나 체류기간이 끝난 외국인력 중 일정한 자격요건을 갖춘 외국인력을 선발하는 활용하는 방안을 제시하고 있다(이규용 외 2007: 83).

할 것으로 내다보고, 이에 따라 내국인근로자의 고용여건이 악화될 소지가 있는 것으로 판단하고 있다. 이는 이미 설동훈이 지적하고 있는 바인데, 그는 이주노동자가 국내 사양산업의 생산직 인력난에 따라 발생한 '기피직종'에 종사하고 있다면 이들이 내국인노동자와 보완관계를 형성한다고 쉽게 결론지을 수 있다고 한다(설동훈:1999). 그러나 이들의 임금이 내국인 노동자에 비해 상대적으로 낮고, 체류기간이 장기화됨에 따라 숙련수준이 상승하게 되면, 이주노동자에 의해 대체되는 내국인노동자 집단이 필연적으로 생성될 것으로 예측된다.

이상의 연구에 포함되어 있는 문제의식은 다음과 같이 요약할 수 있다. 수요가 상존하고 있는 상황에서, 이주노동자의 유입은 불가피하다. 그러므로 중장기적으로 이주노동자의 국내 정주에 대비해야 하는데,[02] 국내 요인들로 인해 이들이 내국인 노동자와 경쟁관계에 있게 될 것이라는 점을 인식해야 한다. 따라서 국내 인력수요에 맞추어 공급 정책을 실시하고, 구체적으로 외국 인력의 직종 및 숙련수준을 국내 노동시장 상황에 맞추어 탄력적으로 조정할 필요가 있다. 이러한 측면을 감안한 이주노동자정책의 수립과 집행이 이루어져야 한다는 것이다.

그러나 이러한 연구는 기본적으로 양적 분석에 머물러 있다. 따라서 주로 국가통계나 표본조사에 바탕을 둔 대부분의 연구는 물론이고, 설문조사를 토대로 한 유길상 등의 연구도 이주노동자와 관련된 문제들의 전반적인 추이를 확인해 줄 뿐, 구체적으로 이주노동자들이 일하고 있는 현장에서 벌어지고 있는 일들과는 거리가 있어 보인다(유길상 외:2004). 특히 소위 '사양산업', '한계산업'에 속하는 영

---

[02] 김재원(1997)이 외국인노동력의 이용에 관련된 사회적 합리성의 측면(노동인권 개선과 노동 3권의 보장, 문화갈등 해소, 다문화사회 건설, 사회보장 확대를 통한 사회적 통합노력 등)을 감안해야 한다고 주장한 반면, 다른 연구들은 이주노동자들의 정주 가능성이나, 이들에 대한 인간적인 대우를 논하는데 그치고 있다.

세 사업체의 경영자가 어떠한 상황에 처해 있으며, 구체적으로 이들이 종사하는 업종이 국내 경제에서 어떤 의의를 갖고 있는가에 대해서 언급이 없다. 나아가 2009년 초 현재 20만에 이르는 미등록 이주노동자들에 대해서도 이들이 수적으로 많아지는 원인만 열거할 뿐이며, 현실적으로 사업장에서 노동시장에서 수요가 지속적으로 발생하는 이유에 대해 설명하지 않고 있다(유경준, 이규용:2009).

여기에서는 마석공단 내에서 제조업체를 운영하고 있는 사업주들과 면담한 내용을 중심으로 내국인노동자와 이주노동자가 노동시장에서 보완관계에 있는지 혹은 대체관계에 있는지를 확인해 보고, 나아가 이주노동자들이 숙련의 형성과 전수과정에 어느 정도로 참여하고 있는지를 살펴보고자 한다. 이러한 시도는 추상적 논의의 틀을 벗어나 구체적으로 현장에서 어떠한 일이 벌어지고 있는지를 확인할 수 있게 해줄 것이다. 이러한 과정을 통해 앞서 소개한 주요 연구가 현실을 어느 정도까지 설명하고 있는지 검증될 것이다. 이주노동자들이 집단적으로 거주하고 노동하는 지역을 대상으로, 질적 연구를 통해 이러한 주제들을 다루는 연구는 이제까지 없었다. 따라서 이 연구는 이주노동자를 둘러싼 제반 문제점들을 현실에 비추어 새롭게 검토해 볼 계기를 제공하게 될 것이다.

이 글은 2절에서 연구방법을 소개하고, 3절에서는 마석공단 및 공단 내 사업체가 어떠한 특수성을 갖는지를 살펴 볼 것이다. 4절에서는 마석공단 인근지역을 중심으로 특히 노동력 공급과 관련하여 노동시장의 상황이 어떤지를 알아보고, 공단 내 사업체들이 왜 이주노동자를, 그 중에서도 미등록 이주노동자를 고용할 수밖에 없는지를, 사업주의 증언을 통해 확인해 볼 것이다. 5절에서는 마석공단에서 확인한 바를 토대로 향후 이주노동자 관련 정책이 어떤 방행으로 전개되어야 할 것인지에 대해 논할 것이다. 본문에서 제시된 통계는 면담이 있었던 2009년 말을 기준으로 한 것이다.

제2장 연구방법

이 연구는 마석공단 내에 있는 중소제조업체 사장들(1명은 공장장)과 면담하여 주요 자료를 얻는 방법으로 진행되었다. 면담 대상자들은 모두 ㅅ교회를 통해 소개 받았고, 면담은 본 연구자가 직접 공장을 방문하여 진행했다. 면담대상자들은 예외 없이 모두가 분주했는데, 작업 중임에도 시간을 내서 면담에 응해주었다. 그러나 이들과의 면담은 성사시키기가 매우 어려웠기 때문에 모두 5건으로 한정했다. 면담 건수가 적다고 하더라도 이주노동자와 사업체 경영에 관련된 이들의 증언은 거의가 일치하기 때문에 현지 사업체들의 전반적인 상황을 충분히 대변해 줄 수 있다고 판단된다. 다만 이들은 사적인 질문이나 회사의 중요 정보와 관련된 질문에는 응답을 꺼려했기 때문에, 나이나 회사의 매출액, 자본금 등은 확인할 수가 없었다. 각 업체의 규모를 보면 면담 당시(2009년 9월-12월) 냉동기기를 제조하는 공장은 약 140-150여명을, 신발공장은 약 30여명을, 그리고 나머지 가구공장들은 10명 이하의 노동자들을 고용하고 있었다. 뒤에서 상세히 살펴보게 되겠지만, 냉동기기 제조공장에서는 100% 등록 이주노동자가, 나머지 공장들에서는 모두 미등록 이주노동자가 일하고 있었다.

1990년대 이후 이주노동자의 수가 증가하면서 이들에 대한 연구는 활발하게 이루어지고 있으나 이들을 고용하고 있는 사업체 관리자들의 입장에서 이주노동자문제를 파악하고자 하는 시도는 없었다. 매우 많은 제약이 따랐지만, 본 연구에서는 몇몇 현지 업체의 사장 혹은 관리자들을 면담하는 방식으로 구체적인 자료를 확보하고자 노력했다. 수적으로는 적은, 모두 5명의 업체 사장 혹은 관리자들만 면담이 가능했는데, 그럼에도 이들과의 면담을 통해 인력확보와 관련된 주요 문제점을 모두 파악할 수 있었다. 면담을 통해 확인된 바로는 현지 업체들이 노동력 확보와 관련 공통의 문제점을 안고 있고, 나름대로 문제해결을 위한 방안도 제시하고 있었다.

면담에 응한 사람들의 인적사항은 다음과 같다(다음 표 참조).

〈표 III-1〉 면담대상자들(2009년 말 현재)

이름	성별	나이	신분	사업체의 종류
김○성	남	50대 후반	사장	장식장 제조업체 운영
박○권	남	50대 초반	사장	가구업체
신○환	남	49세	사장	가구업체
이○상	남	50대 중반	사장	신발 제조업체
조○국	남	50대 초반	공장장	냉동기기 제조업체

제3장 마석공단 및 공단 내 사업체들의 특성

1. 마석공단의 특성

마석가구공단은 성생공단으로도 불리며 행정구역으로는 남양주시 화도읍 녹촌리에 속해 있다. 마석공단은 행정상으로는 남양주시에 속해 있다. 남양주시는, 마석공단이 속해 있는 화도읍을 포함한 5개 읍과 4개 면 그리고 6개 동으로 행정구역이 나뉘어져 있다. 2009년 12월 31일 현재 남양주시에는 약 19만 5천 세대, 약 53만여 명이 거주하고 있다. 이중 등록 외국인과 외국 국적 동포는 약 5,700여명에 달한다.

　현재 공단이 자리하고 있는 지역은 원래 음성 한센병 환자들의 집단 거주지로, 이들이 생계를 위해 양계, 양돈 등 축산업에 종사하면서 성생농장을 이루고 있었다고 한다. 그러다 1990년을 전후하여 거주지 부적격 업종인 가구제조업체들이 하나 둘 이 지역에 들어와 공장을 설립하면서 점차 공단을 이루게 되었다. 그러나 "성생공단" 혹은 "마석가구공단"은 국가가 이 지역에 가구제조업체들의 유치를 위해 공식적으로 지정하면서 지어진 명칭은 아니고, 다수의 가구 제조업체가 모여 있기 때문에 붙여진 명칭일 뿐이다. 따라서 공단에는 가구 제조업체 외에 신발 제조업체, 철공소, 업소용 냉장고 제조업체 등이 혼재해 있으며, 공단의 관리는 "성생공단 관리사무소"에서 하고 있다. 이 관리사무소는 공단의 토지소유주들이 설립한 것으로 업체에서 임대료를 받고 공단을 관리하는 역할을 한다.[03]

―――
03 공단에 입주해 있는 업체 사장들에 의하면 관리사무소가 관리비도 걷지만 실질적으로

공단 관리사무소에 의하면 2009년 말을 기준으로 마석공단에서는 250여 중소규모의 제조업체가 조업을 하고 있으며, 이 업체들은 예외 없이 무허가로 공장을 지어 운영하고 있다. 공장의 규모는 대부분 종사자가 10인 내외로 영세하고 모두가 노동집약적 산업에 속해 있다. 약 20여개의 업체가 조금 더 많은 노동자를 고용하고 있을 뿐이다. 2009년 12월 현재 마석공단에서는 약 2,000여명의 내국인 노동자가 일하고 있고, 한때 1,500여명에 이르기까지 했던 이주노동자는 몇 차례의 단속을 거치면서 약 300여명으로 줄어들었다. 마석공단은 업체들 뿐 아니라 내·외국인 종사자들의 유동성이 매우 높다. 장기적으로는 사업체와 종사자의 수가 점차 증가해 왔다. 남양주시 전체의 제조업체수가 모두 3,413개이며, 약 2만 여명이 종사하고 있

공단을 관리하는 일은 하지 않는다고 한다. 사장들은 화재방지를 위한 조치나 제설작업 등이 관리사무소에 의해 전혀 수행되고 있지 않다는 점을 예로 들었다

다는(2009년 남양주시 기본통계)[04] 점을 감안하면 마석공단이 남양주시 전체의 제조업 생산 활동 및 고용에서 차지하는 비중이 작지 않다고 할 수 있다.

2. 공단 입주 업체들의 실태

면담을 통해서도 확인이 된 바이지만, 공단 내부의 업체들은 대부분이 국내에서 가장 작은 단위의 제조업체들이며 근로조건, 공장규모 등을 볼 때 한계상황에 처해 있다고 할 수 있다. 그러나 이들은 비교적 견고한 존립기반을 갖고 있다고도 할 수 있다. 그 이유는 이들이 만든 제품이 국내 시장에서 확실하고도 일정한 수요를 갖고 있기 때문이다. 달리 표현하면 마석공단 내의 중소제조업체는 국가경제의 가장 아래 부분을 떠받치고 있는 필수불가결한 존재다. 예컨대 가구공장의 경우 대부분이 관공서나 학교 혹은 다른 사업체로부터 주문을 받아 상품을 생산, 판매하고 있다. 바로 이러한 이유로 정형화된 모델뿐인 수입가구와 차별화된다. 즉 마석공단에서 생산되는 가구들은 고유의 수요층을 갖고 있고, 이러한 수요는 현재 뿐 아니라 장래에도 유지될 것으로 판단된다. 물론 생산이나 고용 등의 측면에서 이들 사업체가 한국경제 전체에 기여하는 바는 미미하다고 할 수밖에 없으나, 지역경제에서 일정한 비중을 차지하고 있고, 또한 수입을 통해서는 해소가 불가능한 국내 수요를 충족시키고 있기 때문에, 마석공단에 있는 사업체가 경제활동을 유지할 수 있도록 장려되어야 한다.[05] 그러나 현실은 이와는 다른 방향으로 전개되고 있다.

---

[04] 제조업체수는 전수조사를 통해 나온 결과로, 시청에의 등록여부와 무관하게 남양주시 내에 있는 모든 제조업체들이 포함되어 있다.

[05] 일부 연구자들은 이주노동자들이 산업구조의 고도화를 저해할 수 있다고 주장한다. 그러

현지 사업체들이 마석공단에 입주하게 된 이유는 무엇보다도 임대료가 저렴하고, 노동력을 비교적 쉽게 확보할 수 있기 때문이다. 임대료도 좀 더 낮고 인력확보에 어려움도 없을 후발 개도국으로 진출하지 않는 이유에 대해서 면담 대상자들은 경제적 능력이 없거나, 불필요하거나 제품의 특성상 옮기기 어렵기 때문이라고 답했다.

> "면담자 : 나가실 생각은 안 해 보셨습니까? 중국으로?…(후략)
> 신○환 : 일단 능력도 안 되고요.…(후략)"

해외진출을 불필요하다고 보는 이유는 국내에서도 경쟁력 있는 제품을 만들 수 있다는 자신감 때문이다. 슬리퍼 공장주의 경우 중국제 수입품의 품질이 현저히 낮다고 판단하여 국내의 생산여건이 만족스럽지 못함에도 국내 생산을 선택했고, 가구 제조업체 세 곳은 주문생산을 하거나 한국에서만 수요층이 있는 제품을 생산하기 때문에 실제로 해외진출이 불필요한 경우라 할 수 있다. 냉장·냉동고 공장의 경우는 연매출 규모가 2009년을 기준으로 약 200억에 달하며, 종사자들도 200여 명에 이르는 대형 사업체인데, 제품의 부피가 커서 물류비용을 감안한다면 해외이전이 사실상 의미가 없다고 한다.

그런데 이들에 대한 정부의 태도는 납득이 가지 않는 수준이다. 슬리퍼 생산 공장을 운영하는 이○상씨는 다음과 같이 불만을 토로하고 있다.

> "지금은 정부 측에서도 이거 안 해도 우리나라 먹고 산다.… 아주 대놓고 그런 얘길 해요. 이런 거는 안 해도 된다는 식이에요. 어이가 없더라고…"

가구와는 다른 업종이지만, 이 진술은 소규모 제조업체에 대한 당

나 이들이 종사하는 사업체나 산업이 한국경제 전체에서 갖는 비중을 감안하면 이런 주장은 과장되었다 할 수 있다.(백석현 1997; 최병두 2009 등 참조)

국의 태도가 어떠한지를 상징적으로 보여주고 있다. 그러나 다른 한 편으로 마석공단 사업체들은, 비록 무허가 건물에서 생산 활동을 하고 있지만, 제도권으로부터 지원을 받을 수 있는 통로도 있다. 즉, 신용보증기금 같은 정부기관에서 대출을 받을 수도 있고, 실질적으로는 무의미한 경우가 대부분이지만(아래 참조) 고용지원센터를 통해 부족한 인력을 확보할 수도 있다. 실제로 고용인원이 10명 미만인 가구업체 두 곳은 신용보증기금에서 대출을 받았다고 하며, 냉동·냉장고를 생산하고 있는 사업체의 경우 고용지원센터를 이용해 부족 인력을 지속적으로 충원하고 있다고 한다. 그러나 특히 인력확보와 관련해서는 다른 사업체들은 물론 이 냉동·냉장고 생산업체도 매우 큰 어려움을 겪고 있다고 한다. 이와 관련된 문제점들은 뒤에 논하기로 한다.

제4장 지역노동시장의 상황과 이주노동자

1. 내국인노동자와 이주노동자

중소기업에 이주노동자가 유입하는 결정적 원인은 내국인의 생산직 기피 경향이다.[06] 이 때문에 특히 중소제조업체들의 경우 인력확보에 큰 어려움을 겪고 있다. 마석공단 내의 중소 제조업체도 역시 예외가 아닌데, 이 절에서는 마석공단이 위치한 남양주시 와도읍 인근지역의 노동시장 상황을 살펴보고자 한다.

다음 두 개의 표는 남양주시 화도읍 인근지역의 경제활동인구, 취업자 및 실업자 수, 실업률 그리고 연령별 취업자 및 인구 등을 집계한 것이다.[07]

---

[06] 그 이유에 대해서는 이미 많은 연구가 이루어졌기 때문에 여기서 논하지는 않기로 한다. 조금씩 다른 입장을 보이고는 있으나 이에 관한 연구는 이계운(1992), 설동훈(1999), 이재구(2002) 등이 있다.

[07] 마석공단은 서울의 잠실이나 청량리로부터 낮 시간에는 광역버스로 약 1시간가량 소요되는 거리에 있다. 그러나 정류장에서 집이나 작업장까지 걷는 시간과 버스를 기다리는 시간을 합하면 1시간 30분정도는 걸린다고 할 수 있다. 당연히 러시아워에는 이보다 더

〈표 Ⅲ-2〉 남양주 인근지역의 경제활동인구와 실업률(단위; 천 명, %)

	남양주시	구리시	하남시	가평
경제활동인구	243.8	91.9	73.0	31.0
취업자 수	236.9	89.9	70.3	30.6
실업자 수	6.8	2.1	2.6	0.4
실업률	2.8	2.3	3.6	1.3

* 남양주시는 2009년 12월 현재, 나머지는 2010년 3월 31일 현재
자료: 경기통계, 경기도

〈표 Ⅲ-3〉 남양주 인근 시·군의 연령별 취업자 및 인구(단위; 천 명, 괄호 안은 인구)

	15-19세	20-29세	30-39세	40-49세	50-59세	60세 이상	총인구
남양주시	0.8 (35.1)	37.0 (62.6)	66.7 (98.5)	67.9 (95.8)	39.2 (61.1)	16.3 (38.9)	530.7
구리시	0.7 (14.6)	15.3 (26.7)	25.6 (35.4)	26.6 (34.0)	15.3 (23.4)	4.9	195.6
하남시	0.3 (9.3)	12.5 (21.9)	17.8 (25.9)	18.3 (26.2)	14.3 (21.7)	5.2	148.6
가평군	0.1 (3.2)	3.4 (6.3)	5.1 (7.6)	7.3 (9.4)	7.2 (12.5)	6.2	58.5

* 구리·하남·가평의 취업자는 2010년 3월 현재, 나머지는 모두 2009년 12월 현재
자료 : 각 시·군 인구통계 및 경기통계(경기도)

<표 Ⅲ-2>와 <표Ⅲ-3>에서 확인할 수 있듯이, 화도읍 인근지역의 취업자들은 30대 이상이 주축을 이루고 있고, 인구도 한국 전체의 연령별 구조를 반영하며 30세 미만 인구의 수가 다른 연령계층에 비해 현저히 적다. 장기적으로 보아 이 지역 사업체가 젊은 노동자

많은 시간이 소요될 것이기 때문에 서울에서 통근하는 것은 사실상 어렵다고 볼 수 있다. 서울에서 이 정도의 시간적 비용을 감수하고 노동조건이 열악한 공단의 사업체에 통근할 사람은 없다고 보아 서울은 제외했다. 여기서 다루는 인근지역도 물론 교통편의에 따라 공단까지 시간이 많이 걸리는 곳이 있을 수 있다. 그러나 거리측정이나 교통편의의 정도를 면 단위까지 확인하기는 어려워 공단이 있는 화도읍과 가까운 시·군은 모두 포함시켰다.

를 채용하기가 어려워질 것이며, 따라서 마석공단의 사업체도 젊은 내국인 노동자를 고용하는 것이 더욱 어려워 질 것이라는 점을 예견할 수 있다. 나아가 숙련의 형성 및 전수에 있어서도 내국인의 역할이 점차 줄어드는 반면 이주노동자들의 역할이 커질 것이라는 점 또한 확인할 수 있다. 또 비교적 낮은 실업률은 마석공단 내 사업체들의 내국인 고용이 어려울 수밖에 없다는 것을 시사해 주고 있다. 이점은 내국인 노동자들의 채용이 사실상 불가능하다는 사업주들의 증언에서도 확인되고 있다. 면담에 응한 사업주들은 내국인 고용의 어려움을 이구동성으로 토로하고 있다.

> "…(전략), 저희 같은 경우는 인제 주로 지역신문에 인제 공고를, 광고를 내죠. 인터넷이나 이런 부분들은 효과가 별로 없어요, 솔직히. 생산직 일을 구하는데 지역주민 아닌 다음에야 멀리서 출퇴근할 수가 없는 거고, 그러다 보니까 지역정보지에 인제 광고를 내게 되는데, 왔다가도 이직이 잦아요. 들락날락 한다고 봐야죠. …(후략)" (조○국)

> "…(전략) 우리가 이제 광고 내 가지고 (내국인들이 - 필자 주) 오잖아요? 그러면은 이제 그래서 그런 사람들 와서 일하는 거 보면은 길어야 두 달석 달. 아줌마들도 광고내서 오면은 한 달, 한 달반. 그리고 요새 문제가 많은 게 여자들은 또 이런 일 안 할라 그래요. 식당도 힘들다고 노래방 같은 데 도우미로 많이 또 뛰고 있잖아요? …(후략)" (이○상)

이러한 현상은 실제 견학을 통해 확인했던 바와 같이 특히 작업환경과 관련이 있는 것으로 보인다. 모든 작업장은 예외 없이 매우 열악하여 실내 공기나 소음, 냄새 등이 일반인들이 감내하기가 힘든 수준이었다. 그러나 조금 다른 진술도 있었다. 장식장을 생산하는 김○성 사장의 말에 의하면 특히 임금이 어느 수준인지가 내국인을 구하는 데 관건이라고 한다.

김○성 : …(전략) 근데 200만원 넘어서 작업할 사람들은 많아요.

면담자 : 아 그래요? 그 젊은 사람들도 있습니까?

김○성 : 그렇죠. 한 40대 초반들이 인제 주축이니까.

면담자 : 네 그러니까 200만원 넘는다고 하더라도 20대, 30대는…

김○성 : 그 정도는 저 캐리어 때문에. 지들이 받고 싶어도 안 되니까 실력이.

(중략)

면담자 : …(전략) 아무 것도 모르면 200만원 이하로 받으면서 일을 해야 되는데, 그거 받고 일 할려고 하는 사람은 없다는 거죠?

김○성 : 그렇죠. 이쪽은 없어요. 마석 요쪽으로는…(후략)

결국 이들의 진술을 요약하면 마석공단 내 사업체들은 내국인을, 그것도 20-30대의 젊은층을 고용하는 것이 사실상 불가능하고, 고용을 하더라도 곧 그만둔다는 것이다. 따라서 현재 마석공단에서 일하고 있는 내국인들은 거의가 40대 이상이다. 면담에 응한 업체들 모두가 내국인들과 이주노동자들을 함께 고용하고 있는데, 내국인의 비중은 약간의 편차가 있기는 하나 상대적으로 적은 편이었다. 이들이 이주노동자들을 고용할 수밖에 없는 이유는 필요한 만큼 충분한 수의 내국인노동자들을 구할 수가 없기 때문이다. 따라서 이들은 예외 없이 이주노동자들이 없을 경우 사실상 사업을 접을 수밖에 없다고 토로하고 있다.

면담자 : 네, 그러면은 사장님의 경우도 지금 현재로는 하여튼 외국인이, 외국인 노동자들이 없다면은 공장 가동하기가 어려운 그런 상태라고 할 수 있습니까?

김○성 : 네, 그렇죠.

면담자 : 그러니까 도대체 전체적으로 따진다면 외국인 노동자들이 없다면은 지금 회사운영 하기가 상당히 어려운 그런 입장이라고 봐야…

조○국 : 현실에서는 저희 입장은 그렇습니다. 외국인들이 없으면 상당히,
상당한 애로가 있다고 봐야죠.

　마석공단에서는 사업체마다 약간의 차이가 있기는 하지만 내국인
노동자의 경우 초임이 150만원 내외이다. 숙련된 내국인노동자들은
200만원을 상회하는 임금을 받고 있는데, 이처럼 상대적으로 낮은
임금수준 외에 작업환경이나 낮은 직업위신(prestige) 등 내국인이
생산직을 기피하는 다른 이유들까지 감안한다면, 이 사업체들이 젊
은 내국인 노동자를 고용하는 것은 현실적으로 불가능하고, 40대 이
상의 내국인을 구하기도 어렵다 할 것이다. 더구나 마석공단 내 사
업체들은 영세한데다 노동집약적인 산업에 속하며 작업환경도 열악
하여, 내국인 노동자에게 유인을 제공하기 위해 필요한 노동조건의
개선(임금인상, 복지여건 개선, 생산의 자동화 등)을 강구할 여건도
갖추지 못하고 있다. 따라서 생산직 인력난을 해소하기 위한 방안으
로 제시되는 유휴인력(여성, 고령인력, 대학 미진학자 등)의 활용(이
계운 1992, 백석현 1993, 이혜경 1993 등)도 사실상 비현실적인 방
법이라 할 수 있다.

　노동력 확보를 위해 이러한 업체에게 남아있는 가능한 유일한 대
안은 이주노동자의 활용을 확대하는 것 밖에 없다. 실제로 마석공단
내 사업체들은 이주노동자를 많이 고용하고 있다. 앞의 논의를 종합
해 보자면 결국 이는 중소 제조업체가 제공하는 일자리를 둘러싸고
내국인 노동자와 이주노동자가 경쟁관계에 있지 않다는 것을 말해주
고 있다. 즉 이주노동자가 내국인노동자를 대체하지 않는다는 것이
다. 이는 피오리가 주장하는 바대로, 한국에서도 민족 집단에 따라
노동시장이 분절되어 있으며 이주노동자와 내국인 노동자는 서로 보
완관계에 있다는 점을 시사한다(Piore:1979). 인구 구조의 변화와 생
산직 노동자의 고령화를 고려하면 이러한 경향은 시간이 지날수록

더욱 고착화될 것으로 전망할 수 있다.

2. 이주노동자 고용의 어려움과 미등록 이주노동자

법무부에 따르면 미등록 이주노동자(이하 미등록자들)의 수는 2009년 3월 현재 약 19만 5천여 명에 이른다. 이주노동자들이 유입되기 시작하면서부터 이들의 수는 점점 증가해 왔는데,[08] 유경준과 이규용은 그 원인을 다음과 같이 지적하고 있다:(유경준·이규용: 40-41) 공급 측 요인으로는 첫째 대만이나 싱가포르 등에 비해 한국에서 이주노동자의 임금수준이 높고, 둘째 이들에 대한 상대적으로

---

[08] 이는 물론 장기적 추세를 의미하는 것이다. 당국에 의한 대대적인 단속이 이루어지는 경우 미등록자들의 수가 줄어들기도 했다.

유화적인 정책이나 높은 취업기회 등으로 인해 미등록 체류 시의 기대편익이 높다는 인식이 확산되어 있다는 사실을 들 수 있다. 수요 측 요인으로는 첫째 외국인력 고용 허용 업종이 아니거나 고용 허용 업종이지만 쿼터 이상의 외국인력을 필요로 하는 경우가 많고, 둘째 미등록자들을 고용할 때 보험이나 합법적인 도입 비용을 지급하지 않아도 된다는 유인이 존재하며, 셋째 의사소통이 가능하고 비교적 숙련된 장기 체류 미등록자들에 대한 업주들의 선호도가 높고, 넷째 소규모 사업장을 중심으로 채용과 해고의 유연성이 높아 경기변동에 따른 탄력적인 외국인력의 활용이 가능하다는 점이 있다.

공급 측 요인에 대해서는 본 논문의 주제와 무관하다고 보아 판단을 유보한다면, 유경준과 이규용이 지적한 수요 측 요인들은 마석공단의 현실과 부합하지 않는다. 이는 면담을 통해 확인되었다. 면담에 응한 마석의 사업체 중 비교적 규모가 큰 냉동기기 제조업체를 제외한 나머지는 모두 미등록자를 고용하고 있다. 공단 내에 있는 거의 모든 사업체들이 소규모이며 미등록자를 고용하고 있다는 점을 감안한다면 냉동기기 제조업체의 경우는 예외적이라 할 수 있다. 그런데 이 업체가 등록 이주노동자들(이하 등록자들)만 고용하는 이유를 공장장은 다음과 같이 설명하고 있다.

> "… 그 전에는 인제, 고용허가제 시행되기 전에는 뭐 거의 뭐, 불법 체류자 신분들이었죠….(중략)… 고용허가제 시행된 이후로는 아무래도 제재가 따르니까, 뭐 한 번 걸리면 벌금도 있고, 몇 년간 외국인 고용이 제한되고 하니까, 그렇게 갈 수밖에 없죠, 기업 입장에서는…"(조○국)

이 회사는 비교적 규모가 큰 사업체이기 때문에 당국의 제재가 두려워 등록자들만 고용하고 있는 것이다. 이에 반해 다른 사업체들은 규모도 작지만, 매우 영세하기 때문에 제재를 각오하고 미등록자를 고용하고 있다. 장식장을 제조하는 김○성씨의 증언에 의하면, 이런 "버티기"는 현지 사업체들의 보호막 역할을 해주는 ㅅ교회의 존재와 더 이상 잃을 것이 없다는 사업주들의 태도에 기인한다. 그에 따르면 당국이 단속을 나올 경우 미등록자들을 고용하고 있는 사업주들이 워낙 거세게 저항하기 때문에, 미등록자를 잡아가는 것만 제외하면 별도의 제재를 가하지 않는 경우가 많다.[09]

그렇다면 이 지역의 사업체는 왜 미등록자를 채용하는가? 면담 결과에 나타난 주된 이유는 등록 이주노동자를 고용하기 위해서는 복잡하며 까다롭고, 시간이 많이 걸리는 절차를 밟아야 하기 때문이다. 합법적 절차를 밟아 등록 이주노동자를 고용하고자 하는 사업체들은, 2003년 8월 제정되고 2004년 8월부터 시행된 "외국인근로자의 고용 등에 관한 법률"(이하 '고용허가제')에 근거하여 노동부로부터 고용허가를 받아 직접 혹은 대통령령이 정한 공공단체나 비영리법인을 통해 외국인 노동자를 공급받을 수 있다.[010] 개별 사업체가 직접 등록자를 모집하기는 어렵기 때문에, 통상 사업체들은 노동부 산하 각 지역의 고용지원센터를 통해 소개를 받는다. 이 때 중요한 전제 조건은, 각 사업체가 일정 기간 동안 구인노력을 했고, 그래도 인력을 구할 수 없었다는 사실을 증명해야 한다는 것이다. 또한 사업현장 조사도 받아야 한다. 그리고 고용할 수 있는 등록자의 수는 내국인 사업체 종사자의 수에 대비한 일정 비율로 제한된다. 사무직을 포함한 모든 내국인 피고용자 한 사람 당 네 명의 이주노동자를 할당받을 수 있다. 고용허가제에 따르면 사용자들은 등록 이주노동자와 계

---

09 이 내용은 면담 이후 전화통화로 확인한 것이다.

010 노동부에서는 고용허가제를 일반고용허가제와 특례고용허가제로 구분하고 있다. 일반 고용허가제는 일반 국가간 협정을 맺은 나라의 일반 외국인노동자들에게 '비전문취업'용 비자(H-9)를 발급하여 지정된 산업에서의 취업을 허가하는 제도이고, 특례고용허가제는 외국국적 동포들에게 '방문취업'용 비자(H-2)를 발급하여 지정된 산업에서 취업할 수 있도록 한 제도이다. 두 가지 모두 최대 5년으로 국내 거주기간이 제한된다.

약시 취업기간을 3년 미만으로 정하도록 되어 있고, 계약의 연장을 요청하면 2년 미만의 범위에서 재고용이 가능하다. 이는 등록 이주노동자의 정주화를 막기 위한 것이다(노동부 2010).

소규모 사업체를 운영하고 있는 사업주의 경우 일단 시간적인 여유가 없는데다 절차도 복잡하고 또 필요로 하는 만큼의 노동력을 공급받을 수가 없기 때문에 합법적 절차를 밟아 이주노동자를 고용하는 방법을 외면할 수밖에 없다.

> "그런 거는 모르겠어요. 저는 딱 한 번 갔고요. 고용센터 딱 한 번 가봤기 때문에, 하도 이게 잡아가고 그러니까 합법적으로 쓸 수 있는 방법이 있을까 해서 갔는데, 그 합법적으로 쓸 수 있는 방법이, 요건이 상당히 까다롭다 이거죠. 그거를 맞추려면 공장가동을 그 안에 멈춰야 되니까. 그게 기다릴 수가 없어서…(중략) 그런 것도 합법 쓰는 사람들도 있잖아요? 그러면은 그 조건들이 상당히 또 까다롭고, 걔네들도 근무시간이 여덟 시간 이외에 이제 오버타임 달아줘야 되고, 기숙사 제공해야 되고, 그러면 기숙사 없고 이런 데는 그 사람들 못써요. 합법적인 사람들은…"(이○상)

복잡한 절차를 거쳐 정식으로 외국인 노동자를 고용한다 하더라도 이들이 쉽게 근무지를 이탈하는데다, 작업에 적응하도록 하기 위해 필요한 노력과 시간이 많고, 또 제한된 기간만 고용할 수 있다는 문제점도 있다. 신○환씨는 이를 다음과 같이 설명하고 있다.

> "… 근데 우리네는 실지로 이제 외국 사람들이 딱 들어오면은 제일 첨에 주는 월급이, 점심을 먹여야 되고 120을 줘요. 한 달 월급을 120을 주면 일 년은 적자에요. 인건비 못 빼먹어요. 말 안 통하죠. 일할 줄 모르죠. 이거 가르켜야 되는데, 한 일 년 지나면 한국말 조금, 자기네는 못해도 알아는 들어요 이제. 그럼 일 년 동안 똑같은 일을 계속 반복을 하면 일도 해요. 고 때 돼야 이제 조금 우리한테 득이 오지. 조금 가르쳐서 아 얘 좀 되겠네 쓸만하다 그러면 빠져 나가니까. 불법 체류자가 좋은 게요, 잡혀가는 날까지…. 그리고 그 고용센터에서 사람을 데리고 오면요, 여게 인제

박히잖아요? 그럼 한 달, 두 달 하고 튀어 버려요…. 그럼 그 사람들 월급이 보통 한 70에서 80정도 책정이 될 거예요 아마. 이제 합법적으로 들어온 애들은 70에서 80 정도에 이렇게 책정이 되는데 실제로 나가보면 120에서 130을 주거든요? 그러니까 튀어요. 그러면 우리 또 오라 가라 계속 … 뭐 한국 사람이 잘못해서 도망간 것처럼 조사도 받아야 되고 한 두 가지가…"

따라서 소규모 사업체들은 현지에서 쉽게 찾을 수 있는 미등록자를 고용한다. 더구나 이들을 채용함으로써 얻을 수 있는 또 다른 이득도 있는데, 이를 가구공장을 운영하는 박○환씨는 다음과 같이 이야기하고 있다.

"…(전략)… 외국사람을 쓰게 된 계기가 인력, 인력이 모잘라서 그러냐 돈 때문에 그러냐, 두 가지가 다 해당이 되는데…"(박○권)

즉 상대적으로 낮은 임금이 이주노동자들을 고용하는 이유 중의 하나라는 것이다. 그러나 또 다른 가구공장주 신○환씨는 조금 다르게 증언한다.

면담자 : …(전략)… 한국 사람하고 외국인하고 임금 차이가 좀 날 것 같은데, 그 어떻게 지급이 되고 있습니까?
신○환 : 저희 같은 경우 100% 안 난다고는 못하는데, 나기는 나요. 나기는 나는데 근데 어떻게 보면 난다고, 제 3자가 보면 난다고 볼 것이고, 내가 봤을 때는 안 난다고 보고
면담자 : 뭘 기준으로 임금을…
신○환 : 능력

종합해 보면 내국인 노동자와 이주노동자의 임금이 차이가 있기는 하나 크지는 않다는 것이다. 따라서 이주노동자의 고용으로부터 얻는 이익도 그리 크지 않은 것으로 보인다. 최근에는 그나마도 소멸

되었다고 한다. 2009년 초에 대대적인 단속이 있기 전까지는 미등록자들에게도 보통 월 110-120만 원 정도가 기본급으로 지급됐는데 초과수당까지 붙으면 보통 150-160여만 원이 됐다.[011] 이 액수는 내국인들이 처음 고용되어 받는 액수와 비슷했다. 2011년 초 이루어진 전화통화에서 김○성씨는 최근의 상황을 알려줬는데, 그에 따르면 단속의 여파로 현재는 마석공단 주변에 거주하고 있는 미등록자들의 수가 크게 줄어들어, 기본급도 140-150만원 수준으로 올랐으며, 경우에 따라서는 내국인보다 더 높은 임금을 줘야 이주노동자들을 고용할 수 있다고 한다. 결국 마석공단의 사업체들에게는 낮은 임금이 이주노동자를 고용하는 주된 유인이라 할 수 없는 상황에까지 이른 것이다. 이는 미등록자들에 대한 정부정책이 초래한 것으로 결과적으로는 영세 제조업체들의 운영난을 더욱 심화시킨 것이다. 이러한 점들로 미루어 볼 때 앞서 소개한 유경준과 이규용의 지적이나, 특히 이들이 미등록자들이 증가하는 원인으로 지목한 사유는 거의 현실과 무관하다고 할 수 있다.

또한 숙련을 습득하는 기간에 대해 사용자들은 냉장기기와 슬리퍼 제조업체의 경우 1년 미만이고, 가구 제조업체에서는 2-3년이 걸린다고 한다. 미등록 이주노동자들은 대부분 국내 체류기간이 상당히 오래 된 편이라 해당 분야에서 거의 숙련공이 됐다고 할 수 있다. 이에 관해서는 다소 엇갈린 증언이 나왔다. 장식장을 만드는 사업체를 운영하는 김○성씨는 다음과 같이 이야기 하고 있다.

> 면담자 : (전략)… 몇 년 정도 일을 하면 믿고 맡길 수 있을 정도로 숙련이 됩니까?
>
> 김○성 : 한 3년이면 되죠. 뭐 반복 작업이니까. 근데 그 친구가 딴 데가 가지고 딴 일 하라 그러면 못하니까. 저희 공장에서는 3년

---

011 이는 2009년 말 면담을 할 당시의 임금수준인데 사업체마다 약간의 편차가 있다.

　　　　　이면 마스터가 되죠.

　면담자 : 뭐 외국인도 마찬가지라고 말씀…

　김○성 : 근데, 외국인은 안 그래요.

　면담자 : 그럼 시간이 더 걸린다는…

　김○성 : 네, 시간도 더 걸리고, 또 그 일 마스터 하는 자체가, 얘기하는
　　　　　거는 어느 정도 기술자를 얘기하는 건데, 걔들은 5년 해도 좀,
　　　　　그, 일을 잘 맡기려고도 안하고 그래요.

반면 일반 가구를 주문 생산하는 신○환씨는 다음과 같이 증언
한다.

　　"…(전략)…근데 이제 외국 사람이 한국 사람보다 더 기술이 좋아서 그
　　요직, 요직 자리 있으면, 한국 사람이 그 사람 말 따라야 돼요. 구조가 그
　　래요…. 이제 한국사람 세 사람이면 100% 다 기술자에요, 100%. 그리고
　　이제 외국 사람들은 반 기술자라고 하죠, 반… 통상적으로 이제 기본적인
　　거는 일을 시키면 한국사람 외국 사람하고 똑같이 나갑니다, 진도가. 한국
　　사람 빨리하고 외국인 늦게 하고 이런 거 없어요. 똑같이 나가는데 이제
　　뭐 틀린 게 있어요…. 외국 사람들은 100% 안 가르킨다고 해야 되나?
　　그게 정확할거야 아마…. 근데 정말 외국사람 기술자로 앉혀 놨다가는 잡
　　아가면 공장은 서야 돼요."

　즉 능력에 있어서는 내국인 노동자와 이주노동자 간에 차이가 없
으나, 이주노동자들은 내국인으로부터 기술전수를 제대로 받지 못하
기 때문에 '반숙련' 정도에 머물러 있다는 것이다. 이는 오로지 단속
을 염두에 둔 대비책을 마련해야하는 사업주의 판단 때문이다. 응답
자들이 예외 없이 이주노동자가 없다면 사업을 계속할 수 없다고 한
것을 상기하면, 이러한 판단은 막연하게 최악의 사태를 상정하고 있
기 때문에 나온 것으로 보인다. 그러나 이주노동자가 이미 숙련공이
된 경우가 있다는 증언도 있다. 냉동기기를 생산공장의 공장장 조○
국씨에 따르면 용접 분야에서 근무를 오래 한 이주노동자들은 이미

"전문가" 수준에 올라 있다.

다소 차이가 나는 증언들이기는 하지만, 이주노동자들도 부분적으로 숙련에 이른 사람들이 있고, 숙련에 근접한 수준에 도달한 사람은 다수 있는 것으로 보인다. 현재의 상황은 그렇다 하더라도, 앞서 언급한대로, 장기적으로 보아 내국인 고용이 더 어려워진다면, 특히 영세업체들의 경우 숙련의 형성과 전수도 결국 상당 부분 이주노동자에게 의존할 수밖에 없을 것이라 유추할 수 있다.

제5장 외국인력의 도입과 관련한 정책과제

　현재 마석공단에 입주해 있는 중소제조업체는 지역 경제는 물론이고 국가 경제를 위해서도 작지만 나름대로 필요한 역할을 하고 있다. 즉 국내만이 아니라, 부분적으로는 국외에서까지 생산물에 대한 일정한 수요를 확보하고 있고 일자리도 제공하고 있으며 부가가치를 창출하고 있다. 그렇다면 이러한 사업체가 앞으로도 경제활동을 계속할 수 있도록 외부 환경을 개선하기 위해 국가 기관이 지금보다는 더욱 적극적으로 지원을 제공해야 할 필요가 있다. 앞에서 살펴본 바와 같이 이곳의 사업체가 직면하고 있는 어려움은 무엇보다도 인력확보이다. 내국인 고용이 사실상 불가능한 상태에서 빈자리를 채워줄 수 있는 것은 이주노동자밖에 없기 때문이다. 그러나 현재 시행되고 있는 외국인력 도입정책은 많은 문제점을 안고 있다.

　우선 중소제조업체의 내국인 고용이 사실상 불가능한 이유를 직시할 필요가 있다. 오랜 기간 동안 누적되어 온 저출산, 인구의 고령화 및 고학력화, 생산직을 기피하는 노동자의 의식변화와 같은 요인이 종합적으로 작용하여 발생한 문제라는 시각에서 본다면, 현재의 고용허가제는 인력부족 문제를 잠정적으로 봉합하는 수준에 그치는 정책이라고 할 수 있다. 이 제도하에서 이주노동자가 필요로 하는 사업체는 지속적으로 많은 시간과 노력을 기울여야 하지만, 안정적으로 노동력을 확보할 수 없다. 이주노동자들은 한시적으로만 국내에 머무를 수 있기 때문에, 사업주들의 증언대로 "일과 생활에 익숙해지면 곧" 한국을 떠나야 한다. 그러므로 사업주들은 주기적으로 인력 충원을 위한 노력을 해야 하며 새로운 인력에게 다시 처음부터 일을 가르치기 시작해야 한다. 즉 이주노동자가 언어를 습득하고, 한국 문화와 작업 현장에 적응할 수 있도록 가르치고 기다려야 한다. 이는 사업주의 입장에서 보면 막대한 손실이며 낭비라 할 수 있다. 또한 법적 절차를 밟아 이주노동자를 고용하는 경우에도, 노동력을 안정적으로 확보할 수가 없다. 이는 고용허가제로 들어온 이주노동자의 임금수준이 너무 낮기 때문이다. 인력부족으로 인해 미등록 외국인 노동자를 채용하는 영세업체가 더욱 높은 수준의 임금을 지급하고 있다는 현실을 감안할 필요가 있다. 이러한 상황은 법적 절차를 밟아 국내에 들어온 이주노동자들이 현장을 이탈하여 "미등록"으로 전환하는 배경이 되고 있다.

이주노동자의 입장에서 보자면, 각자는 존엄성을 가진 인간이 아니라, 한국 기업의 필요에 따라 일정 기간 노동력만 제공하고 본국으로 반환되는 소모품 정도에 불과하다. 인간은 사회적 동물로 자신이 속한 사회에서 가정을 이루고 사회적 관계를 형성하고 유지하면서 살게 되어 있다. 그러나 이주노동자들은 노동조건에서만 내국인 노동자들과 대등한 대우를 받을 수 있을 뿐이다. 한국사회에서 이들이 감수해야 하는 인종적 차별이나 문화적·사회적 소외 등을 감안한다면 기타 사회생활은 사실상 봉쇄되고 있다고 봐야 한다. 기혼자의 경우 가족과 떨어져 있어야 한다. 물론 늘 단속에 대한 불안감을 안고 살아가야 하는 미등록 외국인 노동자는 이보다 더욱 열악한 환경에 놓여 있다. 이러한 점은 2000년대 중반 이후 활발해진 다문화사회 관련 담론의 주인공인 결혼이주 여성의 상황과 비슷하다 할 수 있다.

따라서 이러한 문제점이 해소되어 이주노동자가 인간다운 삶을 누리는 것이 가능하도록 환경을 개선 하고, 국내 산업의 만성적 인력 부족도 해소하기 위해서는, 여러 가지 대안을 고려하는 방향으로 정책을 전환 할 필요가 있다. 즉 미등록 외국인 노동자의 합법화, 이주노동자 고용절차의 간소화, 체류기간의 연장, 수요에 상응하는 인력 수입의 확대 등을 고려할 필요가 있다. 이는 이미 많은 전문가들이 지적하고 있는 일이며, 여기에는 한국 사회가 다문화 사회로 전환하는 것을 불가피하다는 인식이 전제되어 있는 것이다.[012] 그러나 다문화사회란 그 실현 가능성을 신중히 가늠해 봐야할 난제 중의 난제라 할 수 있다. 이미 알려진 대로, 이주노동자 유입의 역사가 오래된 주요 서유럽 국가들이 다문화주의의 실패를 선언했다. 이는 이들 국가에서 추진해온 자유주의적 다문화주의, 즉 경제와 정치의 엄격한 분리에 기초한 다문화주의(Neuhold and Scheibelhofer 2010)가 한계에 봉착했다는 것을 의미한다[013]. 따라서 한국 사회는 서유럽 국가의 실패를 거울삼아 한국의 실정에 맞는 다문화주의를 추진해야 할 것이다. 이 문제는 본 논문의 주제를 벗어나기 때문에 여기에서 더 논

---

[012] 다문화사회를 둘러싼 담론은 주로 결혼이주여성을 중심으로 전개되어 왔다. 그러나 이주노동자 문제를 연구하는 전문가들은 단지 착상 정도의 수준에서 이주노동자들의 정주화를 거론하고 있을 뿐 구체적으로 이들의 정주화가 야기할 정치·경제·사회·문화적 측면에서의 문제점들을 둘러싼 논의는 아직 본격적으로 이루어지지 않고 있다.(정귀순 2007; 설동훈 2009; 유경준/이규용 2009 등 참조)

[013] 좌파에 속하는 Neuhold/Schbelhofer는 자유주의적 다문화주의의 대안으로 "Provinzialisierung Multikulturalismus"(영어: Provincializing Multiculturalism)의 실현을 제시한다. 여기서 Provinzialisierung이란 상반된 가치의 공존, 모순, 폭력, 아이러니 등을 시대에 뒤떨어진 것으로 간주하여 감추지 않고 현대 사회학에 하나의 프로그램으로 포함하는 것을 의미한다. 이는 "아래로부터의 다문화주의의 실천"을 의미하는바, '문화적 차이의 정도'를 헛되이 탐색하기 보다는 특정 차이점들이 문화적으로 통합되고 정치적으로 인정되는 구체적인 사회적 관계의 형성을 추구하는 것이다.(Neuhold/Scheibelhofer 2010)

의할 수 없다. 다만 한 가지 덧붙이자면, 우리 사회에서는 다문화사회를 지향하는 정책 전환이 사회통합과 개별 문화의 독립성 사이의 어느 지점을 기준으로 추진되는 것이 바람직할 것인지에 대한 충분한 논의와 검토를 거쳐야 한다.

제6장 맺는말

마석공단의 사례는 오늘날 국내 제조업체가 당면하고 있는 문제점을 집약적으로 보여주고 있다. 소규모 제조업체의 인력난은 심각한 수준으로 사업주의 입장에서는 사업의 존폐 여부를 고민해야 할 정도이다. 이러한 어려움을 부분적으로나마 해소해 주는 것이 이주노동자의 존재이다. 마석공단 내부에 있는 사업체들은 대부분이 영세하고 노동환경이 열악하기 때문에 젊은 내국인 노동자를 채용하는 것이 사실상 불가능하다. 이주노동자는 내국인이 기피하는 일자리를 채우는 것이므로 내국인 노동자와 대체관계에 있는 것이 아니라 보완관계에 있다. 그러나 현지 사업주의 입장에서 이주노동자를 고용할 수 있는 기회도 안정적으로 보장받지 못하고 있다. 이는 비현실적 국가정책에서 비롯되는 일이다.

우선 국가가 정한 규정에 따라 이주노동자를 고용하려면 절차가 매우 복잡하고 시간도 많이 걸린다. 더구나 국가는 이주노동자의 국내 체류를 한시적으로만 허용하고 있고 이들에게 보장하는 임금수준도 낮다. 그러므로 이주노동자는 계약으로 정해진 사업체를 이탈하여 미등록 신분으로 더욱 높은 임금을 제공하는 곳을 찾는다. 사업체의 입장에서는 더 높은 임금을 지급해야 하지만, 국가가 정한 절차에 따라 이주노동자를 고용할 경우 소요되는 시간과 노력을 감안하면 임금을 높게 주더라도 미등록자를 채용하는 것이 더 낫다. 결국 영세업체와 미등록 외국인 노동자의 이해관계가 맞아 떨어지는 환경이 조성된 것이다. 현재의 인구구조나 출산율을 볼 때 이러한 상황이 장기적으로 개선된다는 보장이 없다는 것이 문제이다. 객관적 조건이 획기적으로 변화되지 않는 한 영세 사업체들은 인력 부족에 덧붙여 숙련의 형성 및 전수라는 측면에서도 장래 어려움을 겪을 수밖에 없을 것이다.

마석공단에 있는 사업체에서 최고의 숙련공은 사업주들이다. 각 사업체는 미등록 외국인 노동자와 함께 소수의 40대 이상 연령층인 내국인 노동자도 고용하고 있다. 현재일부 미등록 외국인 노동자 가운데 내국인과 비슷한 수준의 숙련을 획득하고 있는 사례가 나타나고 있다. 그러나 젊은 내국인 노동자를 고용하는 것이 현재 사실상 불가능하다는 점을 감안할 때, 미래에는 결국 이주노동자들이 숙련공 노릇을 할 수밖에 없을 것이다. 장기적으로 보아 이는 한계 산업이라 할 수 있는 여러 분야에서 내국인 숙련공이 이주노동자로 대체될 것이라는 추론을 가능하게 한다. 만약 국가정책이 미등록 외국인 노동자는 물론이고 소수에 불과한 이주노동자의 정주화를 계속 막는다면, 한계 산업 전체에서 숙련의 계승은 어려워질 것이다. 이러한 산업은 결국 고사할 우려가 있다. 마석공단의 사업체는 국내에 확고한 제품 수요를 갖고 있으며, 국가경제나 지역경제에서 일정한 몫을 담당하고 있고, 일자리도 제공하고 있다. 이러한 중소 제조업체가 폐쇄되는 것은 국가적, 지역적으로 상당한 손실이 아닐 수 없다.

중소 제조업체의 인력난이 발생하는 원인을 해소되지 않는 한 문제는 지속될 수밖에 없다. 특히 노동의 공급이라는 측면에서 볼 때

짧은 시간 안에 노동력의 충분한 공급을 가능하게 하는 방향으로 상황이 변화될 가능성이 거의 없다. 그러므로 외국인력 도입정책은 이주노동자 한 사람 한 사람의 인간적 생활을 보장하면서도 이들을 고용하는 사업체도 필요한 인력을 적시에 공급받을 수 있도록 노동력 수급체계를 정비하는 방향으로 전환될 필요가 있다. 물론 외국인들이 국내에 정착하게 된다면 법적, 사회적, 문화적으로 다양한 문제점이 야기될 것이다. 그러나 한국 사회가 외국인 노동자가 필요 하며, 이들의 유입이 불가피하다는 것은 더 이상 부인할 수 없는 현실이다. 그렇다면 한국사회 구성원의 의식구조는 이들과 공존하는 방향으로 변화해야 하고, 국가정책 또한 다문화사회를 용인하는 방향으로 전환되어야 한다.

참고문헌

인터넷자료

http://www.kostat.go.kr 통계청
http://smba.go.kr 중소기업청
http://www.std.ke야.re.kr 교육통계서비스
노동부(2010): 외국인 고용허가제 설명자료

문헌자료

강수돌(1996): 외국인 노동자 고용 및 관리 실태와 정책대안, 한국노동연구원
강수돌(1997): 우리나라 外國人(移住)勞動者 現況과 政策 「勞使關係研究」
    8('97.12) pp.149-185 서울大學校經營大學勞使關係研究所
김세종(2006): 중소기업 기능인력 양성 및 공급방안, 중소기업연구원
김수곤(1996): 외국인 근로자 고용실태와 정책과제, 대한상공회의소 한국경제연
    구센터
고광우(1998): 수도권 가구제조업체의 입지에 관한 연구 - 마석 성생가구공단을
    사례지역으로 -, 동국대 대학원 석사논문
박경태/설동훈/이상철(1999): 국제 노동력 이동과 사회적 연결망 - 경기도 마석
    의 필리핀인 노동자 집단을 중심으로 -, 「한국사회학」 1999, pp. 819-849.
    한국사회학회
박석운(1995): 한국의 외국인 노동자 인권문제와 대책 「법과 사회」 11, pp.273-305,
    창작과 비평사
백석현(1993): 해외노동력 유입이 한국경제에 미치는 파급효과, 대한상공회의소
    한국경제연구센터
서도원(2009): 중소지업인력지원제도의 현황과 활용의 효과성 제고 방안, 「産業
    과 經營」, 2009 pp. 11-34. 충북대학교
설동훈(2002): 외국인 노동자와 한국사회, 서울대출판부
설동훈(2009): 한국의 다문화 사회정책 동향과 미래의 대응 방안, 「불교사회복

지연구」제 7호.

유경준/이규용(2009): 외국인력의 현황과 정책과제, KDI

유길상 외(2004): 저숙련 외국인력 노동시장분석, 한국노동연구원

유길상/이정혜/이규용(2004): 외국인력제도의 국제비교, 한국노동연구원

유명기(1995): 외국인노동자 차별의 구조, 「녹색평론」21, pp.69-82, 녹색평론사

이계운(1992): 중소제조업의 인력부족실태와 대응방안, 「한국의 중소기업」, 1992 pp.123-163., 기업은행

이규용 외(2007): 외국인력 노동시장 분석 및 중장기 관리체계 개선방향 연구, 한국노동연구원

이재구(2002): 중소제조업의 인력수급실태와 원활화 방안, 「기은조사」, 2002, 기업은행

이혜경(1994): 외국인 노동자 고용에 관한 연구: 국내 노동시장에 미치는 영향, 「한국사회학」, 28집

정용균/방하남/김정원(2008): 고용창출에 있어서의 한국중소기업이 역할 - 1990-2006년 기간을 중심으로 - 「인적자원관리연구」2008. 12. pp. 229-243. 한국인적자원관리학회

정귀순(2007): 이주노동자정책의 문제점과 개선방안, 「부산발전포럼」제 107호

최병두(2009): 이주노동자의 유입이 지역경제에 미치는 영향, 「한국지역지리학회지」제 15권 제 3호 통권 55호

함한희(1995): 한국의 외국인 노동자 유입에 따른 인종과 계급문제, 「한국문화인류학」28, pp. 199-222, 한국문화인류학회

Neuhold, Petra/Scheibelhofer, Paul(2010): Provincialising Multicultralism - Postkoloniale Perspektiven auf Multikulturalismus, Diversität und Emanzipation, 「PROKLA」158, Münster

Piore, Michael J.(1979): Birds of Passage: Migrant Labor and Industrial Society. Cambridge, Cambridge University Press

04

한국사회 이주민의
문화변용
-구로의 중국동포와
마석공단의 이주노동자-

임선일

제1장 서론

한국사회에서 이주민의 지위를 가진 사람은 다양하게 분류할 수 있다. 먼저 가장 많은 비중을 차지하고 있는 집단인, 민족적 동질성을 기반으로 이입한 중국과 러시아의 동포, 동남아시아를 비롯한 제3세계로부터 이입한 비한국계 이주노동자, 그리고 혼인을 통해 이입한 결혼이주자가 대표적인 이주자 집단이며 그 밖에 영어 회화 강사나 교수와 같이 교육 목적을 가진 1세계 이주민과 다국적 회사나 대기업의 전문직종에 종사하는 이주민 등이 있다. 현재 한국사회에 이입한 이주민은 100만 여명이 넘었으며 그 입국 목적도 각각 상이하다.

여기에서는 다양한 이주민 중에서 구로지역을 중심으로 삶을 영위하는 중국동포와 마석공단에서 살고 있는 다양한 국적의 비한국계 이주노동자를 대상으로 이들이 한국사회에 어떻게 적응하고 있는가? 한국사회의 하층사회 구성원들과는 어떻게 교류하고 있는가에 대한 분석이 이루어졌다. 이러한 작업은 한국계 이주민인 중국동포와 비한국계 이주민이 한국사회에서 생활세계를 영위하면서 경험하는 문화변용의 정도와 유형에 대한 분석이기도 하다. 중국동포와 비한국계 이주노동자는 문화적 배경과 이입경로가 상이하며 따라서 한국사회에대한 적응과정도 다르게 나타난다. 돈을 벌기 위한 목적은 같지만 담지하고 있는 사회적·역사적 배경이 다른 두 집단의 적응과정에서 나타나는 문화변용의 차이를 분석하는 것은 세계화 시대의 한국사회가 직면한 이주민에 대한 처우의 문제에 대한 해법을 찾는 출발점이 될 것이다. 이를 위해 중국동포와 비한국계 이주노동자에 대한 설문조사를 실시하였다. 그러나 설문조사는 응답자의 성실성을 담보하기 곤란한 측면이 있다. 예컨대 응답을 하는 것이 불편하거나 또는 성실하게 응답을 할 것이라는 확신이 없다. 이를 보완하기 위해 면담조사를 실시하였는데 다행히 필자는 피면담자들과 사전에 라포(rapport)가[01] 형성되어 있었기 때문에 설문조사에서 확인하지 못한 내용은 면담을 통해 취득 할 수 있었다.

---

[01] 중국동포와 비한국계를 막론하고, 한국사회에서 이주노동자는 하층의 사회적 지위에 놓이게 되는데 그들을 대변하거나, 그들을 위한 지원활동, 학술 활동 등과 같이 직·간접적인 도움을 주고 있다고 판단하는 사람들과는 라포(rapport) 형성에 거부감이 없으나 그렇지 않은 경우에는 속내를 털어 놓지 않는다.

제2장 이론적 배경과 선행연구

　이주민이 기존의 문화적 관습과 전통을 가지고 있는 상태에서 출신국을 떠나 이입국으로 생활공간을 이전하게 되면 이입국의 새로운 문화와 충돌을 일으키게 된다. 이를 문화충격이라[02] 하는데 이 과정을 거치면서 문화변용을 일으키게 된다.

　Ⅱ장에서 살펴본 바와 같이 베리(Berry, 1980, 1990, 1997)의 문화변용 모델은 문화변용의 상태를 두 가지 차원의 네 가지 결과로 분류하고 문화변용에 대한 다양한 측정 방법을 개발하였다. 그러나 1997년까지 베리의 이론은 심각한 한계를 가지고 있었는데 이는 문화변용에 있어 이입국의 제도와 사회 구조, 이주민에 관한 인식 등에 관한 고려 없이 이주민의 심리적 상태만을 중심으로 문화변용을 분석해 내려했다는 점이다. 하지만 2006년 샘(Sam)과 함께 새롭게 제시한 문화변용 전략 모형에서는 이주민이 이입국 사회에서 활용하

는 문화변용 전략에 대응하는 이입국 광역사회의 문화변용 전략을 추가함으로써 보다 현실감 있고 엄밀한 모형을 만들었다. 이는 베리가 이주민의 문화변용 전략을 분석했던 통합, 동화, 분리, 주변화 유형에 광역사회의 조응 형태인 다문화주의, 용광로 모형, 분리, 배제 유형을 대입시킨 모델이다.

〈그림 IV-1〉 광역사회와 인종문화집단의 문화변용 전략

차원 1 : 정체성과 문화유산의 유지

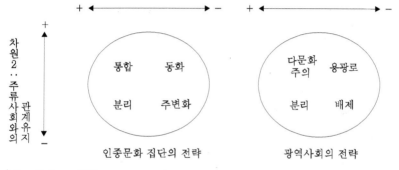

* Sam & Berry, 2006

또한 그는 지배적인 이입국 광역 사회와 비지배적인 인종문화 집단의 문화변용 전략의 궤적도 국가적 수준, 개별적 수준, 제도적 수준의 3단계로 나누어 분석하는 모델을 제시하였다.

〈표 IV-2〉 문화변용 전략의 궤적

수준	지배적	비지배적
	주류	소수자 집단
	광역사회	문화 집단
국가적	국가 정책	집단 목표
개별적	다문화주의 이념	문화변용 전략
제도적	획일적이거나 다원적	다양성과 공정함

그러나 실질적으로는 이입국의 광역사회 내부에서도 이주민이 주류사회의 구성원과 대면적 접촉을 찾을 수 있는 기회는 제한적이기 때문에 문화변용에서도 양자가 서로 영향을 주고 받기는 어렵다. 일반적으로 이주민은 이입국 광역사회 내부의 하층사회와 접촉을 하며 문화변용을 일으키게 된다. 따라서 이 글에서는 중국동포와 비한국계 이주노동자가 한국의 하층사회와 접촉하는 양상에 대한 분석도 포함할 것이다.

아직까지 국내에서는 이주민의 문화변용에 관한 연구는 미비한 실정이다. 특히 베리의 논의는 이주민의 문화변용 연구에는 적용되지 않았고 탈북자의 문화변용 연구에 이용되었지만 그나마도 2006년 이전의 모형으로 분석한 것이 전부이다. 이 연구의 분석틀은 이주민의 문화변용에 가장 적합한 틀을 제공하고 있지만, 이용되지 않았던 베리의 논의를 기반으로 구성되었다.

그동안 국내의 이주민 관련 연구는 이주민의 이입초기와 후기로 구분 할 수 있는데 연구의 주제도 이주민의 상태와 함께 변화하였다. 1980년대 후반부터 국내에 이입된 이주민(주로 이주노동자)에 관한 연구는 인권이나, 노동 현장에서의 문제점 등이 주류를 이루고 있었다(강수돌, 1996; 박경태, 1996. 2005. 2007; 설동훈, 1996. 1997. 1999. 2000. 2001.2002. 2003a; 송병준, 1997; 이욱정, 1999). 그러나 한국인과의 문화 간 커뮤니케이션 갈등상황에서 이주노동자들이 처한 문제점을 그들의 관점에서 구체적인 갈등사례를 조사·분석한(정현숙, 2004) 연구와 문화적 배경이 전혀 다른 이주노동자들이 국내 작업장에서 적응하는데 있어 겪게 되는 어려움의 요인을 분석한 연구(정기선, 1996)와 같이 연구 영역이 확장되면서 보다 다양한 주제가 등장하게 되었다. 이 후 문화적응에 관한 세부 연구 주제로써 본국과 한국의 음식문화에 대한 갈등을 경험하면서 자발적 순응을 경험하는(김영주, 2009)연구와 한국 사회문화에 대한 적응 정도는 한국사회·문화에 대한 지식이 높을수록 스트레스를 덜 받으며 한국어 수준이나 사회문화 인식이 높을수록, 사회적 네트워크가 잘 형성되어 있을수록 삶의 만족도가 높다(김영란, 2008)는 문화 인식에 관한 연구가 실시될 정도로 사회적·학술적 관심이 증폭되었다.

한편 중국동포에 관한 연구는 방문취업 제도에 의해 이입한 중국동포의 일 경험과 생활세계에 관한 사례연구(김현미, 2009)및 노동과정에서 발생하는 갈등(문형진, 2008)에 대한 연구와 같이 문제점 발굴에 주목하는 작업이 많았다. 그러나 중국이라는 국가의 국민이며 한민족이라는 두 개의 정체성을 가진 특수한 부류의 사람들이라는 상황에서 발생하는 정체성 인식의 문제(유명기, 2002)를 다루는 연구도 시행되었다. 이 밖에 중국동포의 한국이라는 국가에 대한 인식을 실증적으로 분석(이왕재, 2001)한 연구는 이들의 한국관을 보여주고 있다.

그러나 한국의 하층사회와 중국동포, 그리고 비한국계 이주민이 네트워크를 구성하는 과정에서 발생하는 문화충격과 적응, 문화변용에 관한 연구는 아직까지 진행되지 않았다. 이 연구는 민족적 동질성을 가진 중국동포와 그렇지 않은 비한국계 이주노동자가 한국사회와 소통하고 문화변용을 일으키는 기제를 비교 분석하였다.

제3장 문화충격과 문화변용

1. 구로와 마석공단의 이주민

(1) 구로 지역의 중국동포

구로공단은 서울특별시의 서남단에 위치하여 동쪽으로는 영등포구, 금천구와 인접해 있고 서쪽은 부천시와 광명시를 경계로 하며 남쪽은 광명시와 접하여져 있다. 또한 영등포에서 연장되는 경부선이 분리되는 지점으로부터 경부선, 경인선 이외에도 수원과 인천 방면의 전철1호선과 국도가 관통하고 있는 구로구와 금천구 일부에 걸쳐 있고 남부순환 도로와 서부간선도로가 연결도로의 역할을 하고 있으며 전철 2호선과 7호선이 현재 운행되고 있는 교통의 요지라 할 수 있다.

　가리봉동을 중심으로 구로동과 대림동 일대에는 중국동포들을 위
한 상업 시설이 성업 중이다. 이 지역에는 식당, 중국 식료품을 판매
하는 슈퍼마켓, 환전소, 노래방, 다방, 술집 등 중국동포들을 위한 업
소들이 다수 존재하는데 흡사 중국의 거리를 옮겨 놓은 것과 같다.
업소의 간판도 중국어로 표기하거나 한국어와 중국어를 동시에 표기

〈그림 Ⅳ-2〉 구로 행정지도

하고 의사소통도 중국어로 하는 경우가 많다. 중국동포들은 생활의 편의를 위해 이 지역에서 삶을 영위하고 있는데 과거 한국인 노동자가 떠난 후 열악한 주거환경 때문에 찾는 사람이 없어 저렴했던 주택의 임대료도 중국동포의 밀집으로 인해 현재는 상당히 인상되었다. 일반적으로 보증금 200~500만 원 정도에 월 25만원에서 30만원의 월세를 지불하고 있다. 이러한 벌집(또는 쪽방)은 화장실을 공용으로 사용해야 하는 불편함이 있지만 구로지역에서 얻을 수 있는 편익 때문에 불편을 감수하고 있다. 설문조사 결과에 나타난 이들의 취업경로는 편익의 내용을 잘 나타내 주고 있다〈표 Ⅳ-3〉.

〈표 Ⅳ-3〉 중국동포의 취업경로

구분	빈도(명)	퍼센트(%)
공개채용	4	1.8
비공식 브로커 알선	4	1.8
한국내 사설 직업소개소 소개	56	25.5
친구, 친지 등 연고자 소개	83	37.7
외국인 노동자 상담소 소개	13	5.9
광고를 보고 스스로 찾음	23	10.5
기타	37	16.8
합계	220	100.0

중국동포들의 63.2%가 직업소개소나 연고자를 통해 구직에 성공하고 있다. 현재 구로지역에는 중국동포를 상대로 성업중인 직업소개소가 상당수 있으며 이주민들은 여기를 통해 일당 받는 일자리를 소개 받는다. 또한 구로 지역에 있는 중국식 식당에서 동향의 사람들과 어울리면서 직업을 소개 받기도 한다.

> 면담자 : 아니 그러니까 정기적으로 한 달에 한 번 모여서.
> 이성국 : 없어요. 한 달 뜨문뜨문 친구도 만나가 한 잔 할 수도 있죠.
> 면담자 : 주로 뭐 친구 분들 만나면 뭐 이렇게 술 한 잔 드시면서 놀고….
> 이성국 : 그렇죠. 놀고 일 얘기 해 가면서 그렇죠(남, 41세, 중국, 체류 7년).

(2) 마석 지역의 비한국계 이주민

일자리를 찾는 이주노동자들은 국가별, 지역별 네트워크를 통해 마석공단을 알게 되었고 지리적으로 서울과 떨어져 있어 단속의 위험이 덜한 이곳으로 이주해 왔다. 1994년 이후에 많은 이주노동자가 마석에 유입되었다.

마석공단에 있는 이주노동자 가운데 필리핀 출신들은 대부분 가톨릭을 종교로 가지고 있다. 따라서 카톨릭 미사의 형식과 교리가 유사한 성공회 교회에서 미사에 참가하거나 공동체 모임을 갖는 등의 활동을 하고 있다. 그러나 이슬람을 종교로 가진 방글라데시 출신의 이주노동자나 사회주의 국가에서 유입되어 종교를 가지고 있지 않았던 이주노동자, 가족이나 친척을 통한 한국내 인적 네트워크를 가지고 있던 중국 동포들은 성공회가 운영하는 지원조직인 샬롬하우스에 오지 않고 있었다. 1994년에 마석공단에서 생활하는 이주노동자 수는 한국계, 비한국계를 포함하여 16개국 출신이었으며 2,000명이 넘었다. 그 후 1997년 연말에 금융위기가 발생하자 마석공단의 이주노

동자 수가 급격히 늘어나는 기현상이 벌어졌다. 이는 사회복지 공동모금회의 사회복지 예산이 이곳에 지원된 것과 무관하지 않다.[03]

작은 분지 형태의 마석공단은 주거시설과 상품 생산을 위한 작업장이 동일한 공간에 위치하고 있는 것이 특징이다. 이는 노동과정이 이루어지는 공간과 생활공간이 분리되지 않음을 의미한다. 이러한 조건은 이주노동자들이 집단을 이룰 수 있는 조건을 충족시키고 있다. 첫째, 이주노동자를 필요로 하는 작업장이 대다수이다. 마석공단의 제조업은 가구공장이 주류를 이루며 그 밖에 신발 공장, 주문형 냉장설비 제조업체등이 운영되고 있다. 이러한 공장은 원청으로부터 하청일감을 수주 받아 운영 되는 영세업체로서 한국인에게 고임금을

___
03 샬롬 하우스의 관장인 이정호 신부와의 면담자료에 의하면 일정한 선발 기준에 의해 지원 받을 이주노동자를 결정 한 후, 사회복지 공동모금회로부터 5천만 원 씩 네 번에 걸쳐 지원 받았다고 한다. 이 성금은 개인에게 19만 8천 원씩 현금으로 지급하기도 하고 쌀을 살 수 있는 쌀표나 기름을 살 수 있는 기름표로 지급했었다고 한다.

지불하면서 운영 할 수 없으며 작업장의 환경이 매우 열악하기 때문에 한국인이 취업을 기피하는 곳이다. 소위 3D 업종이 밀집되어 있는 전형적인 영세 제조업체가 대부분이다.

둘째, 단속의 공포에서 비켜 갈 수 있는 비상구의 확보가 용이하다. 차량을 이용해 공단을 출입 할 수 있는 통로가 두 군데 밖에 없기 때문에 출입국관리소의 기습 단속이 실시되더라도 공단 입구에서 단속 사실을 인지하면 순식간에 공단 내부에 알려지고, 이주노동자들은 즉시 작업장을 이탈해 인근의 야산으로 피해 버린다. 마석공단은 이주노동자에 대한 의존도가 높은 지역이다. 따라서 업체의 사장들도 이주노동자에 대한 단속이 달가울 리 없으며 적극적으로 이들을 피신시키는데 앞장선다.

〈그림 Ⅳ-3〉 마석공단 지도

지도에 보이는 '남양주시외국인 근로자 복지센터' 옆의 진입로가 공단으로 출입하는 가장 큰 도로이다. 지도 왼쪽 끝에 있는 '칠성 오크랜드' 옆에도 공단으로 출입하는 작은 도로가 지나가고 있다. 공단은 검은 실선으로 표시된 지역 내부의 분지형태에 자리 잡고 있으며

그림 아래쪽 지역은 작은 야산에 접해져 있다.

셋째, 출·퇴근에 소요되는 비용을 아낄 수 있다. 또한 출퇴근 거리가 축소되면 야근이나 잔업으로 벌 수 있는 수입이 증가한다.

넷째, 민족 집단별 커뮤니티가 활성화 되어있다. 마석공단에는 동남아시아를 비롯해 소수의 아프리카 출신 이주노동자도 있는데 구성비가 높은 네팔, 필리핀, 방글라데시 출신의 이주노동자들은 출신지역별로 커뮤니티를 구성하고 있다. 민족 집단으로 구성된 커뮤니티는 경조사의 상호부조와 일자리에 대한 정보 공유와 같은 현안에 대해 상호부조를 제공하는 것은 물론이며 심리적 안정감을 유지하는 것에도 기여 하고 있다.

〈표 Ⅳ-4〉 비한국계 이주노동자의 취업경로

구분	빈도(명)	유효 퍼센트(%)
공개채용	13	9.8
비공식 브로커 알선	5	3.8
한국내 사설 직업소개소 소개	19	14.3
친구, 친지 등 연고자 소개	80	60.2
외국인 노동자 상담소 소개	12	9.0
광고를 보고 스스로 찾음	1	0.8
기타	3	2.3
합계	133	100.0

<표 Ⅳ-4>에서와 같이 비한국계 이주노동자는 친구, 친지 등 연고자의 소개로 구직에 성공하는 경우가 중국동포에 비해 압도적으로 많은 수를 차지하고 있는 것을 볼 수 있다. 이는 한국인과의 혈족 네트워크가 전무한 비한국계 이주노동자가 출신국 네트워크를 통해 구직 행위를 한다고 할 수 있을 것이다.

면담자 : 일반적으로 얼마 정도의 시간이 지나야 이주노동자가 한국생활
에 적응 한다고 생각합니까?

이영 : 보통 4년에서 5년이 지나면 한국상황에 적응합니다. 그 정도 시간
이 지나면 커뮤니티를 통해 타 지역의 친구들을 만나거나 해서 스
스로 직장을 구하려는 시도를 합니다. 처음 한국 생활을 시작 할
때는 한 지역에서만 생활하다가 적응이 되면 밖으로 나가는데 활
동 범위가 넓어지지요(성공회 신부, 2009년 7월).

2. 한국사회 적응과정의 차이점 유발 요인

중국동포와 비한국계 이주노동자는 생활세계를 구성하는 지역의
차이만큼이나 한국사회에 이입한 이후의 적응과정도 차이가 있다.
여기에는 몇 가지 원인이 있는데 이를 살펴보면 다음과 같다.

먼저 중국동포의 경우에는 민족적 정체성을 공유하기 때문에 한국
정부로부터 받게 되는 제도적 특혜를 받는다. 비한국계 이주노동자
가 한국에 입국하는 방법은 현행 외국인 인력관리 제도로 활용되는
'고용허가제' 이외에는 없다.[04] 그러나 고용허가제는 기본적 노동권
이 보장되지 않으며[05] 서비스업에서는 일을 할 수 없다. 그러나 외국
국적 동포들에게 적용되는 '방문취업제'는 서비스업에서 취업하도록
허용하고 있다. 뿐만 아니라 중국동포는 필요할 경우 한국 국적을
취득하기가 매우 수월하다.

아래의 표에서 제도권 내에 위치한 중국동포는 노동부에 직접 진

[04] 물론 관광비자를 발급 받아 한국에 입국 한 후 미등록 신분을 선택하는 경우도 있지만
법제도의 적용 수위에 따른 적응의 차이를 설명하기 위한 목적 때문에 이에 관해서는 특
별히 언급하지 않았다.

[05] 이주노동자가 보장 받지 못하는 노동권에는 1)집회 결사의 자유 2)노조 설립이나 가입의
제한 3)사업장 이동의 제한 등이 있는데 가장 독소 조항은 마지막의 사업장 이동 제한에
관한 것으로써 사업주의 동의가 없으면 마음대로 사업장을 이동 할 수 없기 때문에 사업
주에게 강제적 종속이 될 수 밖에 없는 구조를 가지고 있다.

정서를 제출하거나 지원단체의 도움 요청하는 등 다양한 방법을 동원하고 있음을 알 수 있다.

<표 IV-5> 중국동포의 어려움 대처방법

구분	빈도(명)	유효 퍼센트(%)
회사측 관리자와 이야기를 하여 해결	25	12.8
자국 출신의 직장동료나 친구들과 의논	30	15.4
한국인 친구에게 도움 요청	23	11.8
종교, 인권단체 등 이주노동자 지원단체의 도움	42	21.5
노동부에 연락하여 도움을 받음	50	25.6
그냥 참는다	0	0.0
기타	25	12.8
합계	195	100.0

이에 반해 비한국계 이주노동자가 한국 국적을 취득하기는 매우 어렵다.[06] 이러한 역사적 배경에 기인하는 귀화 가능성의 차이는 적응 과정에도 영향을 미친다. 둘째, 중국동포는 한국사회에 이입하기 전에 중국의 조선족 집성촌에 거주하는 경우가 많다. 따라서 한국어가 능숙하고 한국 사회에 적응하는 과정이 순조롭다. 그러나 비한국계 이주노동자는 한국어가 미숙하므로 한국사회에 적응하기가 상대적으로 어렵다.

---

06 비한국계 이주노동자가 한국국적을 취득 할 수 있는 경우는 혼인에 의한 취득이나 난민 신청이 한국 정부로부터 받아 들여지는 경우 뿐인데 난민 신청은 한국 정부로부터의 승인이 까다로우며 혼인에 의한 국적 취득 역시 2년의 결혼 관계를 한국인 배우자가 증명하지 않으면 국적 취득의 결격 사유가 된다.

〈표 IV-6〉 한국계 이주노동자의 의사소통의 정도

구분	빈도(명)	유효 퍼센트(%)	누적 퍼센트(%)
매우 심각하다	16	11.9	11.9
다소 심각한 편이다	10	7.4	19.3
그저 그렇다	29	21.5	40.7
별로 심각하지 않다	31	23.0	63.7
전혀 심각하지 않다	49	36.3	100.0
합계	135	100.0	

원활한 의사소통 능력을 갖춘 이주민은 이입국에 쉽게 적응 할 수 있다. 일상생활에 필요한 모든 자원과 정보는 의사소통을 통해 획득한다. 가장 중요한 의사소통의 매개체가 언어이다. <표 IV-6>에서 중국동포는 한국사회에서의 의사소통에 대해 80.8%가 심각하지 않거나 그저 그렇다고 응답을 함으로써 언어 문제로 인한 부적응은 심각하지 않다고 할 수 있다.

셋째, 친족 네트워크의 유무이다. 중국동포는 한국사회에 친족 네트워크를 가지고 있는 경우가 많다. 친족네트워크는 중국동포가 이입 초기에 사회적응을 용이하게 하는데 중요한 역할을 담당한다. 그렇지만 비한국계 이주노동자는 한국인과 연결되는 친족 네트워크가 없으며 출신국 노동자끼리 구성한 지역적 네트워크를 통해 한국 사회에 이입된다.

> 걔네들이랑 통화 해 보니까 '아! 한국 괜찮다. 뭐 한국에 오도 재미도 있고 돈도 벌 수 있고 이거 자기 마음도 좋을 수 도 있으니까 한국에 한 번 왔다가라' 그렇게 말 들어보니까 '알았어. 내가 한국에 한 번 갈께' 한국에 오니까 내가 그 친구들하고 만나서 어— 살아보니까 진짜 재밌고 돈도 벌을 수 있고 에— 그렇게 됐어요(레닌).

넷째, 외모의 차이이다. 중국동포는 인종적 특성을 공유하고 있기 때문에 다양한 한국인과 접촉 할 수 있는 서비스업에 종사하면서 사회적 네트워크를 확장한다. 비한국계 이주노동자는 외모 때문에 단속에 쉽게 노출 될 우려가 있으며 한국인을 직접 상대하기 어려우므로 공단지역을 중심으로 하는 한정된 공간에서 생활하고 있다.

다섯째, 두 집단은 이입 초기에 가지고 있던 기대 수준이 다르다. 중국동포가 한국사회에 이입하기 시작했을 때 그들은 한국의 주류사회로 곧바로 진입 할 수 있을 것이라는 기대를 하고 있다. 왜냐하면 친·인척이 한국사회에 있기 때문에 그들을 통한 인적·사회적 네트워크의 확장을 염두에 두고 있을 뿐만 아니라 조국의 독립을 위해 고생한 선조들의 후손으로서 한국정부가 마땅한 대우를 해 줄 것이라는 기대를 품고 오기 때문이다. 그러나 비한국계 이주노동자는 처음부터 사회 주변부에서 살아 갈 각오를 하고 있다. 한국의 주류사회에 친·인척 네트워크가 전무한 비한국계 이주노동자는 출신국의 네트워크를 따라 이입하지만 먼저 들어온 이주민도 역시 사회의 주변부에 체류하고 있다. 이들은 뒤따라 이입한 비한국계 이주노동자가 일상생활에서 직면하는 문제를 해결하는 방식을 보면 한국사회에 도움을 요청하기 보다는 일하고 있는 작업장의 관리자나 자국 출신의 친구에게 도움을 요청하는 경향이 나타난다<표 IV-7>.

<표 Ⅳ-7> 이주노동자의 어려움 대처방법

구 분	비한국계		한국계	
	빈도	유효 퍼센트(%)	빈도	유효 퍼센트(%)
회사측 관리자와 이야기를 하여 해결	60	45.1	25	12.8
자국 출신의 직장동료나 친구들과 의논	26	19.5	30	15.4
한국인 친구에게 도움 요청	17	12.7	23	11.8
종교, 인권단체 등 이주노동자 지원단체의 도움	9	6.7	42	21.5
노동부에 연락하여 도움을 받음	11	8.2	50	25.6
그냥 참는다	4	3.0	0	0.0
기타	6	4.8	25	12.8
합계	133	100.0	195	100.0

비한국계 이주노동자 가운데, 노동부에 진정서를 제출하는 등의 제도적 통로를 이용한다는 응답자의 비중은 중국 동포에 비해 상당히 작으며 심한 경우에는 그냥 참는다는 응답자도 3.1%나 되었다.

3. 한국의 하층사회와 에스니시티[07] 변형

한국사회에 이입한 이주민은 문화변용을 일으키게 된다. 그러나 문화변용의 출발점과 궤적은 적응과정의 차이에 의해 다르게 나타난다. 이를 분석하기 위해서는 앞에서 소개한 베리의 '광역사회와 인종문화집단의 문화변용 전략'모형을 재구성하여 에스니시티 변용 분석에 적용할 필요가 있다. Ⅱ장의 <표 Ⅱ-3>에 제시된 범주를 기준으로 중국동포의 에스니시티를 분석해보면, 중국의 공민이라는 정체정과 한민족의 정체성 가운데에서 갈등하지만 하나의 정체성을 고집하지 않는다.

---

[07] 이주민은 체형적·문화적·역사적 특성을 달리하지만 국경의 경계를 넘어 경제적·정치적 동질성을 공유하는 집단으로 탈바꿈하게 되는데 이러한 새로운 집단의 정체성을 특징지을 수 있는 용어의 선택이 필요해진다. 따라서 본 논문에서는 이주노동자의 정체성을 고찰하는데 있어 '에스니시티(ethnicity)'라는 개념을 사용하고자 한다.

그 내가 거짓말 중국에서 태어나서 중국의 물과 쌀과 모든 것을 내가 먹었던 사람이기 때문에 살은 중국에 살을 내가 먹고 살을 찌는 사람이에요 저는. 피는 한국의 피는 흐르지만도 그래서 내가 그 이 말을 갖다가 나는 한국을 더 이기라고 응원한다 하니까 중국 사람들이 내보고 말도 못하게 욕해요(노순걸).

여기에서는 응답자가 한국사회에 적응하기 위해 유연성을 발휘하려 시도하다가 중국공민의 정체성을 강조하는 동료들과 갈등하는 상황이 반영되어 있다. 돈을 벌기 위해 한국행을 결정한 중국동포에게 중국 공민이라는 정체성을 유지하며 한국사회에 적응을 시도하는 태도가 도움이 되지 않는 다는 것은 자명하다. 응답자가 말하는 중국사람은 에스니시티 변용유형 가운데 '귀소지향형'에 속한다고 할 수 있다. 또한 이와 같은 에스니시티의 변용 경로는 Ⅱ장의 <그림Ⅱ-1>에 제시한 바와 같이 이주 초기에 중국동포가 공유하는 귀화지향형 에스니시티는 생활하는 과정에서 분화되어 귀소지향형, 상화선택형, 현지적응형과 같은 다양한 유형의 에스니시티로 변용된다. 여기에는 한국사회의 차별, 한국과 중국의 정치·경제 상황에 대한 고려, 한국 국적 취득의 용이성 등이 영향을 미친다.[08]

반면에 비한국계 이주노동자는 이입할 당시 한국사회에 친족 네트워크가 전무하고 민족적 정체성을 공유하고 있지 않으므로 언젠가는 출신국으로 돌아가겠다는 의지를 가지고 입국한다. 다시 말해 이들은 '귀소지향형(Homing aim type)'에 속하며 돈을 벌면 귀국하겠다는 분명한 의지를 가지고 있다. 그러나 중국동포와 마찬가지로 이들의 에스니시티도 다양하게 변용되지만 내용적으로는 중국동포와 다르다.

---

[08] 자세한 내용은 임선일(2010, p172-175)을 참조하시오

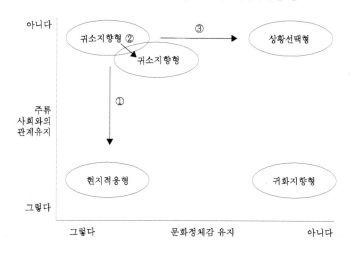

〈그림 Ⅳ-4〉 비한국계 이주노동자의 에스니시티 변용 경로

 출신국의 문화와 정체성을 내면화하고 있는 수준, 한국사회의 차별, 체류기간의 차이, 한국정부의 정책, 성별, 교육 수준 등에 의해 에스니시티가 변형된다.[09] 비한국계 이주노동자와 중국동포 사이의 가장 큰 차이점은 비한국계 이주노동자는 에스니시티가 귀화지향형으로 변용되는 모습을 보이지 않는다.

> 면담자 : 한국에서 어때 조건이 된다면 계속 있고 싶은 생각도 있어요?
> 모 노 : 한국에 저는 자신 없어요.
> 면담자 : 왜요?
> 모 노 : 제가 어디를 가도요. 이상하게 나보고 좋게 받아주거나 내 생각에 는 무시하는 거 같아요. 저를
> 면담자 : 음… 무시하는 거 같아요?
> 모 노 : 제가 아무리 생각해봐도. 모 그렇게 이런데 와서 사실은 무시하 는 거 같아요. 식당가는 거나 어디를 가는 거나 내 생각은 그래 요. 예를 들어서 유럽에서나 미국에서나 오는 거하고 우리가 오는 거 하고 좀 달라요(남, 34세, 방글라데시).

---

09 자세한 내용은 임선일(2010, p179-182)을 참조하시오.

모노의 인터뷰 내용에서 나타나듯이 한국사회에서 이들이 차별을 느끼고 있으며, 국적취득에 관한 법과 제도가 비한국계 이주노동자에게는 엄격하게 적용된다는 점을 고려할 필요가 있다. 한국인과 유지하는 인적 네트워크가 사실상 전무한 상태에서 이들의 출신국의 정체성을 포기하고 한국 국적 취득을 지향하면 출신국의 네트워크와 단절되는 상황을 맞아 생활이 더욱 곤란하게 될 수 있다. 전반적으로 비한국계 이주노동자들은 자연스럽게 구성되어진 출신국 네트워크에 안주하려는 경향을 보인다.

4. 이주민의 문화변용

이주민의 에스니시티 변용은 문화의 변용으로 연결된다. 한국의 이주민 정책은 중국동포와 비한국계 이주노동자에게 차별적으로 적용된다. 중국동포는 한민족이라는 공통의 정체성을 공유하고 있으므로 비한국계 이주노동자에 비해 압도적으로 합법 신분을 유지하는 비율이 높다.

〈표 Ⅳ-8〉 현재 체류자격의 합법성 여부

구 분	체류별	빈도(명)	유효 퍼센트(%)
중국동포	합법체류	217	91.2
	불법체류	21	8.8
	합계	238	100.0
비한국계	합법체류	40	31.5
	불법체류	87	68.5
	합계	127	100.0

제도적으로 우대받는 중국동포 집단은 중국과 한국을 자유왕래 할

수 있는 정책적 배려를 희망하고 있다. 반면에 비한국계 이주노동자는 뚜렷한 집단 목표를 상실한 채 비 합법 상태에서 정주하거나 적당한 시점에 귀환하는 선택을 고려하고 있다.

〈표 IV-9〉 행위 주체와 문화변용 전략

수준	한국사회	중국동포	비한국계
	형식적 주류나 내용적 주변부	소수자 집단	
	광역사회	문화 집단	
국가적	국가정책→ 한국계와 비한국계의 차별성	집단 목표	
		자유왕래	정주 또는 귀환
		문화변용 전략	
개별적	다문화주의 이념→ 최소한의 다문화주의 이념	1. 세대간 차별성 존재 2. 정체성의 혼란	종교와 같은 핵심적 가치를 제외한 생활세계 가치의 적극적인 변용 전략
제도적	획일적이거나 다원적→ 한국계와 비한국계의 차별성	다양성과 공정함	
		비교적 다수 적용	일부적용

* 위 표는 베리의 문화변용 전략의 궤적에 관한 이론을 한국상황에 맞게 필자가 재구성한 것임.

한국인의 개별적인 행동을 살펴보면 아직까지 다문화주의에 대한 깊은 인식이나 이방인을 포용할 수 있는 마음의 자세가 정립되어 있지 않다. 청년 실업률이 증가하면서 이주노동자에 대한 이미지가 일자리를 놓고 경쟁하는 대상으로 여기거나 국제결혼 자체를 단일 민족의 순혈주의가 오염되는 현상으로 오해하는 현상이 곳곳에서 목격되고 있다. 최근 인터넷을 중심으로 다문화 주의에 반대하거나 이주노동자를 혐오하는 주장을 공공연하게 퍼뜨리는 인터넷 카페가 급속하게 확장되고 있으며, 가입 회원도 급격히 증가하는 추세다.

최근 결혼 이주여성이 증가하면서 다문화주의 이념에 대한 공론화가 시작되었지만 한국사회가 이를 완전히 수용하기에는 아직 이르다. 이에 따라 중국동포는 돈을 벌기 위한 방편으로 한국과 중국 사이에서 거취를 고민하고 있을 뿐이며 한국사회에 적응하기 위해 적극적인 문화변용 전략을 구사하는 것도 아니다. 세대 간에 나타나는 태도의 차이를 보면 젊은층은 문화변용에 대해 깊이 고민하지 않고 있으며 중·장년층은 한국에서 정주할 것인가, 중국으로 귀환할 것인가를 저울질하며 문화변용 전략을 고민하고 있다. 반면에 비한국계 이주노동자는 강력하게 출신국으로 귀환하려는 의지를 가진 집단 이외에는 종교와 같은 최소한의 신념만을 남긴 채 문화변용에 적극적이다.010 이들은 한국사회 자신들을 포용하는 다문화주의가 실현되기를 강력히 희망하고 있다. 만일 제도적으로 정착이 가능한 상황이 만들어지면 비 한국계 이주노동자는 적극적인 문화변용 전략을 구사하면서 적응하려 시도할 가능성이 높다.

한국정부는 이주노동자를 비롯한 이주민을 위해 다양한 제도를 시행하고 있지만 제도의 수혜는 집단별로 차이가 있다. 중국동포에게는 재외동포법과 같이 비교적 현실 적합성이 높은 제도적 장치가 있는 반면 비한국계 이주노동자에게 적용될 수 있는 제도적 장치는 외국인 인력의 건강관리나 산업재해 처리에 필요한 최소한의 장치만이 가동될 뿐 근본적인 문제인 장기 체류나 영주는 제도적으로 배제되어 있다. 특히 미등록 신분을 가진 비한국계 이주노동자는 현행법에 의하면 범죄자에 불과할 뿐이다.

반면에 이주민은 이입국 사회에 적응하는 과정에서 네트워크를 주류사회 외부에서 형성한다. 예를 들어 중국동포는 한국사회에 이입하는 초기에는 혈족 관계를 통해 한국사회에 적응하고자 하는 욕구

---

010 마석공단의 비한국계 이주노동자는 기회가 된다면 한국에 정착하기를 원하고 있다. 그러나 모슬렘의 경우 라마단을 반드시 지키고 있으며 평상시에도 돼지고기를 먹지 않는다. 이는 본인이 원해서 그렇게 행동하는 경우도 있지만 출신국 네트워크의 눈에 보이지 않는 압력에서도 기인하는데, 만약 이러한 종교적 율법을 지키지 않는 구성이라고 소문이 나면 출신국 네트워크로부터 철저히 소외당하게 되고 이는 한국에서의 생활세계 구성에 큰 장애를 초래 할 수 있기 때문이다.

를 가지고 있지만 사회적 네트워크의 형성과 활용이 용이한 집단 거주 지역을[011] 중심으로 정착을 시도하고 있다. 비한국계 이주노동자도 역시 한국의 주류사회와 접촉을 확대하지 못하고 있으며 출신국 네트워크를 따라 서울과 경기도를 비롯하여 전국 각지로[012] 정착 공간을 확대하고 있다. 따라서 베리가 문화변용 전략의 궤적 모형에서 상정하고 있는 이입국 사회가 '주류'이며 이민자는 소수자 집단이라는 구도는 '주류사회의 주변부'와 '주변부의 새로운 구성원인 이주민'의 관계로 다시 규정될 필요가 있다.

〈그림 IV-5〉 중국동포와 비한국계 이주노동자의 편입과정

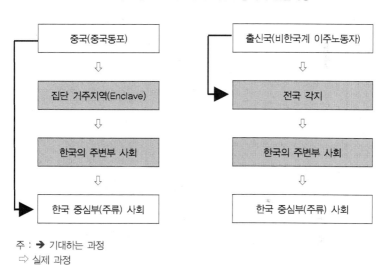

주 : ➜ 기대하는 과정
⇨ 실제 과정

<그림 IV-5>에서 제시된 바와 같이 중국동포는 이입 초기에 중심부사회로 진입을 하는 것을 기대 하지만 시간이 지나면서 집단거주지역을 중심으로 생활세계를 형성하게 되며 주변부 사회에서 정착을

---

011 예컨대 가리봉동을 중심으로 하는 대림동, 구로동 지역의 엔클레이브와 같은 곳이다.
012 본 논문을 위한 현장 조사가 이루어진 마석도 이와 같은 지역의 한 곳이다.

시도한다. 그러나 비한국계 이주노동자는 처음부터 한국사회의 중심부로 진입하겠다는 의지를 가지고 있지 않다. 이는 한국인과 친·인척 관계로 연결된 친족 네트워크가 전무하기 때문이다. 이들은 전국 각지에 흩어져 있는 출신국 네트워크를 따라 정착하게 된다. 그러나 한국계와 비한국계를 막론하고 이주노동자 집단은 아직 사회의 주변부에 체류하면서 에스니시티와 문화의 변용을 경험하고 있다.

제4장 마무리

한국사회에는 민족적 정체성을 공유한 중국동포와 그렇지 않은 비한국계 이주노동자가 이입하여 있다. 이들은 한국사회에서 생활세계를 영위하면서 문화충격을 경험하게 되고 이는 내재되어 있던 에스니시티의 변형을 동반한다. 에스니시티의 변형은 곧 문화변용의 형태로 나타나는데 중국동포와 비한국계 이주노동자의 문화변용 형태는 다르게 나타난다. 이는 문화적·역사적 배경이 전혀 다른 집단이기 때문에 상이하게 나타나는 현상이지만 한국사회에서 이들에게 적용되는 법제도와 같은 현실적 상황도 문화변용의 상이한 유형변화에 한 몫을 차지하고 있다. 이 연구에서는 중국동포와 비한국계 이주노동자가 한국사회에 적응하면서 발생하는 문화변용의 정도와 유형, 그리고 문화변용의 기제에 대한 분석이 시도되었다.

연구 결과 중국동포와 비한국계 이주노동자가 초기 이입시 가지고 있던 에스니시티가 변용을 일으키고 있었으며 그 변형 유형은 다르게 나타나고 있었다. 에스니시티 변용을 통한 문화 변용 역시 한국사회가 이들에게 적용하는 개별적, 제도적, 국가적 수준에서의 전략이 차이가 나는 만큼이나 문화변용의 궤적 또한 다르게 나타났다. 그러나 두 집단 모두 한국의 주류사회와는 접촉면이 발생하지 않기 때문에 하층사회와의 교류를 통해 문화변용이 되거나 또는 그들만의 자체 네트워크 속에서 한국사회에 서서히 적응하는 것으로 나타났다.

이주민이 한국사회로 처음 이입할 때는 돈을 벌기 위한 목적을 가지고 있었다. 그러나 체류 기간의 장기화와 함께 정체성의 혼란과 에스니시티의 변형을 경험하게 되며 이는 곧 문화변용으로 연결된다. 그러나 한국계 이주민과 비한국계 이주민이 겪는 적응과정과 문화변용의 유형은 다르게 나타나고 있다. 이러한 현상은 두 집단이 가지고 있는 역사적·문화적 배경의 차이에 기인하고 있다. 여기에는 집단에 따라 적용되는 제도가 다른 것도 영향을 미친다.

중국동포는 한국인과 민족적 정체성을 공유하면서도 중국 공민이라는 정체성을 유지하고 있으므로, 이중 정체성을 가지고 있는 집단이다. 이입 초기에는 한국사회의 주류에 편입될 수 있다는 기대감을 가지고 있었지만 한국사회의 차별과 문화적 이질성을 넘어서지 못하면서 이들은 한국계 이주민의 엔클레이브를 자연스럽게 형성한다. 신규 이입자는 중국동포 집단 거주지역을 통해 한국사회에 정착한다. 그러나 결국 한국사회의 주류에는 편입되지 못하고 주변부에 위치하게 된다. 이 과정에서 정체성의 혼란을 겪게 되는 중국동포들은 한국과 중국 어느 곳에서도 완전한 정착을 희망하고 있지 않으며 두 나라를 자유롭게 오갈 수 있는 '자유왕래'를 보장할 수 있는 지위를 바라고 있다.

반면 비한국계 이주노동자는 처음부터 한국사회의 주류에 편입될 수 있다는 기대감을 가지지 않은 상태로 출신국의 네트워크를 이용해 한국사회에 이입한다. 그러나 중국동포와는 달리 장기 체류를 허용하는 제도적 혜택을 받지 못하는 이들은 전국 각지로 출신국 네트워크를 통해 이동하고 정착한다. 한국사회에 적응하면서 이들 사이에서도 문화변용이 일어나지만 종교와 음식 같은 핵심적 가치는 변용되지 않는다.

결국 두 집단 모두 제도적으로는 한국사회에 완전히 정착했다고 보이지 않는다. 일반적으로 이주민의 정착은 이입국 사회의 구조와 이주민 개인의 상황이 조응하면서 이루어진다. 한국사회는 이주민의 정착에 대해 호의적인 제도를 마련하고 있지 않다. 그러나 법과 제도로 대표되는 한국사회의 강력한 배제 구조는 이주민이 생활세계에서 경험하는 '문화변용' 현상과 갈등을 일으키고 있다. 이주민은 실질적으로 '한국화' 되어 가고 있는 것이 현실이다. 세계화 시대의 한국의 자화상은 '차별'과 '배제'가 아닌 '포용'과 '화합'이 되어야 한다. 한국정부도 제도적으로 포용정책을 구상하고 한국인의 차별적 시선을 교정할 수 있는 조치를 강구할 필요가 있다.

참고문헌

강수돌. 1996. 『외국인 노동자 고용 및 관리실태와 정책대안』. 한국노동연구원.

김영란. 2008. "한국사회에서 이주노동자의 사회문화적 적응에 관한 연구". 『담론201』. 제11권 2호

김영주. 2009. "음식으로 본 한국 여성결혼이민자의 문화적 갈등과 적응 전략: 충청남도 농촌 거주 여성결혼이민자를 중심으로". 『농촌사회』. 제19집 1호.

김현미. 2008. "이주자와 다문화 주의". 『현대사회와 문화』. 연세대학교 사회발전연구소.

문형진. 2008. "한국내 조선족 노동자들의 갈등사례에 관한 연구". 『국제지역연구』. 제12권 제1호.

박경태 외. 1999. "국제노동력 이동과 사회적 연결망: 경기도 마석의 필리핀인 노동자집단을 중심으로". 『한국사회학』. 제33호.

박경태. 2005a. "이주노동자를 보는 시각과 이주노동자 운동의 성격". 『경제와 사회

제67호.

_____. 2007. 『인권과 소수자 이야기』. 책세상.

설동훈. 1996a. "한국사회의 외국인 노동자에 대한 사회학적 연구: 외국인 노동자의 유입과 적응을 중심으로". 서울대학교 박사학위논문.

_____. 1996b. "외국인 노동자의 임금수준 결정의 역동성. 1992~1996년: 한국의 사례". 『한국사회학회』.

_____. 1997. "외국인 노동자와 한국사회의 상호작용". 『노동문제논집』. 제13호.

_____. 1999. "외국인노동자와 한국사회". 『서울대학교 사회발전연구총서』. 서울대학교 출판부.

_____. 2000. 『노동력의 국제이동』. 서울대학교 출판부.

_____. 2001. 『외국인 노동자. 현대판 노예인가 외국인 용병인가』. 생각의 나무.

_____. 2003a. "한국의 외국인 노동운동. 1993~2003년: 이주노동자의 저항의 기록". 『진보평론』. 제17호.

_____. 2003b. "한국의 외국인력제도의 문제점과 대안". 『이주노동자 문제와 대안』. 민주화운동기념사업회 연구소.

송병준. 1997. "외국인 노동자의 현실과 미래". 미래인력연구센터.

유명기. 2002. "민족과 국민사이에서: 한국 체류 조선족들의 정체성 인식에 관하여". 한국문화인류학회. 제35권 1호.

이왕재. 2001. "중국동포의 대(對)한국 인식도에 관한 실증분석과 정책 제언". 『한국정책학회보』. 제20권 제2호.

이욱정. 1999. "국내 방글라데시 노동자들의 생활 실태와 적응전략에 관한 사례연구". 서울대학교 대학원 인류학과 석사학위논문.

정기선. 1996. "국내 외국인 취업자의 사회심리적 적응". 『한국사회학회』.

정현숙. 2004. "문화 간 커뮤니케이션 갈등에 관한 연구: 한국에 거주하는 외국인 노동자의 체험담을 중심으로". 『커뮤니케이션학』. 제12권 3호.

Berry, J. W. 1980. Acculturation as varieties of adaptation. In A. M. Padilla(Ed), *acculturation: Theories, madels and findings*(pp. 9-25). Bouder, CO; Westview.

_____. 1990. Psycology of acculturation: Understanding individuals moving between culture. In R. Brislin(Ed.)Applied cross-cultural psycholgy (pp. 232-253). Newbury Park, CA: Sage.

_____. 1997. Immigration, acculturation and adaption. Applied Psycology: An International Review, 46, 5-34.

Furnham, A. & Bochner, S. 1982. Social Difficulty in foreign culture: An empirical analysis of culture shock. In S. Bochner (Ed), Cultures in contact: Studies in cross-cultural interactions (pp.161-198). Oxford: Peramon.

Furnham, A. 1985. Why do people save? Attitudes to, and habits of, saving maney in Britain. *Journal of Applied Social Psychology, 15,* 354-373.

Lin, K. Tazuma, L. and Masuda, M. 1979. Adaptational problems of Vietnam refugees: health and mental status. *Archives of General psychiatry,* 36, 955-961

Naidoo, J. 1985. A cultural perspective on the adjustment of South Asian women in Canada. In I. R. Langunes and Y. H. Poortinga(Eds), *from a different perspective: Studies of behavior across cultures* (pp. 76-92). Lisse, The Netherlands:Swets & Zeitlinger.

Pruitt, F. K. 1978. The adaptation of African students to American society. *International journal of Intercultural Relations, 21,* 90-118.

Sam, D. L. & Berry, J. W. 2006. Acculturation Psychology, Cambridge

University Press.

Shisana, O. and Celentano, D. D. 1987. Relationship of chronic stress, social support and coping style to health among Namibian refugees. *Social Science and Medicine, 24,* 145-157.

Ward, C. and Chang, W. C. 1997. Cultural fit: A new prespective on personality and sojourner adjustment. *International Journal of Intercultural Relations, 21,* 525-533

05

귀화 조선족의 정체성과 국적의 탈신성화

김현선

# 제1장 머리말

2009년 현재 한국에 거주하는 불법·합법을 포함한 장·단기 전체 체류 외국인은 백 십만(1,168,477명)인데 이 중에서 전체 체류 조선족은 37만 7천명으로 32% 이상을 점하고 있다. 이것은 한국에 체류하는 전체 외국 국적 동포(430,104명)의 87.8%에 해당하는 비중이다(법무부, '출입국·외국인정책 통계연보'. 2009). 2000년대 이후의 기간은 조선족이 국내 입국하기 시작한 초기였던 1990년대와 달리 한국 사회에 정착화 하는 현상이 나타난 점에서 구분된다. 조선족이 최대 규모의 이주자 집단으로 증대한 것을 비롯하여 서울의 구로구 주변 지역에 형성된 조선족 타운, 이미 1990년대 초창기부터 현재까지 지속되는 결혼이주, 한국 귀화자의 증대가 이를 반영한다.

법무부 집계에 의하면 2009년 현재 한국 국적을 취득(귀화자+국적회복자)한 전체 조선족은 6만 5천여명이다. 이들과 같은 한국 국적자를 포함할 경우 국내 체류하는 전체 조선족 인구는 2009년 현재 45만명 정도로 추산된다. 1990년대에는 국내 이주하는 많은 조선족이 한국과 중국을 왕래하면서 한국사회에서 일시적인 체류자로 존재했던 것에 반해서, 2000년대 이후에는 한국사회에 영주하려는 사람들이 눈에 띄게 나타나기 시작했다. 1990년대는 거의 미미했던 귀화자수가 2001년을 기점으로 단기간내에 급증하여 최근에는 불규칙하지만 매년 대략 1만명 안팎의 조선족이 한국 국적으로 바꾸고 있다.

조선족의 입장에서 볼 때 한국으로 귀화하는 현상이 나타난 것은 1990년대에 비해서 주목되는 변화이지만, 한국사회에서도 조선족의 한국국적 취득은 유의미한 변화를 수반하고 있다. 2000년 이전까지는 한국에 '귀화'한 전체 외국인 수는 의미없을 정도의 미미한 수치였다. 2000년까지 외국인의 한국 귀화자는 매년 몇십명에서 최대 200명 정도에 지나지 않았다. 2009년까지 한국으로 귀화한 전체 인구는 8만3천명(83,097명)인데, 이 중에서 전체 귀화자의 98.5%인 8만1천명(81,817명)이 2001년 이후 2009년까지의 불과 9년 동안에 귀화한 것이다(표Ⅴ-2).[01] 즉 과거 50여년 동안 한국사회에 귀화한 전체 인구(1,280명)의 대략 64배에 달하는 귀화자가 최근 9년 동안 국적을 취득했다. 이처럼 한국 귀화자 수가 급증한 주된 요인은 뒤에서 살펴볼 것이지만 조선족의 귀화자가 급증한 것과 맥락을 같이 한다.

위와 같은 현실을 고려하여 이 글은 국내 체류하는 조선족 중에서 한국국적을 취득한 사람들을 대상으로, 한국국적으로 변경하는 배경과 과정 또 국가 민족 등의 귀속의식 및 아이덴티티를 한국 국적제도의 맥락에서 살펴보고자 한다.

---

01 외국 국적자가 한국 국적을 취득하는 방법은 앞으로 설명할 것이지만 크게 '귀화'와 '국적회복'의 두 가지이고, 양적으로 '귀화'가 가장 일반적인 형태이다. 외국인은 '귀화'를 통해서, 조선족과 같은 한국계 동포의 경우 '회복'의 방법도 가능하다. 이 중에서 위의 수치는 '귀화'의 방법으로 한국 국적을 취득한 인구이다. 즉 '국적취득'은 '귀화'와 '국적회복'의 두 가지를 포함한다. 단 여기에서는 두 가지를 구분해야 할 경우 이외에는, 일반 사회적으로 통용되는 '귀화' 용어를 '국적취득'과 같은 표현으로 병행하여 사용하였다.

제2장 연구쟁점 및 방법

1. 이주자와 통합·배제의 동학

국적은 각 정치공동체의 구성원을 정의하는 제도이다. 하지만 이 것은 법률적이고 형식적인 측면에서 국민의 자격과 권리 요건 등을 명문화된 법적 조항으로 규정하는 틀로 그치지 않는다. 국적 (citizenship)[02]은 정의상 내부 공동체 구성원의 자격을 규정하는 것

[02] '국적'제도에 대응하는 용어는 citizenship이고 이것은 현재 '시민권' '시티즌십' 등의 용 어로 번역되어 사용되고 있다. 본문에서 서구의 citizenship논의가 참조되어 개념상 혼 돈의 여지가 있을 수 있으므로 간단하게나마 용어사용을 밝힐 필요가 있겠다. 결론적으 로 이 글에서는 한국에 존재하는 제도인 '국적'을 대상으로 하고, 이 표현을 그대로 사용 하는 것이다. 한편, 이에 대응하는 citizenship은 한국의 국적과 일치하지 않는다. citizenship의 표현도 다양해지고 그 연구의 범위도 매우 포괄적으로 생각되는데, 키비 스토·페이스트의 지적대로, 서구에서 이 용어는 다중의 내용을 포함하고 있다고 생각한 다. 크게 구분하면, 하나는 법적 구성원의 자격 즉 국적과 관련되는 내용이고, 또 하나 는 법적 자격과 관련되지만 확대된 이주자·여성·흑인·장애인 등 소수자집단의 참정 권·인권 등 '사회적 제권리'의 내용이다. 예를 들어, 위의 키비스토의 citizenship의 논 의는 둘 다를 포괄하여 선행쟁점을 재정리 서술하고 있고, 블루베이커는 이 중에서 특히 첫째 국적의 내용을 역사사회적 관점에서 분석하고 있다. 최근 000 citizenship의 새로 운 용어로 연구되는 대다수 글은, 국적과 사회적 권리의 두 측면을 아우르고 있다. 이 글 의 주제는 첫째와 관련되는 것으로 법적인 측면의 형식적인 구성원 자격에 초점을 둔 포

이므로, 키비스토와 페이스트의 지적대로 '불가피하게 포함과 배제의 변증법적 과정을 포함'(Kivisto·Faist, 2007: 1-2)한다. 즉 국적은 한 사회에서 누구를 구성원(국민)으로 포함하고 또 누구를 배제할 것인 지를 규정함으로서 국가 내·외의 사람들을 범주화하고 이를 근거로 권리와 의무를 제공하거나 박탈하는 등 개인의 삶에 영향을 끼치는 제도로 기능한다. 바로 이런 점에서 국적은 한편으로는 구성원 범주에서 배제된 집단의 목소리를 파악하는 통로로서, 다른 한편으로는 한 사회의 성격을 유추할 수 있는 제도인 점에서 연구의 가치가 있을 것이다.

일례로 브루베이커(Brubaker Rogers)는 국적(citizenship)제도가 근대 국민국가의 출현과 맥락을 같이하는 '폐쇄의 도구'라는 입장에서 프랑스와 독일의 사례를 분석한다. 비국민에 대한 자국 영토의 출입국을 통제하는 것을 비롯하여 참정권이나 병역 귀화 등의 권리에 대해 내부자와 외부자를 구분하고 폐쇄하는 기준의 국적이며 상황에 따라서 폐쇄의 수준이 달라진다고 설명한다(Rogers, 43-63). 그는 프랑스와 독일에서 이주외국인을 자국민과 구별하고 배제하는 정책이 역사적으로 어떻게 실천되고 변동되어 왔는지를 설명하고 있다.

그러나 국적을 기준으로 비국민에 대해 국민국가를 폐쇄하는 장치는 다른 측면에서 보면 내부자인 국민의 권리를 보호하는 장치로 작동한다. 이글의 주제에 비추어서는 국적 제도가 가지는 폐쇄와 포섭의 측면을 동시에 파악할 필요가 있다. 즉, 국적 제도가 발휘하는 기능인 통합과 배제를 종합적인 시각에서 파악하는 것이 도움이 될 것

함과 배제를 다루는 것이고, 위와 같은 사회적 제권리의 범주는 포함하지 않는다. 따라서 굳이 서구의 관련용어를 다시 번역하여 사용할 경우 원어의 다의성과 국적개념과의 불일치로 인해서 분석의 개념이 모호해질 수 있으므로, 한국에 존재하는 '국적'의 제도와 표현을 사용하고 있다. 단 둘째를 포괄하는 것일 때에는(2장의 기존논의에 특히 해당되는 데), 중의적인 내용을 나타내기 위하여 '국적(citizenship)'으로 표기하거나 또는 한국어 '시티즌십'으로 사용하였다. 그 외 본문에서는 '국적'과 해당하는 '권리'의 표현을 구분하여 사용하여 혼란을 피하도록 하였다.

이다. 현대사회에서는 대부분의 경제적으로 발전한 국가는 이주자의 증대로 인한 사회변동을 경험하고 있다. 한국사회에서도 이는 2000년대 이후 중요한 사회현상이 되고 있다.

지구화로 인해 제기되는 국적(citizenship)에 대한 이론 및 현실과 관련한 논의를 키비스토와 페이스트는 몇 가지 쟁점으로 정리하고 있다. 특히 이 글의 주제인 귀화와 관련하여 통합과 배제를 다루는 시각이 주목되고 있다. 이들은 서양의 주요 이민국가인 미국과 캐나다 등을 사례로 외국인 및 소수자 집단에 대해서 제반 권리와 자격 등을 수용해 온 역사적 경험을 설명하고 있다. 특히 이주 외국인에 초점을 맞추어 국적과 통합의 관계를 볼 때 주목되는 설명이 있다. 외국인의 귀화가 20세기 초반까지도 일부의 민족과 인종에게만 허용되었으며, 민족 차별을 전제로 국적취득 자격을 부여하였기 때문에 새로운 미국과 캐나다에는 국민으로 편입되는 과정을 매우 제한적이고 폐쇄적으로 규제해 온 경험이 남아 있다는 점이 지적되고 있다. 20세기 이후에는 아시아인 등의 '비백인'을 규제하던 과거 인종주의에 입각한 배제의 원리가 완화되어 점차 미국, 캐나다 등의 이민국가 등에서 비백인 이주 외국인의 귀화를 받아들이는 수용적인 태도가 확산되었다(Kivisto and Faist, 15-48). 물론 배제의 원리는 정치적 이데올로기와 성별을 기준으로 지속적으로 적용되었다. 흑인과 여성의 참정권과 같이 비주류인 소수자 집단이 평등한 권리와 자격 획득을 위해서 투쟁해 온 것은 주지의 사실이다.[03]

특히 국적문제와 관련하여 발견되는 변화는 과거 단일국적 중심에

---

03 이후 20세기 후반과 21세기 현재 지구화 시대 인구이동의 흐름으로 인해 이주자 및 소수자 집단에 대한 차이와 권리를 보다 확대하고 인정하는 방향의 이른바 다문화주의의 흐름이 진행되고 있다. 이들은 '다문화주의를 과거 동화주의 논리에 대응한 새로운 통합의 양식'(Kivisto · Faist, 2007: 34-40)으로 설명하는데, 실제 현실적으로 개념과 실천의 차이는 있지만 많은 국가에서 다문화주의를 사회정책으로 실천해 오고 있고, 한국의 경우에도 최근 5년여 전부터 이주외국인 문제와 관련하여 다문화주의는 정부 정책의 하나가 되었다.

서 복수국적을 허용하는 국가들이 점차적으로 증대하는 분위기이다. 이들의 검토에 따르면(Kivisto and Faist, 102-129), 캐나다 미국 호주 등의 나라가 복수 국적을 허용하거나 아니면 이중국적자에 대해 묵인하거나 관심을 보이지 않는 태도를 보여 이를 직간접적으로 인정하는 경향이 나타나고 있다. 이들에 의하면 국제분쟁이나 병역 문제 등의 이유로 인해 기피 대상으로 취급되던 이중국적에 대한 인식이 개선된 것에는 몇 가지 요인이 작용하였다. 즉 지구화의 흐름과 이에 따른 이주자의 증가, 페미니스트 운동, 이민 송출국의 이해관계 변화, 제국의 해체와 같은 현상을 거론할 수 있다 .

국민형성의 관점에서 볼 때 국적 제도의 내용 중에서도 귀화 자격에 대한, 규정과 외국 국적 인정에 대한 규정 쟁점이다. 전자는 누구를 국민으로 받아들이는 지를 규정하는 문제이고, 후자는 과거 일국가 일국민이라는 원칙을 뒤흔드는 새로운 인식이기 때문이다. 그럼에도 불구하고 위와 같이 과거 국적제도는 변화하고 있는 현실이다. 현재 서구에서 '초국가, 네스트(nest), 다문화, 초국적, 지구화, 코스모폴리탄 시티즌십 등등 논자에 따라 다양한 새로운 용어들이 사용'(Kivisto·Faist, 2007: 12)되고 있다. 이러한 많은 새로운 용어의 등장은 과거 일국가 단위의 일국민 형성을 전제로 한 국적 제도가 좋던 싫던 변모하는 현실을 반영하는 것에 다름 아닐 것이다.

한 개인은 한 국가 내에 각각 귀속된다는 근대적 관념의 한계와 불합리가 나타나면서 국적 제도는 이미 서구에서도 1990년대 이래, 그리고 한국사회에서는 뒤에서 살펴보는바와 같이 2010년을 기점으로 본격적으로 재조정되고 있다. 그리고 이러한 변화는 역사, 정치, 경제, 군사, 국제 관계 등에 의해서 외관상 국적 개념의 유연성이 확대되는 방향으로 진행되어 왔다. 한국사회도 키비스토의 표현에 따르면 '통합 양식으로 기능하는 다문화주의'를 정부주도 하에 위로부터 도입했다. 따라서 비록 다문화주의를 인식하고 실천한 기간이 짧은 한국사회에서도 국적 문제에 대해 관용적인 정책이 확대되는 긍정적인 효과가 나타나고 있는 것이 현실이다. 제한적이지만 정부는 외국인의 공무담임권과 참정권을 인정하였으며 취업 가능한 직종을 확대 하였다. 2010년에는 제한적으로 복수국적을 허용하는 방향으로 국적법이 개정 되었다.

일반적으로 국적 문제를 둘러싼 통합과 배제의 원리는 동시에 작동하며 다만 시대적 상황과 대상 집단에 따라 차이가 발생하는데 불과하다. 한국사회에서도 모든 외국인에 대해 평등하게 권리가 확대된 것이 아니다. 외국인과 한국계 외국인의 권리는 차이가 있다. 한국계 외국인이나 해외동포에 대해서도 경제력이나 이념적 성향을 기준으로 포섭과 배제 기제가 선택적으로 작동하였다. 한민족 내부에서도 차별과 폐쇄가 동시에 존재하는 양면성이 있다. 현재의 한편에서는 교포를 우대하는 포섭과 수용 정책이 실시되고 있지만 다른 한편에서는 국내 입국을 허가하던 '조선적' 재일코리안의 입국을 다시 금지하는 폐쇄적인 태도가 병존한다.04 이것은 가장 일차적이고 직접적인 '폐쇄의 수단'인 영토의 출입을 금지하는 배제 방식이며 다문화 담론과 다문화 정책이 국내에서 유사하게 반복적으로 나타나는 것에 대비되는 모습이다.

국적제도 중에서 특히 귀화는 외국인 중에서 일정정도 자격을 갖춘 사람으로 대상을 제한하는 폐쇄적인 제도이다. 한국사회는 혈통주의와 단일국적주의를 근간으로 외국인의 수용을 제한하는 폐쇄적인 국적 제도를 건국 이후 유지해 왔다. 역설적으로 귀화문제정책의 변화에 대한 고찰은 한국사회가 과거와 달리 새롭게 국민을 재형성하는 과정과 방향에 대한 분석이라는 의미를 가지고 있다.

---

04 조선적의 국내 입국을 허용한 것은 1990년대 이후 최근부터이다. 오랫동안 조선적 재일코리안은 비국민으로 취급되어 한국 영토의 입국을 금지당해왔고, 2000년을 즈음하여 일시적이고 번거로운 절차를 통해서나마 입국에 대한 자유가 허용되어 왔던 것에서, 최근 다시 조선적 재일코리안의 국내입국을 종종 허가하지 않고 있다.

2. 연구방법

여기에서는 관련 법률과 통계자료 등을 주요 일차자료로 활용하여 분석하였다. 국적법을 비롯하여 관련 법령과 법무부 통계연보 등을 한국 국적제도와 귀화자 현황 등을 파악하는 데 주로 사용하였다. 또한 한국국적을 취득한 조선족을 대상으로 심층면접을 진행하였다. 이 중에서 현지조사와 선행연구에 대한 고찰을 통해 파악되는 일반적인 귀화 유형에 해당한다고 여겨지는 1인을 중점적으로 분석하였다. 심층면접하거나 간단히 청취한 3-4명의 귀화 조선족에 대한 조사에 덧붙여 대표적인 사례를 추출에 집중적으로 분석한 이유는 귀화의 유형이 유사하게 반복적으로 나타나기 때문이다. 이를 통해서 사례연구이지만 문헌자료와 기존 논의를 종합하여 일반적인 유형을 도출하기 위한 시도를 하였다. 심층면접한 귀화자 인적사항은 아래와 같다<표 V-1>.

〈표 V-1〉 귀화 조선족 인적사항[05]

이름(가명)	성별	연령	국적	입국년도	귀화연도	직업	출신지
최태성	남	60대	한국	2006	2008	농촌/건설노동	흑룡강성
권오철	남	20대	한국	2006	2007	공장노동	길림성
김호준	남	30대	한국	2003	2008	보험설계사	흑룡강성
박승미	여	20대	한국	2003	2010 신청	중국어 강사	길림성

05 제시한 사항 중 '입국년도' 항목은 2회 이상 한국에 입국과 재입국 등을 반복한 경우에는 2009년 인터뷰 당시 기준으로 가장 최후에 입국한 년도를 표기한 것이다. 2009년 현재 거지역은 서울의 구로와 영등포구 또 경기도(부천, 성남)이며 김호준씨 이외에는 모두 기혼자이다. 그러나 한국에서 배우자를 만나 결혼한 권오철씨와 박승미씨 외에 최태성씨는 단신 이주하여 현재 중국의 가족(부인)과 떨어져 홀로 살고 있다.

박승미씨는 한국남성과 결혼한 사례인데 면접 당시 2009년 10월에는 신청 전이었으나, 2010년 6월 국적을 신청하여 연구대상으로 포함하였다. 위의 네명의 심층면접은 2009년 9월에서 10월의 기간에 진행하였다. 여기에서 사용한 자료는 성공회대 노동사 연구소가 서울시의 구로·영등포구 일대를 중심으로 2009년 1년여 기간에 집중적으로 진행하였고 그 후 2011년 4월 현재까지 간헐적으로 진행한 조사의 결과이다. 대림동·가리봉동의 조선족 타운 답사, 관련단체 방문, 설문지 조사, 면접 등의 방법이 사용되었다.

제3장 한국 국적제도와 조선족의 국적취득 현황

1. 포섭과 폐쇄의 국민수용

1948년 건국 이래 2010년까지 국적법의 기본 원리는 혈통주의와 단일 국적 제도를 근간으로 구성되어 왔다. 혈통주의 원칙은 1998년에 양계혈통주의를 근간으로 국적법이 개정되면서 일단 완화되었다. 이와 함께 외국인에 대해 배타적이고 폐쇄적인 국민형성의 기조가 다소 개방적으로 변화하여 왔다. 그러나 한국의 국적법은 출생지주의적 요소가 거의 적용되지 않는 채 혈통주의를 근간으로 하기 때문에, 귀화하려는 외국인에게는 여전히 폐쇄적이다. 한국의 국적제도가 변화하는 과정에 대해 중국동포인 조선족을 중심으로 살펴보면 다음과 같은 법률 개정이 중요한 전환점을 이루고 있다.

첫째, 국적취득의 기본요건을 규정하는 국적법을 살펴보면 원래 부(父)를 기준으로 한국 국적을 부여했지만 1998년에 부모양계혈통주의로 바뀌었다(국적법 제2조). 만일 한국 국민인 여성이 외국인 남성과 결혼하여 자녀가 출생할 경우에 1998년 이전에는 한국국적이 부여되지 않았지만 그 이후에는 출생과 동시에 자동적으로 자녀에게 한국 국적이 부여된다. 이것은 해외 이주하거나 체류하는 여성에게도 물론 해당된다. 국내로 이주한 외국인이 한국인과 결혼하여 가족을 만들고 2세를 출산하는 경우에도 이른바 다문화가정의 자녀들이 한쪽 부모의 국적과 무관하게 한국 어느 쪽에 상관없이 평등하게 국적을 취득할 수 있다. 혈통주의 원칙 내에서의 변화이지만 1998년의 국적법 개정은 1948년 이래 대한민국 국적법의 역사에서 나타나는 첫번째 두드러진 변화이다.

둘째, 2010년 5월 개정되어 2011년 1월부터 시행되고 있는 국적법에 주목할 필요가 있다. 지금까지 60년간 변동없이 지속되던 단일 국적 원칙을 폐기하고 제한적이나마 복수국적을 인정하였으며 또한 제한적이지만 귀화의 요건을 완화하였다. 현재 시행초기이므로 효과는 진단하기 어렵지만 개정 내용은 지금까지 한국에서 통용되던 국민의 범주를 바꾸고 있다. 우선 외국인의 귀화의 자격을 완화한 것은 전체적으로 포섭적인 방향이라고 할 수 있다. 그러나 개정된 국적법은 특별 귀화의 대상을 '국익' 논리에 의한 전문 기술 엘리트 중심으로 제한하고 있으며 선별적인 성격이 짙어졌다는 점을 지적할 수 있다.[06] 또한 단일 국적의 원칙이 일부 해체된 점도 중요하다. 복수국적자로 생활하는 것이 가능하게 되었으므로 개방적으로 바뀐 것이라고 할 수 있다. 그러나 이는 선천적 요인에 의한 이중국적자 등에게 제한적으로 적용되는 조항이다.[07]

---

[06] '특별귀화 요건'을 규정한 제7조에서 3항을 새롭게 신설했는데, 해당되는 자격은 '과학, 경제, 문화, 체육 등 특정분야에서 매우 우수한 능력을 보유한 자로서 대한민국의 국익에 기여할 것으로 인정되는 자'('국적법', 2011)이다. 이들은 외국인에게 귀화의 요건으로 요구되는 국내 거주기간의 조건을 받지 않고 귀화할 수 있다. 그리고 정부에서 밝힌 개정이유는 '우수 외국인재의 유치·확보를 통하여 국가 경쟁력 강화'에 기여할 수 있기 때문이라고 말하고 있다.

[07] 2010년 국적법 개정은, 이전 국적법에 비해서 한국으로 귀화하는 사람들에 대해서는 제한적이지만 개방적인 태도를, 반대로 외국국적을 취득하여 한국국적을 이탈하고자 하는

셋째, 국내 이주한 교포의 국적취득과 관련하여 눈에 띄는 규정은 2004년 4월에 작성된 '외국국적 동포의 국적회복 등에 관한 업무처리 지침'(법무부, 예규 제729호)이다. 이 지침에 따라 조선족 1세의 한국 국적 회복이 가능하게 되었으며 결과적으로 조선족이 귀화할 수 있는 기회가 확대되었다. 국적법에서 규정하는 외국인의 한국국적 취득에는 '국적회복'의 방법이 있다('국적법', 제9조). 즉 '대한민국 국민이었던 외국인'이 다시 한국국적을 취득하고자 할 경우 일반귀화와 별도로 회복의 방법을 통해서 가능하다. 회복의 조항을 해석하면 식민지 시기에 조국을 떠나 중국 및 러시아 일본 등지에 거주하는 교포는 1948년에 대한민국이 건국되기 이전에 이주하여 대한민국 국적을 보유한 적이 없으므로 원칙적으로 국적 회복의 대상이 되지 않는다. 법무부의 예규 729호 제3조는 1949년 10월 1일 이전에 중국으로 이주했거나 중국에서 출생한 동포를 대한민국 국적을 상실한 자로 규정하고 한국국민의 자격을 소급하여 부여하였다. 뒤의 <표 Ⅴ-2>에서 나타나지만, 실제 이 예규가 시행된 직후인 2005년에는 전년도에 비해서서 회복자가 2배 이상 급증하였고 이후 현재까지 매해 대략 2, 3천명 이상의 조선족이 한국 국적을 '회복'의 방법으로 취득하고 있다.

넷째, 이상과 같이 중국동포에게 국적취득 기회를 개방하는 조치는 한국에서 '외국국적 동포'에 대한 법적 정의가 확대되는 과정과 연계되어 진행되어 왔다. 1999년에 공포, 시행된 '재외동포의 출입국과 법적 지위에 관한 법률'이 가지고 있는 차별성을 해소하기 위하여, 2004년에 개정한 법조문에는 재외동포의 범주가 확대되어 대한민국 건국 이전에 해외 이주한 동포도 포함하였다. 2004년 이후 '동

사람들에 대해서는 그 조건을 다소 규제하는 방향으로의 변화가 특징이다('국적법', '개정이유', 2011). 즉 한국국민으로 되려는 자들에 대해서 포섭적 개방적 완화의 태도를, 반대로 한국국민을 이탈하는 자들에게는 더욱 폐쇄 제한하는 방향의 개정으로 보인다.

포'로서의 법적 지위를 획득한 조선족은 국내 이주가 과거에 비해서 자유로워졌고, 자연스럽게 '국적회복'을 요구할 수 있는 자격이 주어지게 되었다. 결국 식민지 시기에 이주한 코리안 디아스포라에 대한 포섭적인 정책은 현재 전체 체류 외국인의 30% 이상과 한국국적 취득자의 대다수가 조선족으로 구성되는 결과를 가져왔다.08

이상과 같이 한국의 국적 정책을 살펴보면 이주 외국인을 국민으로 수용하는 문제에 대해서는 현재 폐쇄적인 정책과 개방적인 정책이 동시에 시행되고 있다. 외국 국적 동포가 아닌 일반 이주 외국인에게 적용되는 귀화 요건은 별로 달라진 내용이 없다. 출생지주의를 적용하거나 이주자 2세에 대해서는 보다 포섭적으로 귀화정책을 실시하는 나라와 비교하면, 한국은 본인이 신청하지 않으면 국내에서 출생했다거나 오래 거주했다는 이유로 자동적으로 국적을 부여하지 않는다는 점에서 배타적이다. 예를 들면, 국내 거주기간이나 이주자 2세의 출생, 한국인과의 혼인 등은 한국 국적을 신청할 수 있는 요건이 된다. 그러나 이것이 한국 국적을 자동적으로 취득하거나 발급받는 자격이 되는 것은 아니다. 어떠한 경우에도 본인의 자발적인 의지와 선택으로 국적을 신청하고 심사를 거쳐 부여받아야 한다.

그러나 한국의 귀화 및 국적정책은 2000년대 이전의 과거와 비교하면 점차 개방적으로 변화하고 있는 경향을 보이고 있다. 또한 일반 외국인에 대한 처우와 비교하여 볼 때 한국계 동포에 대해서는 상대적으로 수용적이고 개방적인 방향으로 정책변화가 진행되어 왔다. 이와 같이 한국 혈통을 우대하는 국적정책은 다음 절에서 살펴

---

08 이외에 한국체류와 관련한 제반 노동 사회적 권리 및 체류자격과 관련하여도 동포중심으로 시행된 정책을 볼 수 있다. 현재 진행중인 2007년도부터 시행된 '방문취업제(H-2)'(출입국관리법시행)는 무연고 조선족의 입국기회와 국내 취업활동의 범위를 확대하였다. 방문취업제의 시행으로 2009년 현재 국내 체류하는 조선족 대다수의 체류자격이 방문취업(H-2)으로서, 전체 등록조선족 363,087명 중의 82%인 298,546명을 점하고 있다(법무부, 2009).

볼 것처럼 현재 증가하는 귀화자의 대다수가 한국계 동포인 조선족
으로 구성되는 결과를 낳고 있다.

2. 조선족의 국적취득 유형과 특징

조선족이 한국 국적을 취득하는 방법은 일반적인 귀화와 국적회복
의 두 가지이다. 2009년 현재 한국 국적으로 변경한 조선족의 총수
는 6만5천명(65,359명)이다<표 V-4>. 이것은 2009년 현재까지 한
국 국적 취득자 전체 총수인 11만명(110,468명) 중 60여%의 비중이
다. <표 V-2>와 <그림 V-1>은 한국으로 귀화한 전체 외국인의 규
모가 변화하는 추이를 나타낸 것이다.

〈표 V-2〉 연도별 국적 취득 추이

년도	계	귀화	국적회복	연도	계	귀화	국적회복
1991	538	49	489	2001	1,650	724	926
1992	587	82	505	2002	3,883	2,972	911
1993	683	75	608	2003	7,734	5,986	1,748
1994	1,070	108	962	2004	9,262	7,261	2,001
1995	989	91	898	2005	16,974	12,299	4,675
1996	1,439	131	1,308	2006	8,125	7,477	648
1997	2,069	218	1,851	2007	10,319	8,536	1,783
1998	1,410	170	1,240	2008	15,258	11,518	3,740
1999	1,076	156	920	2009	26,756	25,044	1,712
2000	646	200	446	누적총계	110,468	83,097	27,371

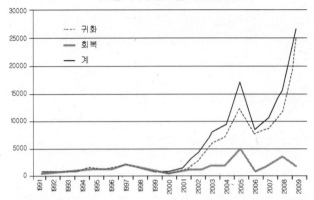

〈그림 V-1〉 연도별 국적 취득 추이

*자료: 법무부. '출입국·외국인정책 통계연보' 2009년. 714쪽에서 재구성. 년도별 '계' '누적총계' 항목은 필자 집계.

　국적 취득 추이를 시기적으로 보면 2000년대 이후부터 점차적으로 증대하고 있고 특히 2005년에 전체 국적 취득자가 처음으로 1만 명을 넘어 1만6천명을 기록하였다. 그리고 2009년에는 처음으로 2만 명 이상을 넘어 지금까지 중에서 가장 많은 국적 취득자 수를 기록하였다. 불규칙하게 감소와 증가를 반복하지만 위의 <그림 V-1>에서 볼 수 있듯이, 1990년대까지 유의한 변동 폭이 없이 미미한 숫자로 지속되어 오던 흐름이 2001년부터 크게 증가하면서 현재까지 급격히 증가하는 경향을 보이고 있다.[09]

---

[09] 위의 〈표 V-2〉와 앞으로 모든 표에서 국적취득자가 다른 해에 비교하여 2006년 경우 유난히 적은 것이 눈에 띈다. 이것의 원인은 신청자의 감소나 다른 원인에 의한 것이 아니라, 담당 부처의 이관으로 인해서 발생한 단순한 행정상의 공백으로 인한 처리상 문제로 인한 결과이다.

<표 V-3> 국가별 국적취득 현황

연도 국가	2005년	2006년	2007년	2008년	2009년
총계	16,974	8,125	10,319	15,258	26,756
중국	14,881 (87.7%)	7,156 (88.1%)	8,878 (86.0%)	12,545 (82.2%)	20,700 (77.4%)
베트남	362 (2.1%)	243 (3.1%)	461 (4.5%)	1,147 (7.5%)	3,795 (14.2%)
필리핀	786 (4.6%)	317 (3.9%)	335 (3.2%)	579 (57.9%)	832 (3.1%)
몽골	109 (0.6%)	32 (0.4%)	82 (0.8%)	134 (0.9%)	184 (0.7%)
기타	836 (4.9%)	377 (4.6%)	563 (5.5%)	853 (5.6%)	1,245 (4.7%)

* 자료 : '출입국 · 외국인정책 통계연보'. 2009년. 709쪽에서 재구성. '중국' 국적자는 조선족 포함한 수치. '비율'은 필자 집계.

국적 취득자가 2000년대 이후에 급증한 것은 전체 귀화자 70~80% 이상을 차지하는 조선족 귀화자가 증가했기 때문이다. 조선족의 귀화는 2000년대 이후 꾸준히 지속되어 결국 2009년 현재까지 전체 6만 5천여명으로 증가하였다. 또한 최근 2006년부터 2009년에 이르는 불과 4년 동안에 4만여명(39,182명)이 한국 국적을 취득하였다.

<표 V-4> 연도별 조선족의 국적취득 현황

연도 종류	2006년	2007년	2008년	2009년	총계
귀화	4,779	6,694	6,664	16,457	53,665
국적회복	313	812	2,221	1,242	11,694
계 (비율/전체)	5,092 (62.7%)	7,506 (72.7%)	8,885 (58.2%)	17,699 (66.2%)	65,359 (59.2%)
전체 총계	8,125	10,319	15,258	26,756	110,468

* 자료: '출입국 · 외국인정책 통계연보'. 2005-2009 각년도. 년도별 모든 항목은 필자 집계.

2009년의 경우 한국국적을 취득한 전체 총수는 26,756명(귀화와 국적회복자 각각 25,044명, 1,712명)이다. 이중에서 조선족의 국적취득자는 17,699명(각각 16,457명, 1,242명)으로서 전체의 66.2%이다. 전년도에 대체로 전체 국적취득자의 60~70% 가량이 조선족 귀화자이다<표Ⅴ-4>.

다른 한편으로 귀화의 내용을 보면, 외국인이 한국으로 귀화를 하는 주요 원인은 결혼으로 나타난다<표Ⅴ-5>. 2009년의 경우 한국국적 회복자를 제외한 '귀화'자는 <표Ⅴ-2>와 같이 25,044명이다. 이 중에서 전체의 68.4%인 17,141명이 혼인으로 인한 귀화를 한 사람이다. 혼인 귀화를 국적별로 보면 중국이 11,744명으로 68.5%를 차지해 압도적이고 베트남이 21.9%이며, 기타 필리핀 4.7%로 앞의 국가에 비해서 현저히 적다. 이 중에서 조선족 혼인 귀화자를 전체 중국 국적자 귀화자와 조선족 귀화자의 비율을 단순 대입하여 계산하면, 대략 만 명 내외로 추정된다.010 즉 전체 혼인 귀화자의 약 60%를 조선족출신이 차지하는 것으로 추정할 수 있다.

〈표 Ⅴ-5〉 국가별 혼인귀화자 현황

년도 국가	2005년	2006년	2007년	2008년	2009년
귀화 총계	12,299	7,477	8,536	11,518	25,044
혼인귀화 계	7,075	3,344	4,190	7,916	17,141
(비율/총계)	(57.5%)	(44.7%)	(49.1%)	(68.7%)	(68.4%)
중국	5,572	2,644	3,109	5,812	11,744
	(78.8%)	(79.1%)	(74.2%)	(73.4%)	(68.5%)
베트남	344	222	439	1,115	3,754
	(4.9%)	(6.6%)	(10.5%)	(14.1%)	(21.9%)
필리핀	728	302	314	550	809
	(10.3%)	(9.0%)	(7.5%)	(6.9%)	(4.7%)

* 자료: '출입국·외국인정책 통계연보'. 2009년. 711쪽에서 재구성. '비율'은 필자 집계. 각 국가의
   비율은 해당년도 '혼인귀화 총계' 중의 비중.

010 2009년 기준 중국국적자 '귀화'자(19,432) 중에서 조선족 귀화자(16,457명)는 85%이
다. 따라서 중국국적 혼인 귀화자 11,744명 중에서 조선족만의 혼인귀화자는 85%인
9982명으로, 1만명 내외일 것으로 추정된다.

1991년 이후 누적된 비한국계 외국인의 귀화 인구를 추정하면 2009년 현재까지 전체 귀화자 8만3천명 중에서 약 5만 4천명의 조선족을 제외한 비한국계 귀화자가 약 2만9천명이다.

그러나 2010년 연말 현재 약 백만의 장기 체류 외국인 중에서 한국계 동포 43만명을 제외하면 일반 외국인의 인구는 약 73만명으로서, 일반 외국인 인구가 전체의 약 60%이다. 즉, 귀화자의 구성과 장기체류자의 구성은 현저하게 다르다. 이것은 한국에서 꾸준히 시행해 온 한국계 동포의 국적취득에 대한 개방적인 정책의 효과이다.

제4장 조선족의 정체성과
국적의 탈신성화

설문조사의 결과를 보면 국내에 체류하는 조선족은 한국국적을 취득하려는 의지가 높은 것으로 나타난다. '한국 국적으로 바꾸실 의향이 있습니까?'라는 질문에 대해, '가능하다면' 바꾸거나 '꼭 바꾸고 싶다'고 응답한 사람이 50.6%이다. 이밖에 '상황이 되면' 바꾸고 싶다고 응답한 사람은 17%로서, 모두 67.6%가 한국국적 취득에 대해 긍정적인 생각을 갖고 있다고 볼 수 있다<표 Ⅴ-6>.

<표 Ⅴ-6> 한국국적 취득 의지

구분	빈도	비율
꼭 바꾸고 싶다	60	25.3
가능하다면 바꾸고 싶다	60	25.3
상황이 되면 바꾸고 싶다	41	17.3
별로 바꿀 생각이 없다	29	12.2
바꿀 생각이 전혀 없다	27	11.4
생각해 본 적이 없다	20	8.4
계	237	100.0

그러나 한국 국적을 취득하기 위해서는 거주 기간을 비롯한 제도적으로 규정된 요건과 자격을 충족시켜야 하므로 실제로 국적을 취득하는 사람은 희망자보다 적을 수 있다. 2000년대 후반 이후 한국 국적 취득 신청자(귀화+회복) 중에서 국적 취득을 인정받은 사람의 비율은 40%~70% 가량이다. 허가율의 추이는 불규칙하며 일정한 경향성이 나타나지 않는다. 국적 취득 허가율과 별도로 신청자수는 매년 2만 5천명 내외가 큰 변동없이 유지되고 있다[011].

반면에 국적취득을 바라는 의식이 높다는 것과 개인이 가지고 있는 한국에 대한 심리적인 일체감이 높은 것은 별도의 사안이다. 한국으로 귀화했다 하더라도 각 개인이 지니는 한국에 대한 귀속의식은 상이하다. 일반적으로 귀화제도는 귀화 신청자가 새로운 소속 국가의 정체성을 내면화하고 있다는 것을 전제로 운용되고 있다.[012] 그러나 모든 귀화한 조선족이 내면적으로도 한국 국민이 되는 것은 아니다. 조선족이 귀화하는 원인과 동기는 다양하다. 귀화의 배경을 기준으로 '회귀 귀화', '체류 귀화', '혼인 귀화'로 구분되는 세 가지 귀화유형이 있다. 첫째, 회귀귀화 유형은 주로 60대 이상의 장·노년층에서 발견되는 형태이다. 귀화를 하는 동기는 한국 영주를 위해서이다. 이 유형의 경우 코리안 디아스포라의 위치에서 본래의 모국으로 다시 돌아왔다는 인식이 강하기 때문에, 허가를 받아 영주하기를 희망하고 있다. 이들은 자연스럽게 '본래의' 자신의 '나라'인 한국의

---

[011] 앞의 〈표Ⅴ-2〉에서 귀화와 회복을 통한 한국 국적 취득자를 제시했었다. 최근 2005년 이후 2010년까지의 귀화와 회복의 총신청자 대비 국적취득 허가율은 다음과 같다. (자료: 법무부, '출입국·외국

연도 종류	2005	2006	2007	2008	2009	2010.12
신청자	25,138	27,077	23,505	23,629	–	23,350
취득자	16,974	8,125	10,319	15,258	26,756	17,324
허가율(%)	67.5	30.0	43.9	64.9	–	68.3

인정책 통계월보', 2010년 12월. '허가율'은 필자 집계. 이 중에서 2009년 비율은 국적 취득자보다 신청자 수가 더 적게 기재되어, 오류로 판단되어 집계를 생략했다.)

[012] 귀화 요건을 규정하고 있는 국적법 제5조의 내용의 하나는, '국어 능력과 대한민국의 풍습에 대한 이해 등 국민으로서의 기본 소양'('국적법', 제5조 5항)을 갖추는 것이다.

국적을 신청한다. 중국에 거주할 때부터 한국과 민족적인 일체감을 지니고 있는 동포들에게 한국귀화는 국적과 민족을 일치시키고 모국에서 본인의 지위를 회복하는 의미를 가진다. 귀화에 대한 최태성씨의 심경은 회귀 귀화자의 인식을 단적으로 보여준다.

> 나는 후회되는 거 하나도 없어요. […] **이제는 한국 사람이 완전히 됐구나.** 그걸 목표로 해서 왔는데, 이제는 완전히 내가 생각한대로 실현됐구나 하는 게 아주 좋더라고요. 기분이 좋더라고요 […] **이젠 중국 사람이 아니죠.** 저는 완전히 바뀌어서 거기에 대한 생각이 없죠. 저는 나는 저 한국 사람이다 이렇게 돼 있죠. 누구도 물어봐도 아 나는 떳떳하게 한국 사람이다. 이렇게 돼 있죠. 이 법에 그래 됐으니까. 그 중국, 한국, 정부에서 승인해 줬으니까. **나는 완전히 떳떳한 한국 사람이다** 이렇게 돼 있죠.(최태성)

위의 최태성씨와 유사하게 현재 주로 60~70대 이상의 조선족 귀화자 중에서는 한국 이주 자체가 영구 정착을 목적으로 이루어지는 흐름이 있다. 이들의 모국과 민족에 대한 인식은 최태성씨와 대체로 비슷하다. 따라서 이러한 경우에 귀화를 결정하는 과정은 많은 고민이 없이 자연스럽게 이루어지며, 심리적인 측면에서도 뚜렷한 변화는 발견되지 않는다.

둘째, 체류 귀화의 유형을 보면 처음에는 취업이나 유학을 목적으로 이주한 중국동포가 장기적으로 거주하려는 의지를 가지게 되어 국적을 신청하는 모습이 나타난다. 이들이 귀화하는 동기를 보면 반드시 한국에서 영주한다는 것을 전제로 하지 않으며, 체류의 편의를 확보하기 위한 현실적인 필요 때문에 국적 취득을 신청하는 경향을 볼 수 있다. 예를 들어, 단기체류 비자로 입국하는 조선족이 체류기간이 끝난 후 중국으로 귀국하지 않으며 대부분은 합법적인 체류연장 허가를 받는 방법으로 한국에 거주하게 되는 경우를 들 수 있다.013 이와 같이 체류 자격을 취득할 목적으로 귀화한 중국동포들이 가지는 한국에 대한 귀속의식은 희박하며 귀화 절차를 마친 다음에 나타나는 내면적인 변화의 양상도 다양하다. 다음은 귀화를 계기로 정체성에 대한 인식이 변화된 사례이다.

> 중국에 사는 조선족. 나는 그렇게 생각해요. [⋯] 중국에서 이겨라 이겨라.
> 중국에 있을 때. 근데 내가 한국에 나와서, **지금. 만약에, 지금 중국에
> 서, 한국 축구하면, 한국 이겨라** [⋯] 한국이, 중국, 전쟁하면, 내가 한
> 국이 힘에 서 스고 전쟁하지. 왜 내가 지금 한국 국적이니까 [⋯], 왜냐면

---

013 합법 불법의 비율을 '대부분'과 '일부'로 지적한 것은 체류외국인의 정부집계에 근거한다. 한국사회에서 외국인에 대한 인상의 하나인 '불법'체류자의 일반적인 인식과 달리, 실제 한국 체류외국인 중에서 불법 체류자는 전체의 15% 이내에 불과하다. 앞서 제시한 2009년 현재 전체 체류외국인 백십만명 중에서 합법체류자는 990,522명이고 불법체류자는 177,955명으로 각각 84.8%와 15.2%의 비중이다. 이 중에서 한국계동포의 불법체류자의 비율은 앞서 살펴본 정책의 영향으로 인한 것으로 파악되는데 상대적으로 적다. 전체 불법체류자 중에서 동포는 25,913명으로 전체불법체류자 중에서 14.6%에 지나지 않고, 대부분의 불법체류자는 동포가 아닌 일반 외국인임을 알 수 있다. 또 이 중에서 조선족이 25,156명으로 동포 중에서는 90% 이상의 대다수이지만, 전체의 불법체류자에 비해서는 14.1%이다(자료: 법무부, 통계연보. 2009. 259쪽, 262쪽, 732쪽, 733쪽에서).

내가 한국에 있을 때니까, 법적에서, 내가 사는 데도 한국에 있으니까, 전쟁함에도 내가 한국에 힘에 스죠. 그거 뭐냐면 저도 뭐 한국이 더 좋은 거 아니고, 중국이 더 좋은 것도 아니고, 그런 생각 아니고요, 그런 생각 아니에요 [⋯] 내가 중국에 살았다. 내가 중국 사람이다. 사랑해요. 내 중국 사랑하고, 근데 만약에 중국에서, 한국에서, 무슨 문제가, 한국에 이거다. 그런 생각 왜? 내가 지금 한국 국적이니까, 내가 지금 한국인이니까 [⋯] **저는, 지금은 한국 국적을 가지고 있어서, 저는 중국 사람 생각 안 합니다.**(김호준)

김호준씨는 중국사람과 중국에 대한 애정이 전연 없어진 것은 아니지만, 귀화를 하면서 바뀌게 된 자신의 법적인 지위를 수용하고, 여기에 맞춰 자신의 정체성도 한국에 일치시키려는 변화를 보이고 있다. 그러나 귀화의 동기는 비슷하더라도 두드러지는 내면적 변화가 보이지 않는 사례가 있다. 주관적인 귀속의식을 보아도 중국인에서 한국인으로 완전히 바뀌지 않는다.

항상 스스로는 중국 사람이라 생각해요 [⋯] **그냥 서류를 바꿨지, 뭐 소속이라고 그런 느낌은 없어요. 어디, 어디 사람이냐 물어보면, 한국 국적인데 중국 사람**이라고, 그렇게 얘기해요 [⋯] 내가 중국에 어릴 때 어렸을 때부터 일단 중국에서 살았으니까, 중국 가도 뭐 중국 사람이지, 한국 사람으로 안 보는 [⋯] ,근데 또 내가 한국에 한국 국적을 가지고 가면, 중국 사람들이, 내 생각인 게 좀 좋을 거 같아요. 또 마누라는 한국 국적이 아니거든요. 그러다보니까 **중국에 가면, 마누라 같이 가가지고, 마음대로 있을 수 있고, 한국에 오면, 마누라가, 또 내가 국적이 있으니까, 여기 오면, 있고 싶으면 있고**(권오철)

위의 권오철씨는 귀화하였지만 앞으로 한국과 중국 두 나라를 왕래하며 살 생각을 하고 있으며, 국적 변경은 '서류'상의 자격을 바꾼 것이지 내면적인 의식과 정체성까지 바꾼 것은 아니다. 조선족 귀화자가 증대하는 현실을 고려하면 이러한 사례는 주목되는 유형이다.

여기에서는 내면적인 정체성과는 무관하게 현실적인 필요에 따라 실용적인 목적 때문에 국적을 취득하려는 경향이 나타나고 있다. 아래의 사례도 귀화동기는 다르지만 국적과 아이덴티티를 별개로 생각하는 점에서는 유사하다.

셋째로, 귀화유형 가운데 가장 큰 비중을 차지하는 혼인귀화가 있다. 이 유형의 귀화자도 국적 취득과 개인 정체성의 변화를 직결시키지 않는다. 다음 사례는 혼인 귀화자의 의식을 보여주고 있다.

한국인도 아니고 중국인도 아니고, 중국에 살고 있는 소수민족이죠
[…] 중국 국적을 포기하라고 하면 조금 아쉬울 거 같아요. 그냥 뭐 이렇게 다른 물건처럼 혹 버릴 수 있는 게 아니고 하니까 […] (한국에서) 외국인으로 살기가 불편하니까 국적은 바꿔야 할 것 같아요. (박승미)014

박승미씨 사례는 결혼을 계기로 국적을 취득하였지만 한국인의 정체성을 반드시 가지게 되는 것은 아니라는 사실을 보여준다.

설문조사의 응답 분포를 보아도 조선족 가운데 자신을 '중국인'이라고 생각하는 사람이 60% 이상으로 대다수이며, 이 비율은 이주와 상관없이 일정하게 유지되고 있다<표 V-7>.

---

014 위의 인용은 2009년 10월 면접 당시 이야기로 국적 신청 전의 상황이다. 그 후 2010년 6월 한국국적을 신청하였고, 2011년 4월 현재 발급을 기다리는 상황이다. 면접 당시 적극적인 의향을 보이지 않았지만 나중에 국적을 신청한 이유를 아기때문이라고 이야기하고 있다. 그러나 국적 신청한 것과 무관하게 위의 내용은 변하지 않아, '국적을 바꾸었어도 한국인은 아니'라는 생각을 갖고 있다(박승미, 2011년 4월 보충면접).

〈표 V-7〉 이주 전후 정체성의 비교

이주전후 자기규정	현재		이주 전		차이(비율)
	빈도	비율	빈도	비율	
중국인	147	61.3	150	64.7	-3.4
한국인	45	18.8	39	16.8	+2.0
둘다	46	19.2	40	17.2	+2.0
어느 쪽도 아님	2	0.8	3	1.3	-0.5
계	240	100.0	232	100.0	

 귀화 조선족에게 한국 국적이 지니는 의미를 알아보기 위해서는 이상에서 살펴본 귀화유형별 특징을 재정리할 필요가 있다<표 V-8>.015 정체성을 기준으로 살펴보면 귀화 조선족에게 국적의 의미는 이중적이다. 첫째, 귀화 조선족에게 한국 국적은 곧 개인적 정체성을 나타내는 표지가 된다. 회귀귀화가 여기에 해당된다. 이들에게 국적 취득은 정체성과 일치 하지 않은 중국국적을 한국국적으로 일치시키는 의미를 갖는다. 귀화를 계기로 한국인의 정체성을 획득하는 일부 체류귀화자에게도 국적은 정체성을 나타내는 표지라는 의미를 가진다. 둘째, 한국 국적이 실용적 도구로 활용되는 경우이다. 이 경우 국적의 변경과 관계없이 내면적인 정체성은 중국인, 중국인과 한국인, 조선족으로 남아 있다. 결과적으로 한국 국적이 내면적 정체성과는 일치하지 않거나 부분적으로만 일치한다. 이들에게 국적은 한국 사회에 정착하기 위해 필요하지만 한국에 대한 귀속의식과 애정을

---

015 세가지 귀화유형은 '귀화목적'을 기준으로 현재 조선족의 전반적인 귀화형태를 구분한 것이지만, 이외에 '귀속의식' '정체성'의 항목은 이 글의 사례를 기준으로 정리한 것이다. 따라서 이 두 항목의 내용은 귀화 조선족의 일반적인 특징이 아니라 이 글에 등장한 개별사례의 특징으로 이해하여야 한다. 즉 크게 세 유형별로 귀화가 이루어지는 경우에 두 항목은 각 개인별로 차이가 있다. 따라서 이를 통해 제시한 '한국국적' 항목은 세 유형과 관계없이 가능한 전체 경우를 포괄하여 제시한 것이다. 즉 국적 함의는 각 유형별로 대응하는 것이 아니라, 귀화유형과 관계없이 개인에 따라서 의미가 달리 나타나는데, 종합하면 크게 두 가지 의미를 지닌다.

반드시 가지게 되는 것은 아니다. 이러한 경우 국적취득이 실용주의
적이고 도구주의적인 동기에 기반을 두고 진행되고 있다.

〈표 V-8〉 귀화 유형과 정체성 변화

귀화유형	귀화 목적	귀속국가		정체성		한국 국적의 의미
		법적	심리적	귀화 전	현재	
Ⅰ. 회귀귀화	영주	한국	한국	한국인	한국인	
Ⅱ. 체류귀화	체류/영주	한국	중국/한국	중국인	중국인/한국인	정체성 표기 실용적 도구
Ⅲ. 혼인귀화	체류	한국	무귀속	중국인	조선족	

결국, 이상과 같은 상황에 비추어 보면 한국국적이 탈신성화되는
경향에 기반을 두고 진행되고 있다는 지적이 가능하다. 이주민을 받
아들인 역사가 오래된 나라에서는 국적 보유자에게 국민적 정체성을
지닐 것을 요구하는 동화주의적 원리에 입각한 정책이 실제 개별 당
사자가 직면하는 현실과 괴리되면서 국적이 탈신성화되는 경향이 나
타나고 있었다. 예를 들어, 브루베이커에 의하면, 프랑스의 경우
1980년대 이후 구식민지 출신 알제리인 귀화자들 사이에서 프랑스
국적을 도구적인 목적으로 선택하는 집단이 생겨났다. '프랑스인이
되기 위해서 프랑스 기준에 맞아야 한다'는 동화주의적 가치관에 균
열이 발생하고 '국적의 탈신성화' 현상이 초래되었다(Brubaker:
225-264). 일본에서도 최근에 유사한 현상이 발견된다. 재일 코리안
가운데 최근 소수이지만 일본에 귀화한 후에도 한국인의 정체성을
간직하고 있다고 주장하는 이들이 생기면서 일본 국적을 도구화하는
경향이 있다.

정체성과 국적이 분리되는 경향은 일반적으로 이민족 이주자를 통
해서 진행된다. 그러나 한국에서는 혈통이 같은 조선족 중에서 국적
과 정체성이 분리되는 경향이 나타나고 있다. 한국에서 나타난 이와

같은 흐름은 지속되거나 심화될 것으로 예측된다. 전체 한국 국적 취득자의 연령분포를 보면 10대 이하는 매우 적고 20대에서 50대까지 가장 많고 다시 50대 이후부터는 서서히 감소하는 역U자형이다. 특히 20-40대의 국적 취득자가 전체의 70% 이상이다(법무부, 2009).[016] 이러한 경향에 비추어 조선족의 경우에도 비교적 한국에 대한 귀속의식이 강한 장노년층만이 아니라 유연한 코스모폴리탄적 사고를 지닌 젊은 층의 국적 취득도 지속되고 있다고 볼 수 있다. 이와 함께 한국 국적의 탈신성화 경향이 확대 심화될 것이다. 또한 복수국적의 허용으로 이러한 경향은 더욱 확대될 것으로 보인다. 한국 국적 취득자에게 이전 국적의 '포기'를 의무화하지 않고 '서약'으로 대체한 개정(국적법, 제10조. 2011)조치는, 결국 국적에 대한 의식을 더욱 도구적으로 만들 가능성이 있다.

---

[016] '귀화'와 '회복' 각각의 분포 경향은 다르다. '귀화'는 위의 전체 취득자의 경향과 유사하게 20~30대가 가장 많은 역U자형에 가깝다. 반면 '회복'자의 분포는 20~80대의 노년층까지 비교적 고르게 분포되어 있는데, 이중 60대가 가장 많다. 회복자의 경우가 앞에서 살펴본 것처럼 대체로 높은 연령과 높은 한국에 대한 귀속의식을 갖고 있는 사례들이다. 그러나 전체 취득자 가운데 '귀화'자가 '회복'자에 비해서 현저히 많고, 따라서 전체 국적취득자의 분포는 위와 같이 나타난다. 단, 이 집계는 전체 귀화·회복자의 집계이다. 따라서 조선족만의 수치는 감소될 것이나, 전체 국적취득자의 대부분이 조선족이므로 조선족의 연령대별 분포도 크게 다르지 않을 것으로 추정된다. 2009년 기준 연령별 국적취득자 분포는 표와 같다.(자료; 법무부, 통계연보. 2009. 721쪽에서 재구성.)

연령 종류	0-10	10대	20대	30대	40대	50대	60대	70대	80대 이상	총계
회복	90	110	3,582	3,547	2,443	4,272	8,785	3,696	846	27,371
귀화	947	110	3,582	26,411	16,840	6,285	1,443	247	13	83,097
계	1,037	3,956	30,647	29,958	19,283	10,557	10,228	3,943	859	110,468
비율	0.9	3.6	27.7	27.1	17.5	9.6	9.2	3.6	0.8	100.0

 제5장 맺음말

2009년 현재 전체 체류 외국인은 한국인구의 2% 이상인 백만명에 이르고 있다. 한국이 다민족 다문화 사회로 진입하였다는 이야기도 나온다. 그렇지만 귀화문제를 중심으로 국민 재형성 과정을 볼때 한국 사회는 여전히 동일 혈통을 기반으로 구성원을 충원하는 경향이 짙은 것을 볼 수 있다.

외국 국적자의 귀화는 2000년 이전까지는 무의미할 정도였고 2000년대 이후 최근 급격히 증가하고 있다. 이들 귀화자의 60~70% 이상이 조선족이다. 지금까지 전체 한국 국적 취득자 백십만명 중에서 73% 이상이 한국계 동포 출신자이고 순수한 외국인 귀화자는 25% 이하이다. 이는 전체 한국인구의 0.06% 이하에 불과한 비중이다. 그러므로 최근 귀화자가 외형적으로 증대하고 있지만 이것이 곧 다민족 사회의 형성을 나타내는 지표라고 보기는 힘들다. 오히려 혈연을 기준으로 국민을 재생산하는 기제를 반영하는 현상으로 판단된다. 혈통을 중심으로 국민을 통합하고 이질적 요소를 배제하는 논리는 크게 달라지지 않고 여전히 통용되고 있다는 사실을 확인할 수 있다.

한국으로 귀화한 조선족은 동기를 기준으로 회귀, 체류, 혼인의 세 유형으로 구분된다. 귀화 이후의 정체성은 크게 두 가지로 구분된다. 자신의 정체성을 한국인으로 규정하는 귀화자는 국적이 정체성과 일치된다. 또한 이와는 반대로 한국 국적과 정체성이 불일치하는 사례가 있다. 전자의 경우 한국국적은 정체성의 표지가 되지만, 후자에게는 생활 편의를 위한 도구라는 의미가 있다. 체류귀화자나 혼인귀화자는 현실적인 필요와 지위획득을 위해 국적을 신청한다. 결국 한국 사회에서 오랫동안 유지되어 온 국적, 국민, 민족은 일체라는 인식과 이를 전제로 한 정체성에 균열이 발생하고 있다.

　한국에서 진행되는 국적의 탈신성화 경향은 한국계 혈통을 가진 조선족이 선도하고 있다. 한국계임에도 불구하고 한국 국민과 민족국가에 대한 이들의 귀속의식은 강력하지 않다. 이것은 해외 디아스포라에 대하여 혈통을 준거로 한국인과 동일한 정체성을 가지도록 기대하는 가치관 자체가 상상적 민족 공동체의 산물일 수 있음을 말한다. 조선족의 사례에서 나타나는 국적의 탈신성화 현상은 단일 민족을 전제로 한 국민 형성 원리에 내포된 모순과 한계를 보여주고 있다. 재외동포 출신 귀화자가 한국인의 정체성을 가질 것이라고 기대하는 사고의 허구성도 노출되고 있다. 이것은 심리적, 내면적으로 '한국인'이 된 자에게 한국국적을 부여하고자 하는 현행 국적 제도에 내포된 동화주의와 통합 논리의 한계를 반영하고 있다.

참고문헌

김현선. 2010. 「한국체류 조선족의 밀집거주 지역과 정주의식」. ≪사회와 역사≫, 87호.

법무부. 출입국·외국인정책본부. 1991-2009. ≪출입국·외국인정책 통계연보≫.

법무부. 출입국·외국인정책본부. 2010. 12. ≪출입국·외국인정책 통계월보≫.

법무부. 1948-2011. 「국적법」.

법무부. 1999-2009. 「재외동포의 출입국과 법적지위에 관한 법률」.

법무부. 2010. 「외국국적 동포의 국적회복 등에 관한 업무처리 지침」.

법무부. 2007. 「외국국적동포 포용을 위한 방문취업제도」.

법무부. 출입국·외국인정책본부. 2010. 「알기 쉬운 재외동포 정책 매뉴얼」.

설동훈. 2007. 「국제 노동력이동과 외국인노동자의 시민권에 대한 연구」. ≪민주주의와 인권≫, 7권 2호.

오타 타카코. 2004. 「재외동포법 개정을 둘러싼 담론분석: 조선족에 관한 쟁점을 중심으로」. ≪한일민족문제연구≫, 7호.

유명기. 2002. 「민족과 국민사이에서: 한국체류 조선족들의 정체성 인식에 관하여」. ≪한국문화인류학≫, 35-1호.

이종구·임선일. 2010. 「재한 중국동포의 에스니시티 변용에 관한 연구」. ≪산업노동연구≫, 16권 1호.

정현욱. 1999. 「조선족 귀화여성들에 관한 연구」. ≪정치·정보연구≫, 2권 3호.

ブルーベイか, ロジャース 著. 佐藤成基·佐々木てる監譯. 2005. 『フランスとドイツの國籍とネーション』. 明石書店.

Isin, Engin F.·Bryan S. Turner(ed.).. 2008. *Handbook of Citizenship Studies*. London: Sage.

Kivisto, P.·Thomas F.. 2007. *Citizenship: Discourse, Theory, and Transnational Prospects*. Malden: Blackwell Publishing.

06

기독교 선교와
이주노동자
-구로와 남양주를
중심으로-

권진관

제1장 머리말: 이주노동자와 사회선교

지금은 전 세계적으로 1억 명의 이주노동자가 지구촌을 넘나들고 있는 지구촌시대라고 한다. 한국의 산업구조는 이주노동자가 없으면 유지될 수 없다. 국수주의와 배타적 민족주의를 갖고 있는 한국사회의 문제를 치유하기 위해서도 외국인 이주노동자를 반면 교사로 간주할 필요가 있다. 외국인 노동자들은 법적 약자이자 경제적으로는 하층, 그리고 사회문화적으로 소외된 민중이다. 그러나 이들은 한국사회를 다문화사회로 만들어 주며, 한국인들이 편협한 민족주의를 극복하고 세계인들과 함께 살 수 있도록 촉구하는 구원자적인 역할을 담당하고 있다고 볼 수 있다.

이주노동자들은 1980년대 중후반부터 한국으로 이입하기 시작했다. 1986년 아시안 게임, 1988년 서울 올림픽을 계기로 한국에 대한 정보가 세계에 확산되었다. 1987년의 노동자 대투쟁 임금수준을 향상시켰으며, 호황 속에서 인력난은 심각해졌다.

1980년대 말, 한국은 노동력 수입국이 되었다. 한국의 국민소득이 높아짐에 따라 이른바 3D 업종에 종사하는 것을 기피하는 현상이 생기게 되고, 그 공백을 이주노동자들이 메우게 되었다. 3D 업종 뿐 아니라, 노동력이 부족하게 되는 현상까지 일어났다. 그리하여 자동차의 부품을 생산하는 공장, 그 하청공장 등에 외국인들이 많이 고용되는 노동구조가 형성되었다. 이에 따라, "외국인 노동자 없이는 생산과 수출이 없고, 외국인 노동자 없이는 공장문을 닫아야 한다"고 호소하는 기업주가 많아졌다.[01] 셋째로, 중국과의 수교 이후로 한국에 들어오는 중국인들과 중국동포들이 많아졌다.

1988년 서울 올림픽을 전후하여 한국에 들어온 이주노동자들은 차별, 불법체류, 언어 장벽, 문화의 차이 등의 불리한 조건 속에서 많은 수난을 받은 것으로 알려져 있다. 산업재해를 당해도 보상이나 치료를 받지 못하고 불법체류자로 쫓겨나는 일이 비일비재했다. 이주노동자의 수가 꾸준히 증가하자 정부는 1991년 외국인 산업연수제를 도입하여 제도 정비에 착수했다. 1993년에 시행된 산업연수생 제도는 저개발국 외국인에게 선진 기술을 이전한다는 명분을 갖고 있었지만, 실제로는 국내 3D산업의 인력난을 해소하는 노동력을 공급하는 수단이었다.

그러나 연수생 다수가 근무지를 이탈하여 불법체류자가 되었다. 연수생들이 열악한 환경에서 근무하며 겪는 인권 유린은 사회문제가 되었다. 인력수급 과정에 개입하는 관련 기관의 비리도 발생하였다. 이러한 폐단을 막고자 2004년부터 고용허가제가 도입되어 이주노동자의 노동권과 임금 문제는 상당히 개선되었다. 외국인에게는 해당 사업체에 고용되는 조건으로 입국사증을 발급해주며, 임금 및 근로조건은 입국전에 결정된다.

그러나 실제상황을 보면 아직도 이주노동자에게는 많은 어려움과 제약이 따라다닌다. 이주노동자의 사업장 이동권을 원칙적으로 인정

---

01 김해성, 「구약성서의 '외국인이주자' 개념과 한국 '이주자 선교'에 관한 연구」, 한신대학교 신학전문대학원 목회학 박사 학위논문(2005년), 95.

하지 않고, 고용허가기간은 1년 단위로 최장 3년이지만 5년까지 연장가능하다.

이주노동자들의 증가와 함께 인권적 차원의 노동문제가 심각하게 악화되면서 한국 교회는 새로운 선교 과제를 가지게 되었다. 1980년대 후반부터 본격적으로 들어온 이주노동자들은 한국 사회의 최하층의 자리를 차지하게 되었다. 이들에 대한 지원은 전통적으로 하층민, 소외된 계층들에 대한 관심을 가져온 한국 기독교의 새로운 사회선교 과제로 부각되었다. 1990년대에 들어서면서 이주노동자 대책활동과 선교활동에 교회가 적극적으로 참여하기 시작하였다. 이는 한국 개신교 교회가 소외된 자들을 위한 사업의 일환으로 전개되었다. 사회선교사적으로 볼 때, 이주노동자들을 위한 사회선교는 그 이전의 도시산업선교를 통한 사회선교와 민중교회를 통한 사회선교에 이어서 전개되고 있다고 볼 수 있다.

한국의 대표적 사회선교 운동이었던 도시산업선교[02]는 민중교회의 전신으로 볼 수 있다. 산선은 영등포, 인천, 청주, 구미 등에 있었던 도시산업선교회의 활동이 중심이 되었는데, 이 시기는 주로 1970년대 초-80년대 중반의 시기였다. 군사정권 하에서 노동운동의 보무 역할을 하던 산선에 대한 탄압은 1980년대 초반에 와서는 정점에 달하였다.

탄압으로 공개적 활동이 실질적으로 마비된 산업선교를 계승하여 민중교회가 나타나기 시작하였다. 1980년대 중반부터 민중교회는 단기간 내에 급성장했다. 이때 진보적인 젊은 목회자들이 노동상담소를 열어 노동운동에 적극 가담하면서, 주일에는 민중교회를 열었다. 즉, 산업선교 운동과 노동상담소 등으로부터 노동교회라고도 불렸던 민중교회가 발전되어 나왔다. 민중교회가 가장 많이 생겨난 시기는

---

02 약칭은 '산선'이며, 후에 도시농촌선교로 개명.

84년부터 91년 사이 약 7년간이었다.

그러나 1990년대에 들어와 민중교회는 약화되었다. 가장 큰 이유는 노동자들을 비롯한 민중들이 더 이상 민중교회를 크게 필요로 하지 않게 되었기 때문이었다. 노동운동을 전담해서 지원하는 조직들이 속속 자리를 잡고 있었기 때문이다. 특히 1995년 전국민주노동조합총연맹(민노총)이 창립되면서 노동운동은 교회에게 중요한 선교의 자리가 될 수 없었다. 이제 노동자들이 민중교회에 의존할 필요가 없게 된 것이다.

이러한 민중교회에 새로운 "손님들"이 오기 시작했다. 이주노동자들이었다. 한국 노동자들을 대상으로 지원 활동했던 민중교회에 중국 동포 노동자들을 비롯하여, 네팔, 방글라데시, 필리핀 등 동남아로부터 온 이주노동자들이 찾아오기 시작했다.

제2장 이주 선교의 현장

　여기에서는 이주노동자선교를 대표하는 두 인물의 활동에 대해서
알아보고자 한다. 이들은 서울 구로구에 있는 '한국 외국인 근로자
지원센터' 대표인 김해성 목사와 경기도 '남양주시외국인근로자복지
센터'(샬롬의 집)의 대표인 이정호 성공회 신부이다. 현재 외국인 노
동자를 지원하는 선교(이하, 외노선교)에 참여하는 단체들이 4백개가
넘는다고 한다. 그러므로 앞으로 논의할 두 인물들이 이 단체 모두
를 대표하거나 대신할 수는 없을 것이다. 다만, 이들의 활동과 영향
력이 크기 때문에 이들을 연구하면 지금까지의 외노선교의 실태를
잘 볼 수 있다고 판단하여, 이 두 사람을 선택하였다. 먼저, 경기도
성남지역에서 한국인 노동자와 빈민을 돕는 사회선교 일을 하다가,
1992년 이후부터 이주노동자를 위한 사회선교에 앞장서고 있는 김
해성목사의 활동을 알아보자.

1. 구로지역의 김해성 목사

김해성 목사는 1980년 12월에 성남에 이주하여 주민교회(담임 이해학 목사)에서 전도사의 일을 시작했다. 그는 1984년 4월부터 공장에 취업, 생산직 노동을 하였다. 그러나 1년이 지나서 그의 신분이 밝혀져 공장으로부터 해고당했다. 이후 1986년에는 노동자 선교를 위해 "산자교회"를 개척하였고, 이와 함께 노동상담소인 "희망의 전화"를 개소하여 한국의 노동자들을 위한 활동을 전개하였다. 이러한 상황을 반영한 산자교회의 신앙고백문이 작성되었다<자료 I >.

1987년 7-8월에는 노동자들의 대투쟁이 일어났다. 이 대투쟁기간 동안에 노동조합이 많이 결성되고 노동운동이 크게 활성화되었지만 여전히 노동자들에 대한 탄압은 지속되었다. 산자교회의 노동상담소는 노동조합결성, 임금체불, 산업재해 등의 문제를 다루고 노동자들을 지원하였다. 김해성 목사는 노동운동뿐만 아니라, 한국의 민주화운동, 국가보안법 철폐 운동, 평화통일운동에도 적극적으로 참여하였다. 이러한 모든 운동은 주로 한국(인들)의 문제였다. 한국의 내부적인 문제를 놓고 씨름하고 있었는데, 그에게 1992년 경 이후부터 새로운 문제들이 일어나기 시작하였다.

김목사는 이주노동자들의 문제가 심각해지고 있음을 느끼고 있었으며 한국의 노동문제에 대해서는 산자교회와 같은 교회가 더 이상 맡아 씨름을 할 필요가 없을 정도로, 노동운동을 지원할 노동조합이나 NGO들이 많이 결성되었고 노동자들도 많이 깨어 있다고 생각하였다. 1992년 말경에 성남지역의 인권변호사 한 사람으로 부터 필리핀 노동자 에리엘 갈락씨의 팔이 절단된 사건과, 분당의 16층 아파트 신축현장에서 일하던 중국동포 허순필씨가 추락하여 죽은 사건을 도와달라는 부탁을 받은 것을 계기로 그는 이주노동자 문제에 뛰어들었다. 1993년부터는 본격적으로 외국인 노동자를 위한 상담활동을 전개한다. 김해성 목사가 외국인 노동자들을 돕는 일을 하게 된 경위를 보도한 국민일보 기사는 외노선교의 상황을 보여주고 있다<자료 Ⅱ>.

위의 기사에 있는 대로, 1994년에는 성남에서 외국인노동자의 집을 개소하여 외국인 노동자들의 문제를 위한 활동을 시작하였다. 처음에는 이주노동자들을 위한 집을 만들었는데, 얼마가지 않아 중국 동포 노동자들이 쇄도하기 시작하였다. 그리하여 "외국인 노동자의 집/중국 동포의 집"으로 개명하였다. 이후 경기도 광주, 안산, 양주, 발안, 곤지암, 양주 덕정동 등 10여 곳에 외국인노동자의 집(센터)과 외국인교회들을 설립하였다.

1996년 7월에 외국인 노동자 교회를 세웠다. 교회를 세우게 된 이유는 이주노동자들이 도움을 받아 어느 정도 살게는 되었을지 모르나, 인격적인 면에서 변화가 없어 보였기 때문이었다. 의식과 인격의 변화가 일어나서 올바른 세상을 만들 수 있는 인재들로 거듭나야 함에도 불구하고 많은 경우 그렇게 되지를 못했다고 본 것이다. 처음 이주노동자를 위한 교회를 세우니까 외국인들이 미어터지도록 왔다고 한다.[03] 이리하여 김해성 목사는 외국인 목회를 위해 그동안 산자교회에서의 목회를 그만두고 외국인 노동자 전담 목회자로서의 새로운 길을 걷게 되었다. 김해성 목사는 이들이 피곤에 찌들어 있지만 멀리서부터 교회를 찾아오는 것을 보면서 "하나님께서는 '한 사람을 천하보다 귀하게' 여기신다"는 고백을 하였다. 그리고 이들을 더욱 잘 돌보아야겠다는 다짐을 했다고 한다.[04]

---

[03] 김해성, 2010년 2월 10일 성공회대학교 민중신학연구소 주최의 민중선교 토론회 "민중선교운동으로 본 외국인 노동자 선교활동"에서의 발언.

[04] 김해성, 「구약성서의 '외국인이주자' 개념과 한국 '이주자 선교'에 관한 연구」, 한신대학교 신학전문대학원 목회학 박사 학위논문(2005), 148 쪽.

　외국인 노동자 교회와 외국인 노동자의 집, 중국 동포의 집은 노동자들을 위한 교회로서의 역할 뿐 아니라 외국인 노동자의 인권 등 모든 문제들(임금체불, 산업재해, 사기, 폭행, 교통사고, 송금, 결혼, 의료문제, 국적 취득, 상해, 사망 문제 등)에 관한 상담소 역할도 함께 수행하고 있다. 구로, 경기도 광주 등에 있는 이 교회들과 상담소들은 중국 동포들 뿐 아니라, 파키스탄, 방글라데시, 인도네시아, 중국 출신의 외국인들을 위한 예배와 함께 임금체불, 산업재해 문제 해결, 의료, 생활상담, 휴식 공간, 교육 등의 역할을 감당하고 있다. 현재 김 목사의 외국인 노동자의 집은 성남에 스리랑카교회, 몽골교회, 중국동포교회를, 서울에는 중국동포교회, 중국교회, 인도네시아교회를, 안산 지역에 중국동포교회, 중국인 교회, 러시아인 교회를 열고 있다. 이러한 교회를 통한 활동은 주로 예배를 위한 것이기는 하지만, 주중이나 일요일에도 노동자들의 인권 문제 등 삶에 관계된 문제들을 도와주고 있다. 쉼터 사업, 한국어 교육 사업, 상담사업, 컴

퓨터 교육, 상업안전 교육 등을 실시하며, 구로 가리봉동에 있는 중국동포 교회 건물에는 외국인 노동자 전용 의원을 설치하여 무료로 의료사업을 시행하고 있다. 이후 2008년 8월에는 서울 가리봉동의 시설을 제외하고 다른 모든 곳을 후배 동역자들이 분담하도록 일을 나누었다.

현재 김 목사는 외국인들의 신학교육을 통한 본국 복음화를 위해 신학교를 설립하여 운영하고 있다. 특히 국내의 이주 근로자들은 비록 여기서는 3D업종에 종사하고 있지만 고학력자들이 많아 신학교 사역을 통해 전문 성경지식과 신앙이 빠르게 전달되고 있어 이들이 장차 본국 복음화에 중요한 역할을 감당할 수 있을 것으로 기대하고 있다. 예배에 참석한 이주노동자들 중에 능력과 자질이 있는 사람들을 사역자로 키웠으면 좋겠다고 생각하였다. 그런데 불법 이주민을 국내 신학교에 입학시키는 게 불가능했다. 그리하여 2001년 설립한 세계선교신학대를 지금까지 500여명이 거쳐 갔고, 지금도 80여명의 이주노동자가 공부하고 있다고 한다.

국내 체류 외국인이 120만명에 육박하면서 이들의 자녀 교육이 심각한 문제로 부상하고 있다. 자녀들은 계속 생기는데 이들을 위한 교육시설은 한국에 전무하다. 이 문제를 놓고 고민하던 김 목사는 결국 학교 설립이 필요하다는 결론을 내렸다. 그는 국내 거주 외국인들을 돌보는 일은 다음의 성서의 말씀을 따르는 것이라고 믿고 있다. "타국인이 너희 땅에 우거하여 함께 있거든 너희는 그를 학대하지 말고 너희와 함께 있는 타국인을 너희 중에서 낳은 자같이 여기며 자기같이 사랑하라. 너희도 애굽 땅에서 객이 되었더니라."(레 19:33-34) 2011년 5월 현재 이주노동자들의 자녀들을 위한 초등학교부터 고등학교까지의 교육을 시킬 수 있는 학교가 세워졌다. 즉, 2011년 3월 2일에 "지구촌국제학교"라는 이름으로 개교했고, 현재 학생수는 26명, 교사가 32명이며, 3개 국어 이상의 다중 언어 교육을 하고 있다고 한다. 그리고 모든 것을 무료로 운영하고 있으며, 현재, 정부로부터 대안학교 설립인가를 기다리고 있다고 한다. 지금까지 정부의 지원 없이 독지가들의 헌금으로 운영하고 있다고 한다.05

현재 서울 가리봉동에 자리한 지구촌사랑나눔 두 동의 건물엔 한국외국인근로자지원센터, 이주민을 위한 의료센터, 쉼터, 복지센터, 상담소, 방과후학교, 어린이집, 중국동포교회 등이 입주해 있다. 이러한 단체들은 20년 가까이 외국인 노동자 사역을 해오면서 김 목사가 그때그때 필요에 부딪히면서 만들게 된 것들이다

그는 90년대 초반 공사판에서 다친 이주노동자의 보상을 도와주면서 국내 노동자에서 이주노동자로 사역의 방향을 틀었다. 이들의 인권을 위해 제도 개선은 물론 보상과 밀린 월급 문제 해결에 앞장섰다. 하지만 정작 보상을 받은 이주노동자는 고국에 돌아간 뒤 악덕 기업주가 되거나 마약 중독자로 전락하는 현실을 보게 됐다고 한다. 그동안의 사역은 철저한 실패였다고 결론을 내렸다. 그렇게 해서 95년부터 성남에서 예배를 드리기 시작했다. 서울에서 몰려오는 이주노동자들을 찾아가자는 마음으로 2000년 1월 1일에 아예 가리봉동에 둥지를 틀었다. 병원 건물 6층에 자리 잡은 중국동포교회 주일예배엔 매주일 700여명의 이주노동자들이 참석하고 있다.

여기에서 '외국인 노동자 전용 병원'을 하게 된 이야기를 첨가하려 한다. 왜냐하면, 이러한 병원은 매우 큰 일에 속하기 때문이다. 잘 알려져 있듯이 한국에 남아서 일하고 있는 외국인 노동자들은 불법으로 체류하는 경우가 많아서 아파도 병원에 갈 엄두를 내지 못한다. 물론 합법 체류의 경우도 사정은 마찬가지이다. 한 중국인 동포 노동자가 건축현장에서 못에 발이 찔렸다. 그는 병원 치료를 받았으면 나을 것을 결국 파상풍으로 혼자 앓다가 죽었다. 감기를 치료하

05 "지구촌국제학교 이사장 김해성 목사," 『주간 기독교』, 2011. 05.15, 제1850호, 9.

지 못해 폐렴으로 발전하여 사망한 경우도 있었다고 한다. 김해성 목사의 손을 거쳐 장례가 치러진 외국인 노동자들이 1500명이 넘게 되었다고 한다. 김 목사는 병원을 만들어 한 사람이라도 더 살리고 싶다는 바람으로 준비하다가 결국 2004년 7월에 외국인 노동자 전용 의원을 열 수 있었다. 매일 200여명의 환자를 치료하면서 의료 사각지대로 몰린 이들을 살려냈다. 그런데 설립된 지 1년 후 빚이 3억이나 쌓여 의원 문을 닫아야 할 형편에 놓았다. 그러나 신문 등에서 보도되면서 독지가들의 지원으로 지속될 수 있었다고 한다.

그는 국내 체류 120만명의 외국인은 하나님이 한국 교회에 주신 기회라고 말한다. 특히 농촌교회나 도심의 상가교회들에게는 새로운 개척지라고 하면서 적극적인 이주노동자 사역을 주문하고 있다. 그는 "이주노동자나 다문화 가정은 지푸라기라도 잡고 싶은 마음들입니다. 이들에게 조금만 관심을 가져도 얼마든지 돌보고 전도할 수 있습니다. 이것은 농촌교회도 살고 다문화 가정도 살리는 길입니다. 도심 한복판의 가정이나 식당에도 이주노동자나 중국 동포가 많습니다. 이들을 전도하고 파송한다면 가장 안전하고 효율적인 세계선교 사역이 될 겁니다"고 말하고 있다. 이러한 과정을 20여년 걸쳐 진행되었다고 볼 수 있다<자료Ⅲ>.

2, 남양주 지역의 이정호 신부

여기 소개될 이정호 성공회 사제는 그의 사역의 성격이나 규모에 있어서 괄목할 만하고, 김해성 목사와 더불어 외국인 노동자 선교에서 대표적인 지도력으로 꼽히고 있다. 이정호 신부는 어렸을 때부터 동네 주일학교를 다니다가 고등학교 때부터는 성공회교회에 나가기 시작했다. 그는 상계동에서 야학교 교장을 하였다. 그리고 송경용 신부를 도와 빈민선교에 참여했다. 김성수 주교가 당시 주교 밑에 행정부장직을 맡고 있을 때, 이정호 신부를 사제의 길로 인도했다.

이정호신부는 사제가 얼떨결에 되었다고 한다. 동기나 사명감이 썩 기억이 나지 않는데, 그러나 남을 돕는 건 잘할 수 있겠다는 생각이 들어 사제의 길을 선택했다. 이미 가난을 누구보다 잘 아는 그였기에 가난한 사제의 길도 그리 겁나지 않았다고 한다.

처음 간 곳이 남양주 마석 지역의 나환자촌에서의 목회였다. 치유된 나환자(한센 병자)들을 위한 사역을 토요일과 일요일에만 했다. 이들을 위한 교회를 만들기 위해서, 일본 등에서 2억 원의 해외 모금을 하였다. 관리사제로서 일주일에 한 번씩 남양주교회를 찾던 그는 1996년부터는 아예 짐을 싸서 마석으로 들어와 관할사제가 되었다. 그리고 한 필리핀 외국인 노동자의 부당 처우에 관한 일을 알게 된 것이 계기가 되어 '샬롬의 집'을 만들게 되었다.

남양주 교회가 걸어 온 길을 간단하게 정리하면 다음과 같다. 성공회 외국인 선교사인 박바우로 (John Burrough) 신부와 천갈로 (Roger Tennant) 신부가 일찍이 1960년대에 남양주시 화도읍에 한센 병 환자들을 위한 생활의 터전을 만들었다. 1960년 영국인 신부 천갈로가 일정한 거처 없이 떠돌아다니던 한센 병 치유자들의 삶에 관심을 갖고 15명의 치유자들을 모아 그들에게 생활의 터전을 마련해 주고 공동생활을 시작하였다. 그러다가 1965년 8월, 마을 안에 25평의 성당 (성생원 교회)를 설립했는데, 이곳이 오늘날 남양주 교회의 전신이다.

세월이 흘러, 1980년대에 이 정착촌 나환자들이 노령화되고 수많은 가구 공장들이 이 지역에 들어서면서 외국인 노동자들이 유입되기 시작하였다. 이정호 신부는 이들을 돕는 일에 뛰어들었다. 이것을 보고 감동받은 한센병자들이 외국인 노동자들을 위해 800평을 제공해 주었다. 이정호 신부측에서는 이것을 다시 남양주시에 기부 헌납했고, 시는 남양주외국인근로자지원센터(샬롬의 집) 건물을 지어주었다.

샬롬의 집 관장인 이정호 신부는 80년대 후반부터 마석에 있는 남양주 교회를 중심으로 마석의 가구공단에 취업하기 시작한 외국인 노동자들을 돕는 사업을 시작하였다. 이정호 신부가 시무하고 있던 성공회 남양주 교회가 위치한 하도읍 녹촌리에 대규모 가구단지가 형성되었다. 이곳의 가구 공장들에는 많은 인력이 필요하였다. 그러나 워낙 가구 공장이 3D 업종이라 한국인들이 그곳에서 일하려고 하지 않았다. 대체 인력으로 외국인 노동자들이 한두 명씩 유입되기 시작하면서 약 1천 5백 명의 외국인 노동자가 가구 공장들에서 일하게 되었다. 이들은 대체로 불법체류자(미등록 노동자)이므로 업주들로부터 부당대우를 받았고, 법과 경찰을 두려워하고 있다. 이들을 근거리에서 목격하던 이정호 신부는 이들을 돕는 일을 시작하였다. 한센병 환자 경력을 가지고 있어 자신도 생활이 어려운 사람이 다수 포함된 남양주 교회의 교인들(이들 중에는 한센병자들이 있었다. 이들은 자신들도 어려운 처지에 있었음)의 적극적인 노력의 결과로 1997년 '샬롬의 집'을 설립하여 외국인 노동자들의 인권보호와 복지활동을 벌였다.[06] 2005년에는 남양주 교회에 있는 땅에 경기도와 남양주시가 23억원을 지원하여 "남양주시 외국인 근로자복지센터"로 발전하여 외국인 근로자 보호 활동을 하고 있다. 이정호 신부는 "머나먼 이국 땅에서 고난과 핍박, 착취당하는 이주자들의 신음소리"에 대한 응답이 한국 교회가 당면한 긴급한 선교 과제라고 보고 이 센터를 건립했다.[07] 2007년 이명박 후보가 남양주 샬롬의 집을 방문했을 때, 이정호 신부는 이 후보에게 "이주민 문제는 풀어야 한다. 한국의 미래를 가늠하는 일이다. 초고령화, 저출산 이런 상황에서 반한감정이 일어나는 것은 문제가 있다"고 권했고, 이 후보는 맞는 말이라고 찬성해 주었다고 한다. 이정호 신부는 현재 한국인들에 대한 반감이 외국인 노동자들 사이에 높다고 한다. 그는 한국이 이러한 상황이 계속되면 세계에서 국가 이미지가 실추하여 경쟁력을 잃을 것이라고 걱정하고 있다.

---

[06] 마석 성생공단 입구에는 대한성공회 남양주교회로 알려진 '성프란시스교회'에 외국인근로자로 알려진 이방인을 돕겠다며 발벗고 나선 사람들의 모임으로서 즉, '샬롬의집'이다. 샬롬의 집에는 13개국의 1천5백여 명의 성생공단 외국인근로자는 물론 5천여 명으로 추산되는 구리남양주지역의 외국인 근로자의 안식처로 활용되고 있다.

[07] 이정호, "민중선교운동으로 본 외국인 노동자 선교활동" 2010년 2월 10일 성공회대학교 민중신학연구소 주최의 민중선교 토론회에서 발표되었음.

제3장 외노선교와 과제와 지도력

이주노동자가 남한 사회에 들어오기 시작한지 벌써 20여년이 되었다. 한국 사회에 이주노동자들이 많아진다는 것은 한국 교회에 새로운 선교영역이 생겼다는 것을 의미한다. 우선 일부에 불과하지만 선도적인 교회와 목회자가 이주노동자들의 문제를 적극적으로 개입해 들어갔다. 이것은 전체 한국 교회에 커다란 문제를 제기하고 있다. 나그네들을 따뜻하게 맞고, 함께 잘 살라는 말씀이 성서의 가르침인데 그러한 관점에서 기독교인들에게 새로운 과제를 제시하고 있는 것이다. 이주노동자의 존재는 사회와 교회에 새로운 관점을 제공해 줄 뿐 아니라, 도전적 과제를 제시하고 있다. '이들을 어떻게 대우할 것인가?', '한국인과 같이 동등하게 대우할 것인가?', '이들에게 어떤 법적인 지위를 줄 수 있는가?', '한국인들이 다른 민족, 다른 인종들과 어떻게 평화롭게 살 수 있는가?' 등의 문제가 한국 사회에서 제기되고 있으며 이 문제에 대해 교회도 응답해야 한다.

개신교의 외국인 노동자 선교가 산업선교와 민중교회로부터 발전되어 나왔음은 이미 위에서 언급하였다. 김해성 목사는 기독교 장로

회 소속 주민교회를 통해서 산업선교, 빈민선교에 뛰어들었다. 이를 위해 공장에 위장취업을 하여 1년 이상 노동하다가 신학생이라는 것이 밝혀지면서 해고당했다. 해고된 이후에 그는 교회(주민교회)를 기반으로 하여 노동자를 위한 활동을 펼쳤다. 그러다가 외국인 노동자들의 어려운 형편을 접하게 된 것이다. 그의 외노 선교는 단시간 내에 크게 성장하였다. 이정호 신부가 속해 있는 대한성공회는 나눔의 집 운동을 벌이고 있었다. 이정호 신부의 외국인 노동자 지원 활동은 나눔의 집 운동과 그 영성에 영향을 받았다. 1980년대 중반에 시작한 대한성공회의 나눔의 집은 빈민촌에서 가난한 사람들이 인간적 존엄을 지키고, 그것을 가로막는 삶의 질곡(철거, 노동조건, 자녀교육, 실업, 질병, 가난 등)을 해결하기 위한 주체로 나서게 하는, 복음을 실천하는 신앙운동이었다.[08] 이정호 신부는 이러한 나눔의 집 정신을 한국의 새로운 빈민이라고 할 수 있는 외국인 노동자들을 위해 적용했다 해도 과언이 아니다. 사실, 이주노동자를 위한 활동과 나눔의 집의 활동은 정신적으로 서로 연결되어 있다.

외노 선교는 산업선교와 비교해 볼 때 현실 권력과 직접 충돌하지 않았으므로 사회적인 영향력과 파급력이 크지는 않은 것으로 평가될 수 있다. 그러나 글로벌 시대를 맞은 한국의 현실을 감안하면 외노 선교는 장기적으로 사회에 막대한 영향을 미칠 것이다. 이주노동자의 방문과 요청으로 한국의 노동자 선교는 다시 힘을 얻게 되었으며 지속적으로 발전할 수 있는 전망을 가지게 되었다. 인물과 국적을 초월해 보편적 인권을 보호한다는 지향점을 가지고 있는 외노선교는 정부와 기업, 개인으로부터 지원을 받을 수 있는 구조를 갖고 있다. 한국에 있는 외국인의 인권보호 수준에 따라 장기적으로 한국에 대한 국제적인 평가가 좌우된다. 그러므로 정부와 기업도 외국인 노동

---

08 권춘택, "신앙, 운동, 복지의 통일적 이해를 위해" 나눔의 집 선교 10년, 1996 대한 성공회 서울교구 나눔의 집, 41 쪽.

자를 지원하는 교회의 사업을 반대만 할 수는 없다.

1970~80년대에 군사정권은 산업선교를 반국가단체로 몰았다. 그러나 오늘날 정부와 외노 선교에서 찾아볼 수 없는 끝없는 갈등관계로 나아가지는 않고 때때로 협조관계에 있다. 서로 협력할 지점이 있기 때문이다. 실제로 외노 선교 단체의 예산 가운데 정부 지원금이 포함되어 있다는 것은 이전의 산업선교에서는 찾아볼 수 없는 모습이다. 심지어 정부가 외국인 노동자 선교를 위한 건물을 지원하는 경우도 있다.

기업도 외노 선교와 좋은 관계를 맺을 수 있다. 실제로 김해성 목사의 일을 기업이 도와주고 있다. 김해성 목사가 가리봉동에서 하는 외국인 노동자를 위한 병원, 그리고 지금 계획 중에 있는 외국인 노동자 자녀를 위한 학교 등과 같이 많은 재정이 필요한 사업은 상당부분 기업의 지원으로 가능해졌다. 외노 선교는 정부와 기업, 및 시민사회의 지원으로 앞으로도 지속적으로 발전할 수 있는 주요한 사회선교 활동이라고 하겠다. 서울 가리봉동에 있는 '한국 외국인 근로자 지원 센터'는 실제로 국가로부터 위탁받았다. 김해성 목사가 대표로 있는 사단법인 '지구촌 사랑 나눔'은 이러한 위탁사업을 비롯한 다양한 일들을 벌이며, 직원들이 100여명이 된다. 이처럼 외노 선교사업은 민관협력 사업적인 내용을 가지고 있으며, 1970-80년대의 산업선교를 비롯한 사회선교의 모습과 비교하면 교회와 국가의 관계가 질적으로 다르다는 것을 확인할 수 있다.

이상에서 고찰한 외노선교가 직면한 문제점을 다음과 같이 정리할 수 있다.[09]

---

[09] 이것은 지난 2010년 2월 10일에 성공회대학교에서 있었던 "민중선교운동으로 본 외국인 노동자 선교활동" 토론회에서 토론자로 참가했던 임선일, 이재호의 토론문을 통해서 정리하여 보았다.

(1) 이주노조의 입장에서보면 외노협(외국인 이주 ·노동 협의회)이 이주노동자를 주체로 인정하지 못하고 시혜의 대상으로만 간주하는 상황에 대해 비판적인 입장을 견지할 수 밖에 없다. 외노협은 회원단체의 대표들에 의해 운영되고 있는 것이 현실이고 이주노동자는 외노협의 의사결정에 소외되고 있다.

(2) 정부와 가지는 관계에 문제점이 있다. 위에서도 논의되었지만 산업선교회나 민중교회는 국가에 저항했던 것에 비해, 외노 선교는 정부와 협력관계를 유지하고 있다. 물론, 정부로부터 무조건 지원과 협력만 받는 것은 아니다. 국면에 따라서는 탄압도 받고 있다. 그러나 이주 노조의 입장에서 보면탄압을 받은 직접적 당사자들은 외국인 노동자들이었고 외노선교는 간접적인 탄압을 받은 것에 불과하다. 외노선교 자체에 대해 정부도 시기별로 정도의 차이가 있었지만 지원과 협력을 제공해 온 것이 사실이다. 그렇다면 외노선교가 독자적으로 예언자적인 자세를 가지고 비판적 입장을 견지하기가 어렵게 된다는 문제가 발생한다. 독자적인 비판적 입장이 없어진다면 외국인노동자선교는 지속될 수 있겠는가?

이 글에서는 두 목회자가 발휘하는 외노선교 지도력에 관심을 집중하였다. 그러나 다른 외노 선교의 현장의 지도력도 이들과 큰 차이없는 특징을 가지고 있다고 본다. 이들은 약자인 민중에 대한 뜨거운 열정과 사랑을 가지고 있다. 김해성 목사는 광주 민주화운동를 거치면서 고난당하는 약자에 대한 빚진 자 의식을 가지게 되었다고 한다. 이것이 그를 제 몸 돌보지 않은 채 약자인 외국인 민중들을 위해 일하도록 만들었다고 한다. 이정호 신부도 가난한 자와 약자를 돕는 일로 신부의 일을 시작하였다. 이들은 모두 빚진 자의 태도를 가지고 있다. 광주에서 죽어간 동료와 친구들에게 빚졌다는 생각, 혹은 가난한 달동네 사람들에게 빚졌다는 생각이 깊이 뿌리를 내리고 있다. 같은 맥락에서 보면 외국인 노동자들에게 한국 국민들이 빚진 것이 많다. 외국인 노동자들이 한국에서 코리안 드림을 이루려고 했던 것이지만, 실상 한국의 산업 발전에 크게 공헌한 사람들이라는 생각을 두 성직자는 가지고 있다. 이들이 다 못 이룬 코리안 드림을 이루도록 도와주어야 우리 한국인이나 기독교인이 도리를 다하는 것이라는 믿음이 있다.

외노선교 실무자들의 빚진 자 의식이 지금까지 외노선교의 사역을 이끌어왔다. 이러한 빚진 자 의식은 한국인의 민주의식과 시민의식을 고양시킬 수 있는 좋은 덕성이다. 이들 지도력의 빚진 자 의식은 한국 교회의 양심일 뿐 아니라, 한국 국민의 양심이요, 숭고한 정신이라고 본다. 이들은 한국인이 국내에 들어와 있는 외국인을 인간적으로 대접해야, 한국인도 외국에 나가서 제대로 인간적인 대접을 받을 수 있을 것으로 확신하고 있다. 이런 의미에서 외국인노동자선교는 더욱 한국 교회와 사회를 위해 필요한 정의로운 일임을 확인하게 된다.

제4장 마무리: 이주노동자 운동과 사회선교의 과제

외국인노동자선교가 한국의 기독교 사회선교 운동에서 차지하고 있는 위치를 확인할 필요가 있다. 앞에서 언급한 바와 같이 외노선교는 산업선교와 민중교회의 전통을 잇는 사회선교운동이다.

오늘날 존재하는 개혁적인 기독교 선교운동은 산업선교와 민중교회운동의 전통에 서 있다. 최근의 기독교 사회선교운동은 4대강 살리기 위한 4대강 사업반대 운동, 정치개혁운동, 비정규 노동철폐 등 신자유주의 반대운동, 평화운동, 통일운동에 교회와 연합하여, 조직적으로 참여하고 있다. 사회선교는 신자유주의적 자본주의 혹은 맘몬주의에 대한 저항적 성격과 함께 정부와 권력에 대해 비판적인 입장을 갖고 있다. 국가(정부)와 자본에 대해 비타협적인 예언자적 비판의 전통이 살아있다.

외노선교는 국가와 자본에 대해 애매모호한 입장을 가지고 있다. 위에서도 살폈듯이 외노선교는 국가와 애매모호한 관계를 갖지 않을 수 없다. 한편으로는 국가의 외국인 노동자에 대한 차별적인 태도를 비판하고 투쟁해야 하지만, 다른 한편으로는 국가와 자본의 지원을 받거나 이들과 협조하지 않을 수 없는 상황에 처해 있다. 그러다 보니, 외국인노동자선교는 전통적인 사회선교와는 달리 예언자적 비판의 거리를 잃어버릴 수도 있다.

외노선교는 외국인의 정당한 인권과 복지를 존중한다는 점에서 약자를 위한 기독교 사회선교의 중요한 영역이다. 그러나 외노선교가 처해 있는 특수한 위치 때문에 군사정권 시절에 사회선교를 평가하는 잣대와는 다른 기준을 적용할 필요가 있다. 제도적인 민주화가 진전된 현실을 생각하면 앞으로 사회선교 조직도 국가와 자본을 무조건 반대하고 배제할 수는 없을 것이다.

외노선교의 경험은 이러한 점에서 시사해 주는 바가 크다. 외노선교의 건강한 발전은 기독교적 사랑, 예언자적 자세, 사회개혁과 약자 보호의 정신을 기반으로 한다. 외국인노동자선교는 기독교 사회선교의 영역을 넓히는 중요한 시금석이며, 과제이며, 실험인 것은 분명하다.

〈자료 I〉 신앙고백문

우리는 이 세상을 창조하시며 역사를 주관하시는 창조주 하나님을 믿습니다.
당신은 고역을 견디다 못해 신음하며 아우성치는 종살이 민족을 해방하신
우리의 아버지이십니다.
우리는 이 땅에 오셔서 가난한 이들과 함께 하신
해방자 예수 그리스도를 믿습니다.
당신은 십자가에 매달려 죽기까지 우리를 사랑하셨으며 부활로 죽음의 세
력을 이기신 우리의 주님이십니다.
우리는 해방의 그날까지 힘과 용기로 도우시며 역사하시는
성령을 믿습니다.
당신께서는 우리로 하나되게 하시며 생명의 공동체를 이루게 하시며 선교
하게 하시는 우리의 힘과 용기이십니다.
아멘.

〈자료Ⅱ〉 국민일보기사

외국인 노동자 지원 사역에 나서게 된 데는 우연한 계기가 있었다. 어느 날 작업 도중 팔이 잘린 필리핀 노동자 에리엘 갈락이 찾아왔다. 그는 치료는 받았지만 보상을 받지 못하고 있었다. 갈락이 다녔던 공장의 사장을 만났더니 치료비로 이미 많이 지출했으므로 더 이상의 보상은 해줄 수 없다고 말했다. 그는 자신의 뒤를 봐주는 형사가 있다며 그 형사와 대화하라며 발을 뺐다. 나는 '형사'라는 말에 귀가 솔깃해져 누구냐고 물었다. 그가 말한 형사는 공교롭게도 이전에 주민교회를 담당했던 정보과 형사였다. 너무 잘 아는 사람이라 당장 전화를 걸었다. 그를 만나자마자 바로 그 자리에서 합의를 이끌어내 1500만원을 받아 갈락에게 주었다. 몇 달 동안 해결되지 않던 일이 하루 만에 처리된 것이다.

재중 동포 허순필씨 사건도 내게 영향을 미쳤다. 그는 경기도 성남시 분당의 한 아파트 신축 공사장 16층에서 작업 중 추락사했다. 그런데 한 달이 되도록 합의에 진전이 없었다. 회사측에선 200만원을 제시했고 유족은 800만원을 요구하면서 줄다리기하고 있었다. 사고 현장을 찾아갔더니 추운 겨울날 유족이 사무실 처마 밑에 앉아 있었다. 사무실 문을 두드리고 나를 소개하며 "사망 사건으로 찾아왔다"고 말하자 현장소장은 발도 들여놓지 못하게 했다. 문전박대를 당하고 나온 뒤 그 건설회사 회장에게 면담 신청을 했다. 현장에서 사고로 목숨까지 잃은 노동자에게 아무런 보상을 하지 않는 처사에 대해 의논하고 싶다고 했다. 또 준공검사를 담당하는 성남시장과 건설교통위원회 소속 지역 국회의원도 만났다. 그들은 최선을 다해 도와주겠다고 약속했다.

며칠 뒤 현장소장이 직접 찾아왔다. 회사에서 난리난 듯 그는 혼비백산한 모습이었다. 그의 태도는 180도로 바뀌어 있었다. "목사님, 참 대단하십니다. 몰라뵈어 죄송합니다." 대화가 시작되었고 회사측은 보상금 4000만원을 유족에게 지급했다. 그 후 산재보상금을 합해 유족은 총 8880만원을 수령했다.

그후부터 '성남에 있는 김해성 목사에게 가면 모든 문제가 해결된다더라'는 소문이 전국으로 퍼졌다. 외국인 노동자와 재중 동포들이 줄을 잇기 시작했다. 주로 체불 임금이나 산업재해 등으로 고통 받는 사람들이었다. 대부분 불법 체류자였다. 이 때문에 법에 호소할 수도 없어 냉가슴만 앓다가 행여나 하는 기대를 안고 나를 찾아온 것이다. 자연스럽게 노동상담소의 주대상은 한국인 노동자에서 외국인 노동자와 재중 동포들로 바뀌기 시작했다. 결국 1994년 4월 주민교회 이해학 목사님의 서재를 빌려 '외국인 노동자의 집/중국 동포의 집'을 설립했다. 방 한 칸이 상담소와 오갈 데 없는 사람들의 쉼터를 겸했기 때문에 늘 북새통이었다. 그후 자리를 넓히다 보니 주민교회 지하 100여평을 완전히 점령하게 됐고 10년을 넘도록 무상으로 살아오면서 오늘에 이르렀다. "주민교회 교우들과 이해학 목사님, 죄송하고도 고맙습니다."

21세기가 열리면서 나는 '어떤 일을 할까' 고민하다가 서울로 진출할 것을 결심했다. 이런 결심에는 동역하시는 이선희 목사님의 역할이 크게 작용했다. 나는 인권과 노동 문제에서는 어느 정도 전문가라고 자처하지만 다른 분야엔 부족한 부분이 많았다. 이 목사님은 전도와 양육의 대가로서 내가 부족한 부분을 충실히 채워주셨다. 드디어 2000년 1월1일 자정 새 천년을 맞는 첫 시간에 재중 동포 5만여명이 밀집해 있는 서울 가리봉 지역에서 센터 창립예배를 드렸다.

잇따라 경기도 안산과 광주를 비롯, 양주 발안 곤지암 덕정 등에 센터가 세워졌다. 외국인노동자전용의원과 약국, 한의원, 치과도 설립됐다. 외국인 노동자교회와 중국동포교회 20여 곳, 세계선교신학대학도 세워졌다. 노동부에서 설립한 한국외국인근로자지원센터도 위탁 운영하면서 방글라데시 인도네시아 스리랑카 중국 등에 선교센터와 교회를 세우는 등 세계 선교 사역도 활발하게 펼쳐나가고 있다.010

〈자료Ⅲ〉 구로 연표

김해성 목사와 그가 대표로 일하고 있는 (사) 지구촌사랑나눔의 그간의 활동은 다음과 같이 시간 순으로 정리할 수 있다.

1980. 12. 성남지역 도시빈민지원활동에 참여
1986. 05. 성남지역 노동자지원활동 시작
1992. 03. 중국동포와 외국인을 위한 노동상담 시작
1994. 04. 〈외국인 노동자의 집/중국동포의 집〉 창립

010 2006.10.11 15:29 국민일보 인터넷판, 정리=박동수 spark@kmib.co.kr

1995. 07. 〈한국외국인노동자대책협의회〉 창립
1996. 06. 외국인노동자보호법제정운동 구속수감
2000. 01. 〈서울외국인노동자의 집/중국동포의 집〉 창립
2001. 03. 〈세계선교신학대학〉 설립
2002. 02. 〈안산외국인노동자의 집/중국동포의 집〉 창립
2002. 10. 〈광주외국인노동자의 집/중국동포의 집〉 창립
2003. 07. 〈외국인근로자고용등에 관한 법률〉 국회통과
2004. 07. 〈외국인노동자전용의원〉 개원
2004. 12. 〈발안 외국인노동자의 집/중국동포의 집〉 창립
2004. 12. 노동부 〈한국외국인근로자지원센터〉 위탁경영
2006. 04. 〈곤지암 외국인노동자의 집/중국동포의 집〉 창립
2007. 07. 〈다문화 복지센터〉, 〈무지개어린이 마을〉 개원
2008. 08. 가리봉동 시설 제외한 다른 모든 시설과 교회의 분가 및
         독립화

07

한국인의 시선
-경기도 마석 가구공단에
거주하는 한국인들의
이주노동자에 대한
인식을 중심으로-

박경태

제1장 머리말

　1980년대 후반부터 시작된 이주노동자의 유입으로 한국은 노동력 유입국이 되기 시작했다. 당시의 언론보도를 보면 필리핀인 가정부가 가사를 도울 뿐만 아니라 자녀들의 영어도 가르쳐줄 수 있다는 흥미거리 기사에서부터, 조선족 동포들이 대거 방문하면서 가져온 중국산 한약재가 유해성분을 포함하고 있다는 기사에 이르기까지, 과거 한국 사회가 접해보지 못했던 새로운 경험을 전해 주었다. 90년대 초반이 넘어서면서 급증하는 이주노동자의 존재는 점차 한국인들에게 새로운 경험을 넘어서 일상적인 삶의 일부가 되기 시작했다. 때마침 늘기 시작한 국제결혼의 봇물도 이런 경향을 부채질해서, 이제 현실 속에서나 대중매체에서나 외국에서 온 사람들과의 만남은 너무도 당연한 경험으로 인식되고 있는 실정이다.

　사실 이주노동자가 들어오기 전까지 한국 사회는 오랜 기간 동안 외국으로 노동력을 보내는 송출국이었다. 조선 사람들은 일찍이 1860년대에 이미 러시아의 연해주 지방으로 활발하게 이주하기 시작했으며, 압록강과 두만강 건너편의 중국 땅에는 1875년 이후에 많은 사람이 정착하기 시작했다. 미국 이민은 하와이에서 시작되었는데, 그곳의 사탕수수 농장에서 계약노동자로 일할 사람을 태운 첫 배가 1902년 12월 22일에 제물포를 떠난 이후 1905년까지 7,226명이 하와이로 떠났다. 식민지 시절에는 만주지방으로 대규모 농업 인력이 떠났고, 또한 일본으로도 많은 사람이 때로는 자발적으로, 때로는 강제징용의 행태로 보내졌다. 해방 이후에도 해외이민을 정부 차원에서 추진하기 시작하여 1962년부터 1976년까지 3만 명 이상이 남미 각국으로 떠났으며, 미국의 이민법이 1965년에 바뀌면서 아시아 사람들이 미국으로 이민을 갈 수 있는 문호가 넓어지자 한국인도 대거 미국으로 이민을 떠나기 시작했고, 비슷한 시기에 당시의 서독이던 독일로 광부와 간호사들이 이주를 시작했다. 1970년대에 중동에 일기 시작한 건설 붐을 타고 1980년대까지 많은 건설 노동자들이 중동으로 향했는데, 당시 한국의 '없는 사람들'은 사우디에 돈 벌러 가면 한밑천 잡을 수 있다는 희망을 품기도 했다.

노동력을 보내는 시절의 한국에서는 외국인이라면 주둔하고 있는 미군 또는 관련 종사자들, 외교업무 관련 종사자들, 또는 관광객 정도에 불과했었고, 외국인의 이미지도 미국사람을 중심으로 하는 선진국 출신의 모습으로 그려지고 있었다. 그러나 동남아시아의 여러 나라를 중심으로 한국보다 전반적인 소득수준이 낮은 나라 출신의 외국인이 이주노동자나 결혼이주민으로 대거 들어오면서 그들을 바라보는 새로운 시선이 생겨났다. 첫 번째 시선은 가난한 나라에서 돈 벌러 온 불쌍한 사람이라는 시선이다. 한국인이 기피하는 분야에서 일을 하려고 온 사람, 여러 가지 이유로 결혼시장에서 경쟁력이 없는 사람과 결혼을 하러 온 사람이라는 이유로 새로운 이주민은 동정어린 시선을 받게 되었다. 언론 매체도 이들이 받는 고통과 어려움을 집중적으로 보도함으로써 이러한 연민어린 시선을 만들어 내는 데 크게 기여했다. 또 다른 시선은 이들을 우리와는 다른 이질적인 사람, 또는 우리와 일자리를 놓고 경쟁을 하는 사람으로 보는 시선이다. 대개 건설노동이나 '돌봄노동'에 종사하는 사람들이 겪는 구직의 어려움, 임금이 인상되지 않는 현실 등을 이들의 탓으로 돌리며 더 이상의 유입을 반대하는 입장이라고 할 수 있다.

그런데 위의 두 시선들이 서로 상반되는 입장에 있으면서도 공통된 점이 있다. 둘 다 새로운 이주민을 '함께 살고 있는 우리'가 아니라 '나와는 동떨어져 사는 남'이라는 시각에서 바라보고 있다는 점이다. 이주민은 한국에 와서 공장에만 국한되어 살면서 노동만 하는 존재가 아니며 시집와서 남들과 접촉하지 않고 집에만 갇혀서 사는 존재도 아니다. 공장이나 집을 나서면 일상적으로 한국인들과 만나서 접촉하고 상호작용을 하며 사는 사람이다. 그렇다면 함께 어울려 살고 있는 한국인은 새로운 이주민을 어떻게 바라보고 있을까? 이 연구가 갖고 있는 문제의식은 여기에서 출발한다. 이주노동자나 이주민 전반에 대한 연구들이 축적되면서 다양한 측면을 다룬 연구 결과들이 쏟아져 나오고 있지만, 거주나 지역사회와 연관된 글들은 아직 많지 않은 편이며 특히 이주민들의 증가에 관해서 기존의 거주자인 한국인들의 생각을 다룬 논문은 거의 없다고 할 수 있다. 이주민과 가장 가까운 곳에서 상시적으로 접촉하면서 살고 있는 한국인이 자기 동네에 새 성원이 된 이주민에 대해서 느끼는 감정은 무엇일까, 한국인은 그들을 동등한 자격을 지닌 '마을 사람'으로 생각하고 있을까?

본 연구는 이에 대한 답을 찾기 위해서 이주노동자들이 집단적으로 거주하고 있는 경기도 마석의 가구공단에 초점을 맞추었다.

제2장 집단 거주를 둘러싼 논의들

세계적으로 이주민이 증가하면서 거주 공간이 분리되어가는 현상을 설명하기 위해서는 세계화의 물결에 대한 이해가 필요하다. 중심부 국가의 도시들은 산업구조의 변화에 따라 새로운 모습을 갖추게 되었는데, 제조업이 축소되면서 첨단 금융산업에 관련된 쪽으로 특성을 갖추게 된다(Sassen, 2006). 이 도시들은 첨단 산업에 종사하는 고급 두뇌들을 필요로 하지만, 그들을 위해 청소나 음식 제공, 택배 등 낮은 수준의 서비스를 제공하는 사람들도 동시에 필요로 하게 된다. 저임금을 받더라도 일할 의사가 있는 이주민들이 이런 서비스를 담당함으로써 경제적, 그리고 민족·인종적 양극화가 진행된다(Zukin, 1988). 양극화는 종사 업무나 직종에서만 발생하는 것이 아니다. 경제적인 양극화는 지불할 수 있는 거주비용의 차이를 의미하며, 따라서 비싼 비용을 지불할 수 있는 사람들과 아닌 사람들 사이에는 거주지의 분화가 일어나게 된다.

여기에 덧붙여서 문화적인 요소들은 가난한 사람들 사이에서 다시 한 번 거주지의 구분을 일으키게 된다. 어느 사회에 새로 이주한 사람들은 자기들과는 다른 언어나 문화를 가진 주류사회의 차별과 배제 때문에 스스로를 보호하기 위해서 집단 거주를 하게 된다. 유럽에서 오랜 시간 동안 유지되어 왔던 유태인 집단거주지나 미국의 차이나타운의 존재도 이러한 맥락에서 이해할 수 있다. 그런데 이렇게 형성된 에스닉 거주지는 같은 에스닉 성원들 사이에서 사회적인 부조를 주고받을 수 있으며, 공통의 문화를 나눔으로써 정서적인 안정을 제공하는 기능을 하기도 한다. 자기가 떠나온 모국의 향수를 느낄 수 있는 상징이 있는 곳, 그러한 것을 공유하는 사람들이 모여서 교감을 나눌 수 있는 곳이어서 이민자의 집단 거주 지역이 만들어지고 유지된다. 크워너(Cwerner)에 따르면 이주의 초기에는 경제력이 약한 이민자들이 경제적 활동을 위해서 응집력 있는 집단 거주지를 형성하지만, 시간이 지나면서 다른 지역으로 이주함으로써 응집력이 약화되어 간다(Cwerner, 2001).

한국의 경우는 중심부 국가의 거대도시들이 겪어온 위의 내용과는 차이가 있다. 첫째, 한국에서는 이주노동자의 유입이 반드시 금융엘리트를 위한 낮은 수준의 서비스 제공을 위해서 발생한 것이 아니며, 오히려 '전통적인', 그러나 이제는 사양화 된 제조업의 생산직 인력을 보충하기 위해서 이주노동자를 도입한 것이다. 둘째, 위의 연구사례에 해당하는 이민국가들이 영구 이민을 전제로 사람들을 받아들였던 것과는 달리 한국은 최장 5년 미만의 단기체류만을 허용하는 이주 정책을 택하고 있다. 한국의 이민정책이 단기 순환정책이기 때문에 이민국가들과는 달리 한국의 도시들은 국적별로 뚜렷한 정착지역을 만들지 못하고 있는 실정이라고 볼 수 있다.

그럼에도 불구하고 서울을 비롯한 여러 도시에는 이미 여러 개의 외국인 집중거주 지역이 형성되어 있다. 서울만 보더라도 연희동에는 긴 세월을 지나온 차이나타운이 있고, 이태원에는 이슬람 사원을 비롯해서 다양한 외국인들이 거주나 방문을 위해서 오고 가고 있다.

동부이촌동에는 일본인 마을이 있고, 방배동에는 프랑스 마을인 서래마을이 있고, 동대문운동장(동대문역사문화공원) 옆에는 러시아와 중앙아시아촌이 있다. 가리봉동과 대림동에는 중국동포가 집단적으로 거주하고 있어서 한국화 되지 않은 '중국식 중국음식점'이 즐비하게 늘어서 있다. 그러나 외국인들이 많이 거주하는 지역이 서서히 생겨나고 증가해감에도 불구하고 아직까지 이 것의 의미를 분석해내는 연구는 많이 이뤄지지 않고 있다.

많지 않은 연구들 중에서 김은미와 김지현(2008)의 글은 서울에 있는 외국인 마을들을 비교함으로써 유형을 구분했다. 이들에 의하면 외국인 마을은 ①1970년대 초반부터 일본인과 중국 화교들이 각각 학교를 중심으로 만든 비교적 오래된 외국인 '주거형 마을'과, ② 1997년 외환위기를 전후하여 세계화와 한국의 시장개방에 따른 다국적 기업의 한국 진입과 아시아 내부에서 진행된 외국인 노동자의 급격한 인구이동과 맞물려서 생성된 외국인 '문화형 마을'로 구분된다. 여기에서 특히 외국인 문화형 마을은 상권을 구심점으로 형성되어 종교와 문화 활동이 활발하게 이루어지면서 외국인의 한국 생활 적응을 돕고 있다고 한다.

한편 박배균·정건화(2004)의 연구는 이주노동자는 세계화의 추진 과정 속에서 '잊혀진' 존재라고 규정하고, 이와 같은 '잊어버림'의 정치가 경기도 안산시에 있는 이주노동자들의 집단 거주지에 어떤 영향을 끼쳤는지를 들여다 보았다. 이들에 따르면 '불법체류' 이주노동자에 대한 한국 정부의 의도적인 '배제의 정치'가 이들의 노동력을 이용하려는 지역 사업자들과 이들을 보호하려는 지역 인권단체의 '포섭의 정치'와 상호작용을 일으키는 과정을 통해서 이주노동자는 '잊혀진' 존재가 되고 만다고 규정한다. 조현미(2006)는 대구시 달서구에 있는 외국인 밀집지역에서 에스닉 커뮤니티가 어떻게 형성되는 가를 연구했다. 그에 따르면 에스닉 커뮤니티는 에스닉 상점을 중심으로 구성원들이 형성한 하나의 공동체로 유지되고 있되, 지나치게 자신들의 네트워크에만 초점이 맞춰져 있어서 외국인들과 한국인 지역주민들 사이의 공감대는 형성되지 않았다.

제3장 연구의 설계

1. 마석의 이주민마을

 이주노동자는 수도권을 중심으로 하여 전국적으로 분포되어 있으며, 공단뿐만 아니라 농촌, 건설현장, 광산, 어장 등에서도 일하고 있다. 이 연구의 분석 지역인 경기도 마석에는 대규모 가구공단이 자리를 잡고 있으며, 많은 이주노동자가 일하고 있다. 이곳은 원래 '원주민'이라고 불리는 한센병(나병)환자들이 집단적으로 거주하던 동네였으며 과거에는 100가구 이상이 공단 안에서 살았었지만, 지금은 약 20가구 정도만이 살고 있다. 원주민들은 이곳에서 주로 양계장을 운영하며 생계를 유지했는데, 동네의 성격상 땅값이 싸고 개발이 되지 않아 방치된 곳에 가구공장이 하나씩 들어오기 시작하다가 이제는 대규모의 가구공단이 자리 잡게 되었다. 이 공장들은 대부분 영세한 규모고 작업환경이 열악했기 때문에 한국인 노동자를 충원하기가 쉽지 않았다. 낮은 임금, 힘든 노동, 위험한 작업환경 등 전형적인 '3D산업'의 요건을 모두 갖춘 이 공장들이 찾은 대안은 미등록 이주노동자였다. 일자리와 싼 거주비용을 찾는 미등록 이주노동자들이 자연스럽게 몰려들면서, 일부 한국 언론은 이곳을 '불법취업 외국인노동자의 해방구'로 부르기도 했다.

마석의 이주노동자들에게 중요한 활동의 근거지는 'ㅅ교회'라고 할 수 있다. 공단 안에 위치하고 있는 이 교회는 이미 오래 전부터 필리핀인들을 위한 예배를 보기 시작해서 필리핀인들이 모이는 핵심적인 장소로 자리를 잡아왔다.[011] 평일에는 바빠서 만나기도 쉽지 않지만 일요일에는 모두 모여서 예배도 보고, 놀이도 하며, 취업에 대한 정보도 교환한다. ㅅ교회의 ○신부는 필리핀노동자들이 마석에 처음 정착할 때부터 도움을 주기 시작하여 지금은 이들의 대부와 같은 역할을 하고 있다(박경태 외, 1999). 하지만 ㅅ교회와 연결되어 있는 이주노동자들은 필리핀에 국한되지 않는다. 방글라데시와 네팔 출신의 노동자들을 비롯해서 약 15개국 출신의 이주노동자들이 ㅅ교회와 관계를 맺고 도움을 받고 있다.

---

[011] 필리핀 사람들의 절대 다수가 천주교 신자며, 인근에 천주교회가 있음에도 불구하고 개신교 교단 소속인 ㅅ교회를 중심으로 조직되어 활동하고 있다는 점은 매우 특이한 것이다. 필리핀 사람들 입장에서 볼 때 교단보다는 이주노동자들을 열린 자세로 받아들이는가 여부가 더 중요한 근거인 것으로 추정된다.

　한국에서 체류하는 시간이 길어지면서 이주노동자들은 나름대로의 상호부조 체계를 갖추게 되었다. 출신국가별로 '공동체'를 만들어서 회장, 총무 등을 뽑아 공식조직을 형성해서 경조사에 도움을 주고받기도 하고, 자국의 국경일에는 대규모 축하행사를 열기도 했고, 다른 지역의 같은 국적 공동체와 체육행사 등의 친선교류를 갖기도 했다. 마석은 외부와는 떨어져있는 지역의 특성, 상대적으로 빈번하지 않은 강제단속의 손길 등에 힘입어 다른 지역에 비해서 상대적으로 이런 활동들이 활발하게 이뤄진 곳이라고 할 수 있다.

　연구 대상지역으로서 마석 가구공단은 매우 독특한 외국인 밀집거주 지역이라고 할 수 있다. 그 이유는 이 지역에 절대적으로나 상대적으로 매우 많은 이주노동자들이 살고 있기 때문이다. 이곳에 얼마나 많은 이주노동자들이 일하며 살고 있는지는 동사무소를 포함해서 아무도 모른다. 다만 ㅅ교회에 속한 활동가들의 추정에 따르면 필리핀 출신이 약 200명, 방글라데시 출신이 약 150명, 네팔과 인도네시아가 각 30명, 그리고 그 외에 몽골, 베트남, 스리랑카, 중국, 파키스

탄, 태국, 캄보디아, 카메룬, 나이지리아, 케냐 등의 국적 출신들이 적게는 몇 명, 많게는 십여 명 정도씩 있는 것으로 추정하고 있다. 반면에 공단지역에 살고 있는 한국 사람의 숫자는 정확하게 규정하기가 매우 애매하다. 만약 '살고 있다'는 의미를 주민등록을 그곳에 두고 있다는 것으로 파악한다면 해당되는 한국인은 매우 적은 수의 원주민에 불과할 것이다. 왜냐하면 거의 모든 한국인 공장주, 노동자, 가구 매장 주인 및 종업원들은 공단 안에서 살지 않고, 바깥에서 살면서 일하는 시간에만 공단에 머물기 때문이다. 즉 낮에는 한국인들이 제법 눈에 보이지만 밤만 되면 공단은 거의 외국인들만 사는 세상이 된다는 말이다. 낮 시간이 지나도 공단에 '머무르는' 한국 사람들은 대개 원주민들과 일부 가게 주인들에 해당한다.

2. 표본

이 연구의 대상은 경기도 마석의 가구공단에서 살고 있거나 이주 노동자와 관련된 활동·생활을 한 경험이 있는 한국인들이다. 이 지역은 연구자가 기존의 다른 연구들을 수행할 때부터 자주 드나들어서 매우 익숙한 지역이며 ㅅ교회를 통해서 알게 된 사람들도 많은 편이어서 이 지역의 한국인들에게 면접을 위해 접근을 했을 때 우호적인 분위기에서 면접을 진행할 수 있었다. 2009년에 예비조사를 위해 몇 차례 공단지역을 방문했었고, 본격적인 면접조사는 2010년 2월 24일부터 4월 3일 사이에 이뤄졌다.

응답자들을 구체적으로 살펴보면, 이주노동자들을 지원하는 한국인 활동가 2명, 공단 안에서 각각 다른 가게를 운영하는 가게주인 2명, 공단 안에서 살고 있는 원주민 1명, 인근의 초등학교 교사 1명 등이다. <표 Ⅶ-1>은 응답자들의 특성들을 요약한 것이다.

〈표 Ⅶ-1〉 피면접자의 특성들

사례번호	이름	성별	나이	직업	비고
1	A	남	42	(전)지원활동가	
2	B	남	33	(현)지원활동가	
3	C	남	46	가게 주인	
4	D	여	44	가게 주인	
5	E	남	45	원주민 (2세)	
6	F	남	미상	초등학교 교사	전화 면접

모두 대면 면접조사를 진행했지만, 초등학교 교사인 F씨는 '부담스럽다'는 이유 때문에 전화면접을 진행했다. F씨는 조사에 응하는 것 자체가 재직 중인 학교에 다니고 있는 아이들에게 간접적으로라

도 피해가 갈지도 모른다는 생각에서 모든 조사에 응하지 않고 있다고 얘기했다. 하지만 지인을 통해서 접촉을 하고나서 전화로 조사에 관한 얘기를 전달한 후에는 친절하게 잘 응답을 해주었다.

제4장 연구의 내용

1. 고정관념에 기초한 편견

이주노동자가 지역에 거주하는 한국인과 어떤 관계를 맺고 있는가에 관한 연구가 별로 없는 상황에서 일반화된 틀을 제시하는 것은 쉽지 않겠지만, 오경석·정건화(2006)의 연구는 논의의 출발점을 제공해준다. 이 연구는 안산시 원곡동의 외국인 집단 거주 지역인 일명 '국경없는 마을'을 둘러싼 쟁점들을 정리하면서 지역의 한국인 주민과 외국인이 어떠한 관계에 놓여있는가를 보여준다. 이 연구에 따르면 안산 지역의 외국인 지원 활동은 지역 주민의 동의와 지지를 이끌어내지 못하고 있으며, '국경없는 마을' 프로젝트는 지역의 사회적 의제로 공유되지 못하고 있다. 원곡동은 한국인 지역 주민이 기피하는 게토화된 문화적 오지로 전락하고 있으며, 한국인의 관심에서부터 차츰 '잊혀진 지역'이 되고 있다는 얘기다.

이주노동자들이 집단 거주하고 있는 지역마다 다양한 특성이 있겠지만, 안산시 원곡동의 이러한 사례는 전형적인 사례일 것으로 추정된다. 노동력 수요나 값싼 방값 등의 경제적 이유 때문에 외국인들이 들어오기 시작하고, 외국인 숫자가 점차 늘어나면서 그들을 대상으로 하는 각종 서비스 제공 업체도 늘어나며, 반면에 한국인의 비율은 점차 낮아지는 것이 많은 곳에서 벌어지는 일반적인 현상일 것이다. 이러한 경우 비록 외국인이 '제법' 많더라도 한국인 주민들은 자기가 사는 곳이 '이주민 마을'로 불리거나 알려지는 것에 대해서도 탐탁하지 않게 생각한다. 멀쩡하게 한국인인 '우리'가 사는 곳을 그렇게 부른다는 것은 자기들의 존재를 인정하지 않는 것으로 여기는 것이다. 이런 감정은 인천시 북성동의 차이나타운을 개발할 때 한국인 주민들 사이에서 "지역경제의 활성화와 한국인 푸대접이라는 양가 감정이 존재"할 수밖에 없었던 경험에서도 볼 수 있다(이창호, 2008: 229). 반면에 이 것과 반대되는 현상을 보여주는 연구는 아직 나와 있지 않다. 즉 이주노동자를 긍정적으로 바라보고 그들을 지역사회의 새로운 성원으로 적극적으로 받아들이고 있는 곳을 보여주는 연구는 아직 등장하지 않고 있다. 연구가 없는 이유가 실제로 그러한 지역이 존재하지 않기 때문인지, 아니면 존재하기는 하지만 아직 연구가 미흡해서인지는 알 수 없다.

외국인들이 집단 거주를 하고 있는 다른 지역과는 달리 마석 가구공단은 한국인 주민과 외국인 주민 사이의 관계가 좋다거나 또는 나쁘다고 말하기가 매우 어려우며, 어떻게 보면 그런 얘기를 하기에 적절하지 못한 지역이라고도 볼 수 있다. 그 이유는 이 지역에는 한국인 '주민'이라고 할 만한 사람들이 실제로 별로 없기 때문인데, 지역에서 오고 가는 한국인은 제법 있지만 막상 그 곳에서 살고 있는 주민은 별로 없다. 낮에는 공단 안에서 여러 종류의 직업에 종사하는 한국 사람들이 많이 오고 가지만, 막상 밤이 되면 그들은 거의 대부분 공단 바깥에 있는 '자기 동네'로 가버린다. 다시 말해서 공단으로 출퇴근을 하는 한국 사람은 많이 있어도 주민에 해당하는 사람은 별로 없는 셈이다. 그럼에도 불구하고 공단지역 안에는 한국인이 주민이나 출퇴근자로서 살고 있으며, 외국인 주민은 이들과 관계를 맺으며 살고 있다.

마석 가구공단에서 외국인과 관계를 맺고 있는 한국인은 크게 봐서 공장을 중심으로 공장주와 한국인 노동자가 있고, 공장 바깥의 일상 공간에서 집주인(원주민)과 가게 주인이 있다.012 이주노동자는 여러 종류의 한국인 집단과 긍정적인 관계를 형성하고 있다.

지역에 함께 살고 있는 외국인에 대해 부정적인 의견 중에는 그 사람들을 '국가 특성'으로 묶어서 평가를 하는 의견이 있다.

> 내가 여기서 꽤 오래(7년) 살았는데, 애들마다 특성이 있다. 방글라(데시) 애들은 야비하고, 필리핀 애들은 간사하고, 태국 애들은 괜찮다. 근데 태국 애들이 괜찮은 건 애들이 온지 얼마 안 되어서 그렇다. 애들이 3년만 지나면 (먼저 온 사람들로부터) 물이 들어서 다 변한다. (D씨, 가게 주인)

이 응답은 출신국가에 따라 사람이 어떠하다는 강한 편견을 갖고 있는 경우에 해당한다. 마석에서 만난 한국인의 상당수가 외국인들에 대해서 긍정적이거나 긍정과 부정을 모두 인정하는 일종의 '균형 있는' 시각을 갖고 있는 것에 비해서, D씨는 면접을 하는 동안 일관되게 외국인에 대해서 부정적인 얘기를 주로 꺼냈다. 면접 내용 중에는 D씨가 한국인으로부터도 사기나 배신과 같은 부정적인 일을 당한 적이 있다고 밝히면서도, 이런 경험은 나쁜 한국인 개인이 저지른 것인데 비해서 외국인이 저지른 나쁜 경험은 해당 나라 전체가 문제가 있어서 저질러진 것이라는 식으로 대답했다. 소수자를 개인으로가 아니라 소수집단의 성원으로만 바라보는 다수자의 시각을 전

---

012 공단 안에 즐비하게 늘어서있는 가구매장들에도 한국인 사장과 종업원들이 있지만, 이들은 공장에서 일하는 외국인들과는 접촉을 하지 않고 살기 때문에 아예 분석에서 제외했다.

형적으로 보여주는 사례라고 할 수 있다.

이 시각은 소수자를 '대표 지위'에 입각해서만 바라보는 시각이다. 사람들은 어떤 사람을 평가할 때 그가 갖고 있는 대표적인 지위가 무엇인가에 따라 평가를 하며, 다른 사람들에게 자신을 알릴 때도 대부분 대표 지위를 이용한다. 대표 지위는 대개 직업에 따라 결정된다. 직업이 변호사나 의사인 사람은 높은 지위를 누리고, 청소부나 단순 노무자는 그렇지 못한 것이 좋은 예다. 그러나 한 사회에서 소수자의 위치에 놓인 사람은 직업이 무엇이든 소수자라는 자체가 대표 지위가 된다. 여성은 아무리 좋은 직업을 가져도 여성일 뿐이기에 '여의사'나 '여류 시인'으로 인식되며, 장애인은 아무리 좋은 직장에 다녀도 '출세한 장애인'이라는 인식에서 벗어나기 어렵다. 마석에 살고 있는 이주노동자는 외국에서 온 사람이라는 사실, 어느 나라 출신이라는 사실이 그 사람의 대표 지위가 되며, 한국 사람은 그것에 입각해서 외국인을 판단한다.

한편 위의 D씨가 얘기한 내용에 대해서 한 가지 더 얘기할 수 있는 것은 호칭이다. 한국 사람들 중에는 이주노동자를 '애'라고 부르는 사람이 많다. 본 연구의 면접에서도 이주노동자를 지원하는 활동가를 제외하면 위의 D씨를 포함해서 대부분의 한국인은 외국인들을 '애들'이라고 불렀다. 대개 한국인 주민들이 나이가 좀 더 많은 편이기 때문에 자기보다 젊은 사람을 그렇게 부르는 한국 문화의 특성이라고 여기고 넘어갈 수도 있겠지만, 때로는 자기보다 나이가 많은 이주노동자들을 지칭할 때에도 '애' 또는 '쟤'라고 하는 것을 보면 아무래도 특정 출신 국적이나 인종·민족의 서열에 대한 인식이 호칭에 반영된 것으로 보인다. 여기에 더해서 외국인들은 체류자격이 '미등록'이다보니 한국인과의 관계가 불평등하게 형성되는 측면도 있다.

공장주들은 외국인들이 불법(체류자)이니까 다들 약하게 본다. 일부러 막

대하는 사람도 있겠지만 그런 사람은 많지 않고 대부분은 평범하게 해주는
데, 그래도 한국인(노동자) 대하는 것과는 아무래도 약간 차이가 있다. (E
씨, 원주민)

교사인 F씨의 응답에 따르면, 학교에서의 문제는 아이들 사이에서
나타난다고 하기 보다는 어른들 사이에서 나타난다고 한다.

애들이 (학교에서) 싸웠는데, 한국 아이의 얼굴에 상처가 났다. 그걸 보고
그 애 엄마가 (상처를 낸 외국인) 아이의 엄마가 일하는 직장(공장)에까지
찾아가서 크게 싸웠다. 때린 애가 한국 애였으면 그런 식으로 직장까지 찾
아가서 그렇게 했겠는가. (F씨, 교사)

2. 함께 살기, 그러나 이해관계에 기초한 공생

비록 외국인에 대해서 편견을 가진 한국 사람이 있는 것은 사실이
지만, 공단의 한국인 주민들은 다른 한국인, 즉 평균적인 한국인이나
공단 주변에 사는 다른 한국인들에 비해서는 이주노동자들에 대한
편견이 낮은 것으로 보인다.

(공단) 바깥에 사는 사람들은 외국인에 대해서 일부 부정적으로 보는 사람
들이 있다. 그런데 여기 안에 사는 사람들은 그렇게 생각하지 않는다. 특
히 나이 든 원주민들은 외국인들하고 아래 윗집에 같이 사니까 가깝고 친
하고 그렇다. 노인들은 이 사람들을 어린 자식 같고 그런가 보다. 자기들
도 동냥도 하고 거지생활도 해보고 그래서 고생하는 애들을 불쌍하게 보는
것 같다. (E씨, 원주민)

여기 외국인 애들한테 외상을 다 준다. 오히려 한국인들에게는 안 주고.
사람들이 "쟤들 다 똑같이 생긴 애들인데 외상을 주면 누가 누군지 아느
냐, 떼먹히지 않느냐"고 한다. 그러나 외국인들은 누가 어떤 사정 때문에

돈을 못 갚으면 자기 나라가 욕을 먹을까봐 친구들이 모아서 갚아주기도
하고 그런다··· 오래된 애들은 동생 같아서 잘해준다. 나도 (사업에) 실패
해서 이곳(공단)에 들어와 이거(수퍼)를 하는 거니까 어떻게 보면 걔들로부
터 도움을 받은 거 아닌가. (C씨, 가게 주인)

미국에서 한인과 흑인 사이의 갈등을 연구한 결과에 따르면 편견
의 영향은 일반 한인 집단 보다 흑인거주지역의 한국 상인 집단에서
더 낮게 나타났다. 즉 흑인과 더 많이 접촉을 하는 사람일수록 흑인
에 대한 편견의 정도가 낮아진다는 것이다(장상희 외, 1998). 마석의
가구공단에서 일어나는 한국인과 외국인 사이의 관계도 접촉이 늘어
나면 편견이 줄어든다는 기존의 발견들과 일관된 결과를 보여주고
있다. 물론 두 집단 사이의 접촉이 무조건적인 편견 감소를 가져오
지는 않는다. 접촉이 경쟁을 유발하는 상황이라면 오히려 편견은 증
가할 수도 있을 것이다. 그러나 마석의 경우는 한국인과 외국인이
담당하고 있는 사회적 역할, 또는 직업 영역이 다르기 때문에 경쟁
관계라기 보다는 보완관계에 해당되어서, 접촉의 증가는 편견의 감
소로 이어진 것이다.

이렇게 긍정적인 관계를 유지하는 것은 어른들에 그치지 않는다.
이 지역에 살고 있는 어린 아이들도 한국인이나 외국인의 구별 없이
서로 좋은 관계를 유지하면서 지내고 있다. 어떠한 면에서 보면 어
른들 끼리보다 더 가까운 사이라고도 할 수 있다.

(외국인 아이들이) 처음 와서는 말이 안 되니까 주먹도 쓰고 그런 경우가
있지만, 시간이 지나면서 서로 (나이가 많은 아이에게는) '형'이라고 부르
며 잘 지낸다. 방글라데시 아이가 학교 회장에 출마를 한 적도 있었다. (F
씨, 교사)

공장 안에서도 한국인과 외국인의 관계는 같은 맥락에 놓여있어서

대체로 서로 좋은 관계를 유지하고 있다는 말이다.

> 한국인 노동자와 이주노동자 사이의 관계는 그렇게 나쁘지 않다. 예전에는
> 거친 말, 폭행, 술을 강제로 권하는 것, 직접적인 폭력 등이 많았지만, 요
> 새는 많이 줄었다. (A씨, 지원활동가)

> 요새는 사장들도 잘 해준다. 옛날에는 좀 안 그랬지만, 그때와는 많이 다
> 르다. 그리고 외국인들도 한국인 노동자들과도 잘 지낸다. (C씨, 가게 주인)

그런데 공단 안에서 한국인과 이주노동자들이 맺고 있는 관계가
긍정적인 것이라고 할지라도 관점을 달리해서 보면 서로의 이해관계
에 기초한 긍정성이라 할 수 있다. 즉 자기에게 이익이 되는 때에
한해서 긍정적으로 대해 준다는 의미다.

> 여기(공단)에는 원주민, 공장주, 외국인이라는 3각관계가 있다. 여기를 아

> 파트단지로 재개발한다는 얘기가 있었을 때, 원주민들은 적극적으로 팔아
> 버리려고 했다. 만약 재개발을 하면 공단 자체가 사라지는 거다. 개인적으
> 로 외국인들을 잘해주기는 하지만, 땅을 팔아서 돈이 된다고 하면 그냥 그
> 렇게 한다는 얘기다. (중략) 공장주들도 마을에 대한 애착이 없고, 사람에
> 따라 다르겠지만 외국인들을 별로 신뢰하지는 않는다. (문제가 생기면) 다
> 들 나처럼 얘들 챙겨주는 사람 없다고들 주장한다. (B씨, 지원활동가)

땅주인이기 때문에 재개발을 하면 이익을 보게 되는 원주민에게
공단이 없어지고 나름대로 형성되어 온 '마을'이 사라진다는 것, 그
결과로 외국인들이 갈 곳이 없어진다는 것은 별로 고려할 문제가 아
니다. 물론 그렇다고 해서 외국인에 대한 원주민의 입장을 부정적으
로만 볼 필요는 없다. 이런 문제는 한국인간의 관계에서도 얼마든지
있을 수 있는 것이기 때문이다. 외국인에 대한 이해타산에 기초한
관계맺기는 가게를 운영하고 있는 B씨의 사례에서도 나타난다. 앞에
서도 B씨는 외국인들에 대해서 출신 국가 별로 편견을 갖고 있다는
응답을 했는데, 정작 면접을 하는 동안에 가게에 방문한 여러 국적
의 외국인들에게 매우 친절하게 대해주며 외상도 잘 주곤 했다. 그
러나 B씨는 친절하게 해주다가도 막상 한국인과 외국인과의 관계에
대한 질문을 던지자 다른 얘기를 전해줬다.

> 얘들은 아무리 잘해줘도 다른 데가 조금만 싸면 거기로 가버린다. 공장에
> 서 일하다가도 (다른 공장에서 한 달에) 5만원만 더 주면 그냥 옮겨버린
> 다…. 오래 된 애들은 자기들끼리 장사를 한다. 국제전화카드 같은 걸 갖
> 고 다니면서 자기들끼리 팔면, 세금내고 장사하는 우리는 뭐가 되나. 오래
> 된 애들은 (자기 나라로) 가야한다. (D씨, 가게 주인)

위의 인용은 한국인과 외국인 사이에 존재하는 경쟁에 대해서 언
급하고 있다. 외국인이 한국에 들어와서 오래 동안 머무르게 되면
한국인과 연결망을 가지게 되며 자기들끼리도 서서히 새로운 연결망

을 형성하게 되는데, 이것은 결국 에스닉 상점으로 발전하게 된다. 그렇게 되면 외국인을 고객으로 하는 기존의 한국인 상점과 경쟁관계에 들어가게 된다. 이러한 관계가 상호간에 부정적인 인식을 가지게 되는 원인이 된다. 마석 가구공단의 경우는 과거에 에스닉 상점에 해당하는 가게와 식당이 있었지만, 경기침체와 단속 강화에 따라 이주노동자의 숫자가 줄어들면서 대부분 문을 닫아서 한국인 가게와 경쟁을 하는 경우는 거의 없다.

이상 살펴본 것을 정리해보자면, 마석 가구공단 안에서 한국인과 외국인 사이에 존재하는 인간관계는 기본적으로 긍정적인 관계라고 할 수 있고, 조금 달리 보자면 각자의 이해에 따른 '공생의 관계'라고 할 수 있다.

# 제5장 마치며

마을 사람들이 함께 어울려서 잘 산다고 해도 갈등이 전혀 없기를 기대할 수는 없다. 게다가 사회적인 지위에서 차이가 있는 여러 인종이나 민족의 사람들이 어울려 산다면 갈등의 구분선은 바로 인종과 민족을 경계로 지어질 가능성이 많다. 그런 의미에서 안산의 원곡동에서 본 사례와 마찬가지로 마석의 가구공단은 한국인과 외국인 국적 집단 간의 갈등이 일어날 수 있는 단초를 지니고 있는 셈이다. 그러나 한국인 중에서 공단 안에서 '거주'를 하는 사람의 숫자가 워낙 적다는 지역의 특성은 갈등의 가능성을 다만 가능성으로만 남겨놓게 되었다. 즉 집단들이 공간을 놓고 경합을 해야 갈등이 생길 텐데, 대부분의 한국인은 낮 시간에만 체류를 하다가 밤이 되면 떠나버림으로써 갈등이 발생할 기회나 이유가 충분히 존재하지 않게 된 셈이다.

그렇다면 비록 집단마다 이해관계에 따른 공생일지라도 외국인이 소수의 한국인 주민과 긍정적인 관계를 유지하며 살고 있다는 사실은 바람직한 이주노동자 집단 거주 지역의 새로운 모델이 될 수 있을 것인가? 안타깝지만 그렇지는 않은 것으로 보인다. 마석 가구공단은 마을의 탄생 역사부터 외부 세계와는 고립된 상태에서 시작되었고, 거주를 하고 있는 한국인이 거의 없다는 매우 독특한 특징을 갖고 있다. 그렇기 때문에 원주민과 이주민이 함께 정답게 어울리는 이 곳의 모델이 한국의 다른 지역에 퍼져 나갈 가능성은 거의 없다고 봐야한다. 다만 일종의 교훈을 얻을 수는 있는데, 그것은 바로 집단 간의 갈등이 없는 관계를 만들려면 무엇이 필요한가라는 점이다. 앞에서 살펴본 것처럼 마석에서 한국인과 외국인은 지역에서 서로 다른 역할을 수행하고 있어서 상호 경쟁이 발생하지 않고 있다. 따라서 새로운 외국인의 유입이 많아지는 지역에서는 한국인과 외국인 사이에 어떤 역할을 어떻게 분담하는가에 따라서 경쟁과 그에 따르는 갈등을 줄일 수 있을 것으로 보인다.

참고문헌

김은미, 김지현. 2008. "다인종·다민족 사회의 형성과 사회 조직". 『한국사회학』 42(2): 1-35.

이창호. 2008. "차이나타운의 재개발과 의미의 경합: 인천지역의 사례를 중심으로". 『한국문화인류학』 41(1): 209-248.

박경태, 설동훈, 이상철. 1999. "국제노동력이동과 사회적 연결망: 경기도 마석의 필리핀인 노동자 집단을 중심으로", 『한국사회학』 33(4): 819-849.

박배균, 정건화. 2004. "세계화와 '잊어버림'의 정치: 안산시 원곡동의 외국인 노동자 거주지역에 대한 연구". 『한국지역지리학회지』 10(4): 800-823.

오경석, 정건화. 2006. "안산시 원곡동 '국경없는 마을' 프로젝트: 몇 가지 쟁점들". 『한국지역지리학회』 12(1): 72-93.

장상희, 조정문, 윤영희. 1998. "미국 흑인 거주지역의 한국인과 흑인간의 갈등에 관한 연구". 『한국사회학』 32: 137-177.

조현미. 2006. "외국인 밀집지역에서의 에스닉 커뮤니티의 형성". 『한국지역지리학회지』 12(5): 540-556.

Cwerner, Saulo B. 2001. "The Times of Migration". *Journal of Ethnic and Migration Studies* 27(1): 7-36.

Sassen, 2006. *Cities in a World Economy*. California: Pine Forge Press.

Zukin, Sharon. 1988. *Loft Living: Culture and Capital in the Urban Change*. London: Radius.

08

다문화 사회 실현을
위한 과제

—

이종구

다문화 사회 실현을 위한 과제

성공회대 노동사연구소의 연구진은 현실을 객관적으로 인식하고, 발견되는 문제에 대한 해결 방안을 제시하는 것이 사회과학의 가장 기본적인 책무라는 자세를 가지고 이주노동자의 정착화 경향에 대한 조사 연구에 착수했다. 이 조사 연구의 결과 확인된 핵심적 사실은 한국에서도 국내 노동시장의 수급 관계를 조절하는 보완적 노동력으로 도입된 외국인 이주노동자 집단의 정착화가 진행되고 있다는 것으로 요약할 수 있다. 이러한 현상은 세계 자본주의 시스템 내부에서 비가역적으로 발생하는 국제 노동력 이동의 일환으로 파악할 필요가 있다. 그러나 결혼 이주 여성을 대상 집단으로 삼아 만들어진 한국 사회의 다문화 담론은 실질적으로 동화를 전제로 한 냄비모델에 입각하고 있으며 정부 주도로 하향 전파되고 있다. 이주노동자의 상황에 대한 객관적 인식이 사회적으로 확산되지 않고 있으며 현실은 은폐되고 있다. 이와 함께 기본적 인권과 노동권의 보장을 위한 제도의 개선이 지체되는 문제가 발생하고 있다. 이질적 문화와 가치관에 대한 개방과 이해를 전제로 하는 진정한 의미의 다문화 담론이 수용되고 있지 않다. 이러한 상황이 개선되지 않으면 한국 사회는 실질적으로 사회 구성원의 일부가 되어 가고 있는 이주노동자를 도구적으로 이용하는 대상으로 간주하는 타성에서 벗어 날 수 없다.

국내 이주노동자는 이미 집단 거주지역을 형성하고 독자적인 사회적 네트워크를 조직하고 있다. 이러한 사회적 네트워크는 후속 이주를 촉진하는 통로의 기능을 수행하고 있다. 체류 자격의 합법성 여부와 관계없이 장기 체류한 이주노동자들은 본국과 유지하고 있는 사회적 네트워크가 약화되고 있으므로 돌아가기 어려운 조건에 놓이게된다. 이와 함께 이주노동자들은 한국과 본국 사회에서 동시에 경계인의 위상을 가지게 되었다. 또한 이주노동자의 세대적 재생산이 한국에서 이루어지고 있으며 실질적으로 이미 교육 현장에서 제도적 마찰이 발생하고 있다. 종교 단체를 비롯한 사회적 지원 운동은 외국인 관련 제도의 정비가 지체된 환경 속에서 이주노동자의 인권과 노동권 보호에 기여하고 있다. 또한 이주노동자 지원 운동은 한국의 민주화 과정을 촉진시킨 민주노조와 산업선교 운동의 맥락을 잇고 있다. 이주노동자는 중소영세기업과 서비스업 부문에서 불가결한 노동력이 되어 있으며 국내 노동시장의 미스매치에서 발생하는 사회적 비용을 절감시키는 역할을 하고 있다. 집단 거주지역 내부에서도 한국인과 외국인은 생활공간이 분리되어 있으며 실질적으로 경쟁이나 갈등은 발생하고 있지 않다. 이주노동자와 귀국 동포라는 이중적 성격을 가진 중국에서 돌아 온 조선족은 한국에 정착하려는 원망을 강력하게 표시하고 있다. 반면에 중국의 국제적 위상이 상승되고 있는 현실을 반영하여 젊은 조선족들은 중국 국적을 유지하려는 태도를 보이고 있다. 이들은 양쪽 사회에서 가지고 있는 사회적 네트워크와 정보, 지식을 활용하여 생활 자원을 획득하려는 도구적 태도를 보이고 있다.

이 연구에서 도출되는 가장 큰 정책적 함의는 세계화되어 가고 있는 한국 사회는 세계적으로 통용될 수 있는 보편적 가치관에 입각한 정책 기조에 입각한 외국인 정책을 수립해야 하는 단계에 도달하고 있다는 사실이라고 할 수 있다. 또한 사회과학 연구에서도 외국인 이주노동자가 직면하고 있는 문제가 사실은 한국 사회에서 은폐되어 있던 병리적 현상이 반영되고 있다는 사실에 입각한 분석 시각이 요청된다고 할 수 있다. 즉, 주변부 노동자의 노동조건 개선, 중소영세 기업의 활성화, 보편적인 사회복지와 교육 서비스, 이질성에 대한 관용적 태도의 확산과 배타적 민족주의의 지양을 위한 사회 분석과 정책 개발이 요청된다고 할 수 있다. 수도권 지역에 국한되었지만 이 연구의 결과는 사실상 전국적 상황을 축약적으로 보여주고 있다.

〈부록〉 조사 연구의 내용

　연구진은 다문화 사회 담론이 한국 사회에서 가지는 위상을 평가하기 위해 이주노동자의 사회적 정착에 대한 고찰을 시도했다. 이주노동자가 일시적인 방문자인가, 새로운 정착자인가를 판별할 수 있는 가장 중요한 방법의 하나는 집단 거주지역의 상태를 파악하는 것이라고 할 수 있다. 이를 위해 필리핀계를 중심으로 비한국계 이주노동자가 집단 거주하는 경기도 마석과 중국 동북부의 조선족으로 구성된 서울 구로공단 지역을 중점적으로 조사하였다.

　전술한 문제의식에 입각하여 구체적인 사실 관계를 확인하기 위해 실시한 조사연구의 중심적 내용은 이주노동자의 집단 거주지역의 구조와 거주자의 민족적 정체성이라고 할 수 있는 에스니시티의 상태를 파악하는 것이었다. 조사연구의 방법은 현장 견학, 자기기입식 설문지 방식에 의한 대량관찰, 구술생애사 방식을 사용한 심층 면접, 문헌자료의 분석을 사용하였다, 이 작업을 수행하기 위해 다음과 같은 기본적인 질문을 설정했다.

* 이주와 취업 경로 – 입국과 취업 과정, 직장 이동의 경험과 동기,
* 노동조건 – 이주 노동자를 고용하는 중소영세기업의 노동조건 상황
* 노동시장 상황 – 이주노동자와 한국인은 경합 관계,
* 집단 거주지역의 사회구조 – 네트워크의 상태,
* 종교 조직과 이주노동자 – 종교 조직과 사회 형성
* 에스니시티의 변용과 유형 – 전통 유지와 현지 적응 과정

조사연구의 대상으로 설정된 집단거주 지역의 상황은 다음과 같다.

1. 마석공단의 현황

남양주시 동남쪽에 위치한 화도읍은 2008년 현재 70개 리로 이루어진 지방소도시이다. 2008년 7월 현재 71,480㎢의 면적에 80,112명의 인구로 구성된 이곳은 천마산, 북한강 등 천혜의 자연자원을 가지고 있지만 수질보전 특별대책지역, 자연보전권역 등 각종 규제지역으로 묶여있다. 읍사무소가 위치한 시가지에서 서북쪽 방향으로 3㎞ 지점에 위치한 성생공단은 대다수의 업체가 가구를 생산하는 업체로써 '마석 가구공단'으로 불리기도 하는데 성생공단이라는 지명은 이곳에서 집단으로 양계를 하며 생활을 영위했던 한센병 환자들의 공동체였던 '성생원'이라는 이름에서 유래되었다. 분지 형태를 띠고 있는 마석공단은 400여개의 가구 생산 업체와 90여개의 판매 매장이 밀집되어 있으며 경기 동남부지역 최대의 가구 제조 공단이다.

〈표 1〉 남양주지역별 공장등록현황

지역	와부	진접	화도	진건	오남	별내	퇴계원	수동	조안	호평	평내	금곡	지금	양정	도농
업체수	81	434	301	112	138	34	7	132	4	3	26	8	13	11	13
구성비(%)	6.2	33.0	22.9	8.5	10.5	2.6	0.5	10.0	0.3	0.2	2.0	0.6	1.0	0.8	1.0

자료: 남양주시청 지역경제과 공업지원팀

1994년에 마석공단에서 생활하는 이주노동자의 수는 한국계, 비한국계를 포함하여 16개국 출신의 2,000여명이 넘었다. 1998년 IMF 금융위기를 맞게 되면서 마석공단에는 이주노동자의 수가 급격히 늘어나는 기현상이 벌어졌는데 이는 사회복지 예산이 이 지역에 투여되었기 때문이다.

2008년 현재 마석공단은 재개발 준비로 지역 전체가 어수선하다. 평균 2,000여명에 달하는 이주노동자의 수도 1,000여명 정도로 줄어들었고 점점 감소하고 있다. 재개발이 시작되면 이주노동자들은 일자리를 찾아 새로운 이주를 감행해야 하는 상황에 직면해 있다. 땅을 소유하고 있던 원주민과 한센병 환자들은 재개발로 인한 보상비를 지급받고 떠나게 되겠지만 이주노동자들은 공장 소유주를 따라 이사를 하든지 마석 주위의 다른 공장으로 취업하게 될 것이다.

2. 구로공단의 현황

구로구는 서울특별시의 서남단에 위치하여 동쪽으로는 영등포구, 금천구와 인접해 있고 서쪽은 부천시와 광명시를 경계로 하며 남쪽은 광명시와 접하여져 있으며 영등포에서 연장되는 경부선이 분리되는 지점으로부터 경부선, 경인선 이외에도 수원과 인천 방면의 전철1호선과 국도가 관통하고 있다. 남부순환 도로와 서부간선도로가 연결도로의 역할을 하고 있으며 전철 2호선과 7호선이 현재 운행되고 있는 교통의 요지라 할 수 있다.

디지틸 산업단지의 산업구조 개편으로 첨단 정보산업단지가 조성되어 있는 구로구는 동양최대의 기계공구 상가와 전자부품 상가가 밀집되어 있으며 2006년 29,712개[01]의 사업체가 등록되어 있는데 제조업을 비롯해 도·소매업이 주류를 이룬다. 구로구에 거주하고 있는 주민의 총 수는 2008년 현재 421,406[02]명이며 이중 외국인 수는 2006년 기준 16,954명으로 국적별 외국인 수는 아래 표와 같다.

〈표 2〉 구로구 국적별 외국인 근로자 현황 (단위: 명)

계	중국	미국	필리핀	일본	대만	인도네시아	기타
16,954	15,570	113	153	122	232	34	730

자료: 구로구. 2006. 『구로통계연보』

이상의 대상지역은 국내의 대표적 이주노동자의 집단 거주지로서 마석에는 필리핀을 비롯한 동남아시아 국가 출신의 이주민이 주로 거주하고 있으며 가리봉동을 중심으로 한 구로지역에는 실질적으로 90%이상이 조선족으로 구성된 중국동포들이 집단으로 거주하고 있다. 본 연구에서는 이 두 지역에 거주하는 이주민을 조사 연구함으로서 이주를 통한 삶의 공간이동이 어떠한 방식으로 새로운 생활세계를 조직하고 적응하는 패턴을 분석한다. 이주민이 국내에 정착하여 사회화 되는 과정을 연구함으로써 다가오는 다문화 사회의 구체적인 모습을 예상하고, 이에 대한 참고 자료가 될 수 있다는데 의의를 가질 수 있다.

---

01 2006. 구로구 통계연보

02 구로구. 2008. 『구로구 인구현황』. 외국인 제외한 인구수.

3. 현장 조사 과정의 개요

1) 마석, 구로 지역별로 설문지 배부수와, 분석에 사용한 유효한 응답수

설문지는 자기기입식(selfadminisered questionnaire)으로써 총 550부의 설문지를 한국계 이주노동자에게 중국어 번역본과 한국어 설문지를 혼합하여 350부를, 비한국계 이주노동자에게 필리핀, 방글라데시, 네팔의 3개 국어로 번역하여 필리핀 80부, 방글라데시 70부, 네팔 50부를 배포하였다[03]. 한국계 이주노동자는 구로의 중국동포 교회에서 일요일마다 실시되는 예배 시간과 대림동[04]을 중심으로 형성된 에스닉 타운을 중심으로 조사하였으며 비한국계 이주노동자들의 설문지는 마석공단에서 샬롬하우스를 찾는 이주노동자와 체육활동 장소, 그리고 숙소를 직접 방문하여 조사하였다. 이중 회수된 설문지는 502부였는데 설문지의 문항 수가 많아 답변에 어려움을 호소하는 분들이 있었다. 이러한 분들은 설문지에 대한 기표를 포기한 사람이 대부분이었다. 회수된 502부 중 유효표본은 한국계 이주노동자 261부, 비한국계 이주노동자 141부로써 총 401부이다. 설문지는 SPSS 프로그램을 이용하여 빈도 분석하였으며 기본적인 독립 변수는 중국동포와 동남아시아를 구분하는 국적별, 연령별, 성별, 종교별, 체류자격과 체류기간별, 그리고 한국으로의 이입시기별로 분류하였다.

---

[03] 국적별로 배포한 설문지의 수량이 차이가 나는 이유는 마석에 거주하는 국적별 인구수를 고려하여 배분 한 것임.

[04] 구로지역에는 가리봉동, 대림동, 구로동 일대에 폭넓게 중국동포 에스닉 타운이 형성되어 있다. 대림동의 에스닉 타운도 구로지역에 위치한 대표적 에스닉 타운으로써 면담대상자를 소개해주는 중국동포의 친족이나 친지가 이곳에 많이 거주하거나 상업활동을 영위하고 있어 선택하게 되었음을 밝혀둔다.

국적		빈도수(명)	유효 퍼센트(%)
한국계(중국, 한국국적 포함)		261	64.9
비한국계	필리핀	67	16.6
	방글라데시	60	15
	네팔	14	3.5
합계		402	100.0

2) 마석, 구로 지역 별로 심층 면접 회수와 참가자 (피조사자) 수

한국계 이주노동자의 면담은 구로지역을 중심으로 생활하는 중국 동포와 지원단체인 중국동포의집 관계자를 포함하여 14명에 대한 면담이 이루어졌다. 면담장소는 중국동포의집과 중국식식당, 중국동포 타운05의 환전소와 면담대상자가 운영하는 식당, 그리고 방범활동을 하는 중국동포들과 동행하면서 이루어졌다.

---

05 이러한 소수의 이문화 집단의 거주지를 엔클레이브(Enclave), 또는 에스닉 타운(Ethnic town)이라 하는데 본 논문에서는 에스닉 타운이라는 용어를 사용 할 것이다.

〈표 4〉 구로지역 면담 대상자

이름	국적	나이	거주기간	결혼여부	직업
김관준	중국	46세	5년	○	건설현장 노동자
김선태	한국	38세	–	–	중국동포의집 실무자
김일선	중국→한국 (진행 중)	50대 중반	16년 거주, 2006년 귀한 후 2007년 재입국	○	건설현장 노동자
김해성	한국	50대	–	–	중국동포의집 대표
김해철	중국	53세	14년	○	식당 운영
노순걸	중국	54세	9년	○	건설현장 노동자
미라	중국	30세	5년	○	유흥업 종사
민아	중국→한국 (진행 중)	32세	2년	×	유흥업 종사
신덕화	중국	50대 초	2년	○	건설현장 오야지
오학봉	중국	32세	7년	×	보험회사 직원
윤영순	중국	52세	3년	○	식당 주방장
이림빈	중국→한국 (완료)	40세	1997년 최초입국 산재 후 중국 귀국. 2000년 재입국	○	식당 운영
이성국	중국	41세	7년	○	식당 일용직
장학림	중국→한국 (완료)	50대	20년(수시왕래), 2005년 국적 취득	○	환전소 운영

비한국계 이주노동자의 경우 마석 가구공단의 영세제조업체에서 일을 하는 필리핀, 네팔, 방글라데시 출신의 노동자와 이들의 지원단체인 샬롬하우스의 관계자들뿐만 아니라 이주노동자가 마석공단에 들어오기 전에 그곳에서 삶을 영위하던 한국인과 이주노동자와 비슷한 시기에 함께 살기 시작한 한국인이다. 총인원 16명의 면담대상자를 인터뷰 했으며 특별히 국적에 따른 인원배분은 고려하지 않았다. 면담은 샬롬하우스를 비롯하여 이주노동자들의 여름캠프, 체육대회 장소 등에서 이루어 졌으며 한국인 면담 대상자들은 그들이 경영하

는 업체의 사무실과 매장에서 면담을 하였다.

〈표 5〉 마석지역 면담 대상자

이름	국적	나이	거주기간	결혼여부	직업
김영권	한국	45세	–	–	슈퍼마켓운영
까디리몰라	방글라데시	55세	18년	○	전구공장 노동자
라원식	한국	44세	–	–	샬롬하우스 실무자
레닌	방글라데시	42세	10년	×	인테리어 일용직노동자
로저	필리핀	46세	18년	×	가구공장 노동자
모노	방글라데시	31세	9년	×	가구공장 노동자
박희권	한국	50대	–	○	가구공장대표
부런	네팔	37세	15년	○	인테리어 노동자
샤니	방글라데시	41세	92년 최초입국, 2005년 귀국 후 2006년 재입국	○	샬롬하우스 전 실무자
신봉환	한국	50대 중반	–	○	가구공장대표
에바	필리핀	23세	2년	×	리본 공장 노동자
엠구릉	네팔	45세	1990년 최초입국. 1998년 귀국 후 1999년 재입국	×	일용직 노동자
원영규	한국	72세	–	–	무직
이영	한국	42세	–	–	성공회 신부
이정호	한국	53세	–	–	성공회 신부
이종선	한국	41세	–	–	성공회 신부

3) 현지 답사와 실무자 면담

* 6월 21일
  - 마석 방문
  - 1시 30분 도착 필리핀 미사 참석후 필리핀인 설문조사(약 30여명)
  - 오후 6시 필리핀, 네팔, 방글라데시 공동체 리더들과 식사 예정(국가별 리더 2인, 총 6인)
  - 이정호 신부 면담

* 6월 28일
  - 구로 방문
  - 3시 도착, 음악회 참석 후 중국동포 설문조사(약 300여명)
  - 김해성 목사 면담

* 7월 24일
  - 마석 방문
  - 이정호(관장), 장동만(총무부장), 조은우(이주노동자 팀장) 면담
  - 필리핀 배구대회 참관

*8월 19일
  - 중국동포의집 행정실장 김선태 면담

*9월 8일
  - 구로 지역 김해성 목사 면담

4) 기타 전문가 협의회 일자와 이름

- 1월 22일 외국인이주운동협의회 사무처장 이영 신부 간담회
- 2월 4일 지구촌 사랑나눔 김해성 목사 초청 간담회
- 2월 16일 한양대학교 다문화연구소 오경석 박사 초청 심포지움
- 2월 26일 아름다운 재단 법무팀 '공감'의 정정훈 변호사와 심포지움
- 3월 20일 한림대 엄한진 박사 초청 심포지움
- 3월 27일 한양대학교 다문화 연구소와의 합동 심포지움

번호 ☐☐☐-☐☐☐☐

이주민의 에스니시티와 거주지역 분석

안녕하십니까?

성공회대학교 노동사연구소에서는 '이주민의 에스니시티와 거주지역 분석'에 관한 조사를 실시하게 되었습니다.

최근 한국사회에 이주민이 급증하고 있으며 이주한 각국의 이주민들은 지역을 단위로 한국사회에 정착하고 있습니다. 이 중에서 조선족이 집중적으로 거주하는 서울시 구로구의 '가리봉동' 일대, 동남아 출신 이주민들이 밀집해 있는 경기도 마석의 '성생가구공단' 일대의 지역을 대표적으로 들 수 있습니다.

이에 본 연구소는 이주민이 집중적으로 거주하는 구로구와 마석의 지역을 중심으로, 이 곳에 거주하는 이주민들에 대한 생활실태에 대한 조사를 실시하게 되었습니다. 조사결과는 한국사회에서 이주민이 살아가는데 좀더 나은 환경을 조성하는데 활용될 수 있을 것입니다.

바쁘시겠지만 조사에 협조해주신다면 한국에 거주하는 이주민의 지위향상과 제도를 개선하는 데에 도움이 될 것입니다. 응답자의 개인적 사항은 결코 외부에 공개되는 일이 없을 것이며, 조사결과는 연구 목적만으로 사용될 것임을 말씀드립니다.

귀하의 협조에 깊이 감사드립니다.

2009. 06.

성공회대학교 사회문화연구원 노동사연구소

A. 개인적 사항

1. 귀하의 국적은 무엇입니까? (   )
1-1. 귀하의 출신 국가는 어디입니까? (   )

2. 귀하의 성별은 무엇입니까?
   1) 남   2) 여

3. 귀하는 언제 태어났습니까? (   )년

4. 귀하의 종교는 다음 중 어디에 해당합니까? (   )
   1) 기독교   2) 이슬람교   3) 천주교
   4) 불교   5) 힌두교   6) 기타( )

5. 귀하는 정규학교(초·중·고·대)를 몇 년 다녔습니까? (   )년

6. 귀하는 한국에 오기 전에 무슨 일을 하고 있었습니까? (   )

B. 입국과정과 출국 계획

7. 귀하가 처음 한국에 입국한 때는 언제였습니까?
   (   )년 (   )월

7-1. 여러 번 입국을 했다면 가장 최근 입국한 때는 언제입니까?
   (   )년 (   )월

8. 귀하의 여권에 표시된 체류자격은 무엇입니까?(   )
   1) 해외투자 관련 산업연수(D-3-1)
   2) 업종단체 추천 산업연수(D-3-2부터 D-3-6까지)
   3) 연수취업(E-8)   4) 고용허가제(E-9)
   5) 방문취업(H-2-A)   6) 방문취업(H-2-B)

7) 예술흥행(E-6) 8) 단기종합(C-3)
9) 기타 비자(무엇?)

9. 귀하의 현재 체류자격은 어떻습니까? (   )
   1) 합법체류 2) 불법체류

10. 귀하는 여건이 허락된다면, 얼마나 오랫동안 한국에 머무르고 싶습니까? (   )
    1) 즉시 떠나고 싶다 2) 1년까지 3) 3년까지
    4) 5년까지 5) 영주

11. 귀하가 한국에 머무르기를 원한다면, 그 이유는 무엇입니까?
    (   )
    1) 충분한 돈을 못 벌었기 때문에
    2) 모국에서 마땅한 일자리를 구할 수 없어서
    3) 한국의 생활여건이 모국보다 좋기 때문에
    4) 기타 (   )

C. 취업 과정

12. 귀하는 현재 어떤 일을 하고 있습니까? (∨ 해 주십시오)

직종	구체적 업무	직종	구체적 업무
공장노동자		건설 노동자	
어부 또는 수산 노동자		농림, 축산업 노동자	
식당(주방), 청소, 서빙		간병인	
가정부, 파출부		유흥업소 종사자	
기타			

13. 귀하는 어떤 경로로 현재 직장에 취직하였습니까? (   )

    1) 공개채용(산업연수생·연수취업자) 2) 비공식 브로커의 알선
    3) 한국내 사설 직업소개소 소개   4) 친구·친지 등 연고자 소개
    5) 외국인 노동자 상담소 소개   6) 광고를 보고 스스로 찾음
    7) 기타 (   )

14. 귀하는 현재의 직장에서 언제부터 일하였습니까?

    (   ) 년 (   ) 월

14-1. 귀하는 현재의 직장에서 반장이나 조장의 역할을 하고 있습니까? (   )

    1) 예   2) 아니오

15. 귀하는 한국에서 직장을 옮긴 경험이 있습니까? (   )

    1) 예(☞ 문항 15-1번으로 가시오)   2) 아니오

15-1. 직장을 옮긴 가장 중요한 이유는 무엇입니까?(반드시 하나만 선택하여 주십시오)(   )

    1) 하는 일이 힘들어서   2) 하는 일이 위험에서
    3) 임금이 낮아서   4) 직장 동료와 사이가 안 좋아서
    5) 직장상사와 사이가 안 좋아서 6) 사장과 사이가 안 좋아서
    7) 기타

15-2. 직장을 옮기는 것이 어려웠습니까? 어려웠다면 가장 중요한 이유는 무엇입니까? (   )

    1) 본인의 사업장 이동방법에 대한 정보 부족
    2) 고용주의 사업장 이동방법에 대한 정보 부족
    3) 고용주의 비협조   4) 새로운 일자리에 대한 정보 부족
    5) 기타(   )   6) 어렵지 않았다

16. 귀하는 일주일에 몇 시간 정도 일합니까?(잔업, 특근 포함)

    (　　) 시간

17. 귀하는 한 달에 며칠을 쉽니까?

    (　　) 일

18. 귀하의 한 달 평균 임금은 얼마입니까?(모든 수당을 포함합니다)

    (　　) 만원

18-1. (작업 중 사고를 당하였다면) 사고가 일어난 원인은 무엇이
    라고 생각하십니까? (　　)

    1) 일이 너무 많아 빨리 일해야 해서
    2) 너무 피곤해서 주의력이 저하되어
    3) 기계에 안전장치가 없어서
    4) 작업장이 너무 시끄러워 주의를 집중할 수 없어서
    5) 기계를 다루는 솜씨가 서툴러서
    6) 기타(　　)

19. 직장에서 겪는 가장 어려운 점은 무엇입니까? (　　)

    1) 한국인 관리자 및 동료와의 언어 소통문제
    2) 욕설 및 언어폭력
    3) 폭행 등 신체적 폭력
    4) 잔업 강요
    5) 임금 체불
    6) 기타(　　)

20. 직장에서 어려움이 발생할 경우 어떻게 대처하고 있습니까?

    (　　)

    1) 회사측 관리자와 이야기를 하여 해결한다
    2) 같은 나라 출신의 직장 동료나 친구들과 의논한다
    3) 한국인 친구에게 도움을 청한다

3) 종교단체(교회, 사원), 인권단체 등 이주노동자 지원단체의
   도움을 받는다
4) 노동부(고용지원센터)에 연락하여 도움을 받는다
5) 그냥 참는다
6) 기타 (   )

21. 귀하의 현 직장의 전반적인 만족도는 다음 중 어디에 해당합니
    까? (   )
    1) 매우 불만   2) 다소 불만   3) 보통
    4) 다소 만족   5) 매우 만족

E. 가족

22. 귀하는 결혼하였습니까? (   )
    1) 예   2) 아니오

23. 현재 귀하와 함께 살고 있는 사람을 모두 선택해 주십시오.
                                                    (   )
    1) 가족·친척 (   )명   2) 모국인 친구 (   )명
    3) 한국인 친구 (   )명   4) 제3국인 친구 (   )명
    5) 혼자   6) 기타 (   )명

24. 귀하는 자녀가 있습니까? 있다면, 몇 명입니까? (   )
    1) 없다   2) 1명
    3) 2명   4) 3명 이상

25. 귀하의 자녀 중 한국에 살고 있는 사람은 몇 명입니까?
                                                    (   )명

F. 주거와 일상생활

26. 귀하가 현재 거주하고 있는 곳은 어디입니까? (   )
    1) 기숙사(☞ 문항 27번으로 가시오)
    2) 임대주택 (☞ 문항 26-1번으로 가시오)

26-1. 임대 주택일 경우 어떻게 알게 되었습니까? (   )
    1) 회사 소개   2) 본인이 직접   3) 친구 소개

27. 비용을 지불한다면, 어느 정도 수준입니까?
    1) 무상   2) 월세 월 (   )만원
    3) 전세 보증금 (   ) 만원
    4) 기타 (   )

28. 집을 구할 때 어려움은 없었습니까? (   )
    1) 없었다   2) 있었다

28-1. 어려웠던 이유는 무엇이었습니까?(구체적으로 써주세요)
                                                       (   )

29. 현재 같은 방에서 몇 명이 함께 거주합니까? (   )명

30. 귀하가 현재의 거주지에 사는 이유는 가장 중요한 이유는 무엇입니까? (   )
    1) 집 값이나 임대료가 싸서   2) 일터가 가까워서
    3) 친척이나 친구가 가까이 있어서   4) 이웃관계가 좋아서
    5) 주변환경이 좋아서
    6) 기타 (   )

31. 귀하가 현재의 거주지에 살면서 어려운 점은 무엇입니까? 모두 골라주세요. (   )
    1) 집세가 비싸다   2) 동거인이 많다
    3) 화장실 사용의 불편   4) 화재나 붕괴의 위험
    5) 교통의 불편   6) 이웃들과 다툼이 있다

7) 집주인이 나가라고 한다   8) 방음이 안된다
9) 창문이 없다   6) 기타( )

32. 지역의 한국인 주민들이 얼마나 친절하다고 생각하십니까?
                                                        (   )
   1) 매우 불친절   2) 불친절
   3) 보통   4) 친절
   5) 매우 친절

33. 한국에서 귀하가 마음을 터놓고 이야기할 수 있는 친구들은 주
   로 어느 나라 친구입니까? 그런 친구들이 몇 명이나 되는지 써
   주십시오.
   A. 본국인 친구: ( )명
   B. 한국인 친구: ( )명
   C. 제3국인 친구: ( )명

34. 당신이 한국인 친구를 사귀는 것은 쉽습니까? 어렵습니까? 그
   정도를 답해 주십시오. ( )
   1) 매우 쉽다   2) 대체로 쉬운 편이다
   3) 그저 그렇다   4) 대체로 어려운 편이다
   5) 매우 어렵다

35. 같은 나라 사람끼리의 모임이 있습니까? ( )
   1) 있다 (☞ 문항 35-1번으로 가시오)
   2) 없다 (☞ 문항 36번으로 가시오)

35-1. 모임이 있고, 그 모임에서 회비를 내고 있다면, 회비는 얼마
   입니까?
   한 달( )원. 또는 1년( )원

35-2. 귀하가 참여하는 모임의 목적은 무엇입니까? ( )
   1) 친목   2) 운동
   3) 서로 돕기   4) 기타

35-3. 그 모임은 누가 리드합니까? (   )

1) 나이 많은 원로가   2) 투표로 뽑은 대표가
3) 공동의 의견으로

36. 귀하의 생활비 금액을 기입해 주세요

항 목	금 액	
송 금		원
식 비		원
주 거 비		원
잡비(교통비, 담배값, 술값 등)		원
총 계		원

37. 귀하는 평소 몸이 아플때 주로 어느 곳을 이용하십니까? (   )

1) 병원   2) 약국
3) 무료검진기관   4) 보건소
5) 한의원   6) 기타

38. 귀하는 한국에서의 일상생활에서 다음 문제를 얼마나 겪고 있습니까? (∨ 하세요)

일상생활에서의 문제	전혀 심각하지 않다	별로 심각하지 않다	그저 그렇다	다소 심각한 편이다	매우 심각하다
38-1 음식					
38-2 의복					
38-3 주거·숙소					
38-4 금전 문제					
38-5 결혼생활					
38-6 성생활 문제					
38-7 기후·날씨					
38-8 언어(의사소통)문제					
38-9 건강문제					
38-10 문화적 차이로 인한 갈등					

39. 귀하의 한국에 대한 인상은 한국에 오기전과 비교할 때 어떻게
변하였습니까? (　　)
1) 매우 많이 좋아졌다　　　　2) 다소 좋아졌다
3) 마찬가지다　　　　　　　　4) 다소 나빠졌다
5) 매우 많이 나빠졌다

40. 귀하는 퇴근 후 시간을 주로 어떻게 활용하고 있습니까? 가장
많이 하는 순서로 세 개를 골라주세요. (　　)
1) 방에서 TV보기 등 휴식　　2) 집안일(빨래, 청소 등)
3) 친구만나기　　　　　　　　4) 기술 습득 및 한국어 공부
5) 신앙생활　　　　　　　　　6) 시내 구경 및 쇼핑
7) 게임방, 노래방 등　　　　　8) 기타 (　　　　)

41. 귀하는 주말 또는 휴일 시간을 주로 어떻게 활용하고 있습니
까? 가장 많이 하는 순서로 세 개를 골라주세요. (　　)
1) 방에서 TV보기 등 휴식　　2) 집안일(빨래, 청소 등)
3) 친구만나기　　　　　　　　4) 기술 습득 및 한국어 공부
5) 신앙생활　　　　　　　　　6) 시내 구경 및 쇼핑
7) 게임방, 노래방 등　　　　　8) 기타 (　　　　)

42. 여가 시간을 보내는 데 있어서 가장 불편한 점은 무엇입니까?
(　　)

1) 회사 주변에 적절한 시설이 없어서
2) 어디를 가야할 지 몰라서
3) 돈이 없어서
4) 시간이 부족해서
5) 의사소통이 안돼서
6) 기타(　)

43. 귀하는 모슬렘입니까?
1) 예 (☞ 문항 43-1번으로 가시오)
2) 아니오 (☞ 문항 44번으로 가시오)

43-1. 귀하가 모슬렘인 경우 귀하는 술이나 돼지고기를 먹습니까?

(   )

    1) 예   2) 아니오

43-2. 귀하가 모슬렘인 경우 하루에 기도를 5번 합니까? (   )
    1) 예   2) 아니오

44. 귀하는 종교 모임이나 집회에 얼마나 자주 참석합니까?

(   )

    1) 주 1회   2) 주 2회 이상
    3) 한달에 1회-2회   4) 비정기적으로
    5) 참석하지 않는다(☞ 문항 45번으로 가시오)

44-1. 귀하가 종교 모임이나 집회에 참가하는 이유를 선택하여 주
     십시요(해당되는 것을 모두 골라주십시오). (   )
    1) 나의 신앙을 위해서
    2) 집회에 나가면 동포들을 만날 수 있어서
    3) 사제로부터 도움을 받을 수 있어서
    4) 동포들로부터 도움을 받을 수 있어서

G. 한국인과의 관계와 의식

45. 귀하는 한국인으로부터 차별을 받은 적이 있습니까? (   )
    1) 매우 자주 있다   2) 종종 있다
    3) 조금 있다   4) 거의 없다
    5) 전혀 없다

46. 지금까지 가장 기억에 남는 차별은 누구에게 받은 것입니까?

(   )

    1) 직장 상사
    2) 행정 공무원
    3) 학교, 교회의 선생님
    4) 주위의 아는 한국인(친구, 동료, 이웃 등)

5) 모르는 한국인
6) 없다

46-1. 지금까지 가장 기억에 남는 차별의 형태는 어떤 것입니까?

( )

1) 폭력
2) 월급을 받지 못한 것
3) 말로 무시한 것
4) 시선이나 표정 등의 행동으로 무시한 것
5) 기타 ( )
6) 없다

47. 귀하는 한국사회에 대해서 가장 불만스런 점이 무엇입니까? 해당되는 것을 모두 골라주십시오. ( )

1) 직장에서의 월급이 적다
2) 직장 상사의 폭력이 많다
3) 비자허가, 갱신이 힘들다
4) 출입국 절차가 복잡하다
5) 국적취득 절차가 복잡하다
6) 일이 너무 힘들다
7) 의식주 등의 물가가 비싸서 생활하기가 힘들다
8) 기타 ( )
9) 없다

48. 귀하는 한국사회에서 가장 좋은 점이 무엇입니까? 해당되는 것을 모두 골라주십시오. ( )

1) 돈벌이가 좋다
2) 의식주의 생활이 편리하다
3) 한국 사람들이 친절하고 좋다
4) 한글, 컴퓨터 등 여러 가지 배울 수 있어서 좋다
5) 기타 ( )
6) 없다

49. 귀하는 한국 국적으로 바꾸실 의향이 있습니까? (   )

    1) 꼭 바꾸고 싶다

    2) 가능하다면 바꾸고 싶다

    3) 상황이 되면 바꾸겠다

    4) 별로 바꿀 생각이 없다

    5) 바꿀 생각이 전혀 없다

    6) 생각해 본 적이 없다

(아래부터는 중국동포만 대답해 주십시오)

50. 귀하는 현재 본인을 중국인이라고 생각하십니까? 한국인이라고
생각하십니까? (   )

    1) 중국인이라고 생각한다

    2) 한국인이라고 생각한다

    3) 둘 다라고 생각한다

    4) 둘 다 어느 쪽도 아니라고 생각한다

50-1. 귀하는 한국에 오기 전에 본인을 중국인이라고 생각하셨습니
까? 한국인이라고 생각하셨습니까? (   )

    1) 중국인이라고 생각했다

    2) 한국인이라고 생각했다

    3) 둘 다라고 생각했다

    4) 둘 다 어느 쪽도 아니라고 생각했다

1번. 출신 국가

구분	빈도	유효 퍼센트
중국	260	100.0
네팔	14	9.9
방글라데시	60	42.6
필리핀	67	47.5
합계	141	100.0

2번. 성별

구분	구분	빈도	유효 퍼센트
중국동포	무응답	4	1.5
	남	103	39.6
	여	153	58.8
	합계	260	100.0
비한국계	무응답	2	1.4
	남	120	85.1
	여	19	13.5
	합계	141	100.0

출신국가별 성별

구분	무응답	남	여	전체
네팔	1	8	5	14
	7.1%	57.1%	35.7%	100.0%
방글라데시	0	60	0	60
	.0%	100.0%	.0%	100.0%
중국	4	103	154	261
	1.5%	39.5%	59.0%	100.0%
필리핀	1	52	14	67
	1.5%	77.6%	20.9%	100.0%
전체	6	223	173	402
	1.5%	55.5%	43.0%	100.0%

3번. 출신국가별 연령

구분		평균	N	표준편차	집단 중위수	최소값	최대값
중국동포	중국	46.9438	249	10.52401	46.2941	20.00	72.00
	합계	46.9438	249	10.52401	46.2941	20.00	72.00
비한국계	필리핀	36.6833	60	7.42532	35.8000	24.00	64.00
	방글라데시	32.9231	13	4.48073	33.2500	23.00	41.00
	네팔	33.5000	4	8.54400	32.3333	27.00	45.00
	합계	35.8831	77	7.15243	34.6667	23.00	64.00

4번. 종교

구분		빈도	유효 퍼센트
중국동포	기독교	142	65.4
	이슬람교	0	0
	천주교	0	0
	불교	15	6.9
	힌두교	2	.9
	기타	58	26.7
	합계	217	100.0
비한국계	기독교	32	24.1
	이슬람교	55	41.4
	천주교	29	21.8
	불교	6	4.5
	힌두교	10	7.5
	기타	1	.8
	합계	133	100.0

출신국가별 종교

구분	기독교	이슬람교	천주교	불교	힌두교	기타	전체
네팔	0	0	0	5	9	0	14
	.0%	.0%	.0%	35.7%	64.3%	.0%	100.0%
방글라데시	0	55	0	1	1	0	57
	.0%	96.5%	.0%	1.8%	1.8%	.0%	100.0%

중국	142	0	0	15	2	58	217
	65.4%	.0%	.0%	6.9%	.9%	26.7%	100.0%
필리핀	32	0	29	0	0	1	62
	51.6%	.0%	46.8%	.0%	.0%	1.6%	100.0%
전체	174	55	29	21	12	59	350
	49.7%	15.7%	8.3%	6.0%	3.4%	16.9%	100.0%

5번. 교육연한

구분	N	평균	표준편차
중국동포	247	9.8907	2.87550
비한국계	87	11.7241	3.32604

출신국가별 교육연한

구분	N	표준편차	집단 중위수	최소값	최대값
중국	9.8871	248	2.87023	9.5146	2.00	16.00
필리핀	11.1250	56	3.54741	12.2000	1.00	15.00
방글라데시	13.2727	22	1.90693	13.2727	12.00	16.00
네팔	11.6667	9	3.70810	11.4000	6.00	16.00
합계	10.3642	335	3.09702	9.9914	1.00	16.00

6번. 한국에 오기 전 하던 일

구분	빈도	유효 퍼센트	구분	빈도	유효 퍼센트
가공업	1	0.4	영업	2	0.8
가구점	1	0.4	옷장사	1	0.4
가정부	3	1.3	요리	1	0.4
간호사	1	0.4	요리사	1	0.4
건설	2	0.8	우체국 직원	1	0.4
경영	1	0.4	유치원교사	1	0.4
공무원	1	0.4	은행원	1	0.4
공안	1	0.4	은행직원	1	0.4
공장	3	1.3	의류사업	1	0.4
공장 운영	1	0.4	의류회사	1	0.4
공장노동자	2	0.8	의사	1	0.4

교사	8	3.4	자료원	1	0.4
교육	1	0.4	자영업	5	2.1
그래픽 엔지니어	1	0.4	정치	1	0.4
기사	5	2.1	제봉미싱사	1	0.4
기업	3	1.3	주방장	1	0.4
길림화학	1	0.4	주부	7	3.0
노동자	3	1.3	중소기업	1	0.4
농업	56	23.6	직원	1	0.4
마케팅	1	0.4	직장	8	3.4
목수	1	0.4	텔러마케팅	1	0.4
무역	6	2.5	퇴직	1	0.4
미용실	1	0.4	프로그래머	1	0.4
백화점	1	0.4	학생	5	2.1
병원	1	0.4	학원교사	2	0.8
사업	1	0.4	한국회사 부장	1	0.4
상업	1	0.4	한국회사 식당	1	0.4
선생님	1	0.4	현장	1	0.4
식당	21	8.9	회계	1	0.4
없음	15	6.3	회사	40	16.9
합계	237	100.0			

7번. 출신국가별 입국 시기

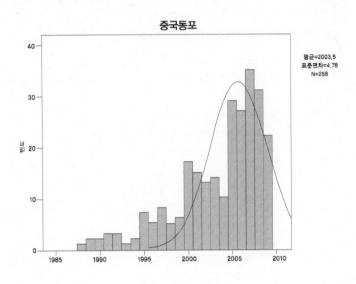

중국동포

평균=2003.5
표준편차=4.78
N=258

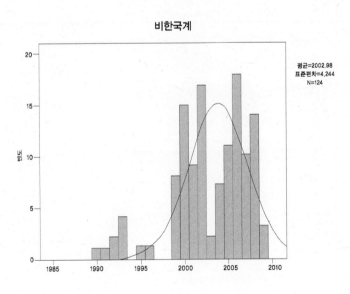

비한국계

평균=2002.98
표준편차=4.244
N=124

7-1번. 여러 번 입국을 했다면 가장 최근 입국한 때는 언제입니까?

	월 년도	1	2	3	4	5	6	7	8	9	10	11	12
중국 동포	1994							1					
	1998											1	
	2001		1			1							
	2002		1				1						
	2003	2		1			2						1
	2004	1			1	1							
	2005		1			2	1			1			
	2006	1					1		1	3	2	3	
	2007	3	1	1	3	2	2		6	2	6	1	2
	2008		3	4	3	6	2	3	1	3	9	8	9
	2009	8	18	13	8	7	6	2		2			

	월 년도	1	2	3	4	5	6	7	8	9	10	11	12
비한국 계	1993	1											
	1996						1						
	1999			1									
	2000				1							1	
	2001							1					
	2002										1		1
	2003			1							1		1
	2004		1			1					2		
	2005						1		1				
	2006									1			
	2007				1					3			
	2008	1		1	1	1			1		3	1	1
	2009	2	1	2				1			1		
	2010		1										

8번. 출신국가별 여권 종류

	구분	빈도	유효 퍼센트
중국동포	무응답	47	18.1
	업종단체 추천 산업연수	1	.4
	연수취업	1	.4
	고용허가제	11	4.2
	방문취업(H-2-A)	72	27.7
	방문취업(H-2-B)	63	24.2
	예술흥행	2	.8
	단기종합	5	1.9
	기타	58	22.3
	합계	260	100.0

비한국계	무응답	12	8.5
	해외투자 관련 산업연수	5	3.5
	업종단체 추천 산업연수	6	4.3
	연수취업	3	2.1
	고용허가제	46	32.6
	방문취업(H-2-A)	12	8.5
	예술흥행	1	.7
	단기종합	45	31.9
	기타	11	7.8
	합계	141	100.0

9번. 현재 체류 자격

구분		빈도	유효 퍼센트
중국동포	합법체류	217	91.2
	불법체류	21	8.8
	합계	238	100.0
비한국계	합법체류	40	31.5
	불법체류	87	68.5
	합계	127	100.0

10번. 체류희망 기간

구분		빈도	유효 퍼센트
중국동포	즉시 떠나고 싶다	16	6.7
	1년까지	8	3.3
	3년까지	32	13.3
	5년까지	63	26.3
	영주	121	50.4
	합계	240	100.0
		260	
비한국계	즉시 떠나고 싶다	4	3.3
	1년까지	27	22.5
	3년까지	30	25.0
	5년까지	31	25.8
	영주	28	23.3
	합계	120	100.0

11번. 체류 희망 이유

	구분	남	여	전체
중국동포	충분한 돈을 못 벌었기 때문에	25	59	84
		25.5%	41.5%	35.0%
	모국에서 마땅한 일자리를 구할 수 없어서	8	13	21
		8.2%	9.2%	8.8%
	한국의 생활여건이 모국보다 좋기 때문에	46	58	104
		46.9%	40.8%	43.3%
	기타	19	12	31
		19.4%	8.5%	12.9%
	합계	98	142	240
		100.0%	100.0%	100.0%
비한국계	충분한 돈을 못 벌었기 때문에	47	6	53
		42.7%	35.3%	41.7%
	모국에서 마땅한 일자리를 구할 수 없어서	36	6	42
		32.7%	35.3%	33.1%
	한국의 생활여건이 모국보다 좋기 때문에	23	3	26
		20.9%	17.6%	20.5%
	기타	4	2	6
		3.6%	11.8%	4.7%
	합계	110	17	127
		100.0%	100.0%	100.0%

C. 취업 과정

12번. 현재 하는 일

	구분	빈도	유효 퍼센트
중국동포	공장노동자	10	4.4
	건설노동자(노가다)	57	25.1
	어부 또는 수산노동자	3	1.3
	농림, 축산업 노동자	5	2.2
	식당, 청소, 서빙	68	30.0
	간병인	5	2.2
	가정부, 파출부	41	18.1
	유흥업소 종사자	3	1.3
	기타	35	15.4
	합계	227	100.0
	공장노동자	63	49.2
	건설노동자(노가다)	7	5.5

	어부 또는 수산노동자	44	34.4
	농림, 축산업 노동자	1	.8
	식당, 청소, 서빙	3	2.3
비한국계	간병인		
	가정부, 파출부	1	.8
	유흥업소 종사자	2	1.6
	기타	7	5.5
	합계	128	100.0

13번. 직장취업 경로

	구분	빈도	유효 퍼센트
	공개채용	4	1.8
	비공식 브로커 알선	4	1.8
	한국내 사설 직업소개소 소개	56	25.5
중국동포	친구, 친지 등 연고자 소개	83	37.7
	외국인 노동자 상담소 소개	13	5.9
	광고를 보고 스스로 찾음	23	10.5
	기타	37	16.8
	합계	220	100.0
	공개채용	13	9.8
	비공식 브로커 알선	5	3.8
	한국내 사설 직업소개소 소개	19	14.3
비한국계	친구, 친지 등 연고자 소개	80	60.2
	외국인 노동자 상담소 소개	12	9.0
	광고를 보고 스스로 찾음	1	.8
	기타	3	2.3
	합계	133	100.0

14번. 현 직장 근무 기간(개월수)

구분	N	최소값	최대값	평균	표준편차
중국동포	173	1.00	206.00	22.6590	29.68388
비한국계	73	4.00	216.00	44.6301	38.25481

14-1번. 조.반장 여부

구분		빈도	유효 퍼센트
중국동포	예	37	21.5
	아니오	135	78.5
	합계	172	100.0
비한국계	예	20	15.9
	아니오	106	84.1
	합계	126	100.0

15번. 한국에서 직장을 옮긴 경험 유무

구분		빈도	유효 퍼센트
중국동포	유	125	68.3
	무	58	31.7
	합계	183	100.0
비한국계	유	86	76.1
	무	27	23.9
	합계	113	100.0

15-1번. 직장을 옮긴 이유

구분		빈도	유효 퍼센트
중국동포	하는 일이 힘들어서	47	24.0
	하는 일이 위험해서	18	9.2
	임금이 낮아서	27	13.8
	직장 동료와 사이가 안좋아서	22	11.2
	직장 상사와 사이가 안좋아서	28	14.3
	사장과 사이가 안좋아서	36	18.4
	기타	18	9.2
	합계	196	100
비한국계	하는 일이 힘들어서	19	17.6
	하는 일이 위험해서	6	5.6
	임금이 낮아서	49	45.4
	직장 동료와 사이가 안좋아서	8	7.4
	직장 상사와 사이가 안좋아서	4	3.7
	사장과 사이가 안좋아서	22	20.4
	합계	108	100

15-2번. 이직시 어려움

구분		빈도	유효 퍼센트
중국동포	본인의 사업장 이동방법에 대한 정보부족	6	6.9
	고용주의 사업장 이동방법에 대한 정보 부족	2	2.3
	고용주의 비협조	13	14.9
	새로운 일자리에 대한 정보부족	10	11.5
	기타	26	29.9
	어렵지 않았다	30	34.5
	합계	87	100

D. 노동조건

16번. 일주일 노동시간

구분	N	최소값	최대값	평균
중국동포	192	24	112	68.61
비한국계	94	9	110	66.56

주간 노동일

구분	N	최소값	최대값	평균
중국동포	211	1.50	7.50	6.5024
비한국계	112	5.00	7.25	6.2679

17번. 한달 평균 휴일

구분		빈도	유효 퍼센트
중국동포	0일	14	6.6
	1일	5	2.3
	2일	36	16.9
	3일	20	9.4
	4일	100	46.9
	5일	12	5.6
	6일	3	1.4
	7일	1	.5

	8일	10	4.7
	9일	1	.5
	10일	5	2.3
	12일	1	.5
	15일	1	.5
	17일	2	.9
	24일	1	.5
	30일	1	.5
	합계	213	100.0
비한국계	1일	10	8.9
	2일	2	1.8
	3일	6	5.4
	4일	57	50.9
	5일	2	1.8
	6일	1	.9
	8일	32	28.6
	10일	2	1.8
	합계	112	100.0

18번. 월 평균 임금

구분	N	최소값	최대값	평균
중국동포	206	50	1000	143.85
비한국계	108	20	900	168.39

시간당 임금

구분	N	최소값	최대값	평균
중국동포	173	1488.10	22321.43	5659.7492
비한국계	82	3044.87	37037.04	6608.8587

성별 시간당 임금

구분		평균	N	표준편차	최소값	최대값
중국동포	남	6205.5447	76	3135.83763	1785.71	22321.43
	여	5282.4778	94	3007.32218	1875.00	22321.43
	합계	5695.1430	170	3090.74572	1785.71	22321.43
비한국계	남	6498.9701	71	3191.63624	3044.87	24456.52
	여	7318.1401	11	9906.58724	3333.33	37037.04
	합계	6608.8587	82	4582.37887	3044.87	37037.04

18-1번. 작업 중 사고의 원인

	구분	빈도	유효 퍼센트
중국동포	일이 너무 많아 빨리 일해야 해서	30	29.1
	너무 피곤해서 주의력이 저하되어	26	25.2
	기계에 안전장치가 없어서	4	3.9
	작업장이 너무 시끄러워 주의를 집중할 수 없어서	4	3.9
	기계를 다루는 솜씨가 서툴러서	10	9.7
	기타	29	28.2
	합계	103	100.0
비한국계	일이 너무 많아 빨리 일해야 해서	41	58.6
	너무 피곤해서 주의력이 저하되어	12	17.1
	기계에 안전장치가 없어서	6	8.6
	작업장이 너무 시끄러워 주의를 집중할 수 없어서	1	1.4
	기계를 다루는 솜씨가 서툴러서	2	2.9
	기타	8	11.4
	합계	70	100.0

19번. 직장 어려움

	구분	빈도	유효 퍼센트
중국동포	한국인 관리자 및 동료와의 언어 소통문제	29	15.0
	욕설 및 언어폭력	42	21.8
	폭행 등 신체적 폭력	2	1.0
	잔업 강요	12	6.2
	임금 체불	52	26.9
	기타	56	29.0
	합계	193	100.0
비한국계	한국인 관리자 및 동료와의 언어 소통문제	29	25.9
	욕설 및 언어폭력	22	19.6
	폭행 등 신체적 폭력	2	1.8
	잔업 강요	36	32.1
	임금 체불	14	12.5
	기타	9	8.0
	합계	112	100.0

20번. 어려움 대처 방법

구분		빈도	유효 퍼센트
중국동포	회사측 관리자와 이야기를 하여 해결	25	12.8
	자국 출신의 직장동료나 친구들과 의논	30	15.4
	한국인 친구에게 도움 요청	23	11.8
	종교, 인권단체 등 이주노동자 지원단체의 도움	42	21.5
	노동부에 연락하여 도움을 받음	50	25.6
	그냥 참는다	0	0.0
	기타	25	12.8
	합계	195	100.0
비한국계	회사측 관리자와 이야기를 하여 해결	60	47.2
	자국 출신의 직장동료나 친구들과 의논	26	20.5
	한국인 친구에게 도움 요청	17	13.4
	종교, 인권단체 등 이주노동자 지원단체의 도움	9	7.1
	노동부에 연락하여 도움을 받음	11	8.7
	그냥 참는다	4	3.1
	기타	127	100.0

21번. 현 직장 만족도

구분		빈도	유효 퍼센트	누적퍼센트
중국동포	매우불만	24	10.6	10.6
	다소 불만	52	22.9	33.5
	보통	89	39.2	72.7
	다소 만족	39	17.2	89.9
	매우 만족	23	10.1	100.0
	합계	227	100.0	
비한국계	매우불만	4	3.5	3.5
	다소 불만	11	9.7	13.3
	보통	28	24.8	38.1
	다소 만족	63	55.8	93.8
	매우 만족	7	6.2	100.0
	합계	113	100.0	

22번. 결혼 여부

구분		빈도	유효 퍼센트
중국동포	기혼	209	90.9
	미혼	21	9.1
	합계	230	100.0
비한국계	기혼	63	50.0
	미혼	63	50.0
	합계	126	100.0

23번. 현재 살고 있는 사람

구분		빈도	유효 퍼센트
중국동포	가족, 친척	143	66.5
	모국인 친구	13	6.0
	한국인 친구	4	1.9
	혼자	44	20.5
	기타	11	5.1
	합계	215	100.0
비한국계	가족, 친척	24	21.1
	모국인 친구	66	57.9
	한국인 친구	1	.9
	제3국인 친구	1	.9
	혼자	17	14.9
	기타	5	4.4
	합계	114	100

24번. 자녀 수

구분		빈도	유효 퍼센트
중국동포	없다	59	24.2
	1명	78	32.0
	2명	91	37.3
	3명 이상	16	6.6
	합계	244	100.0

		빈도	유효 퍼센트
비한국계	없다	26	26.8
	1명	39	40.2
	2명	24	24.7
	3명 이상	8	8.2
	합계	97	100.0

25번. 한국 거주 자녀 수

구분		빈도	유효 퍼센트
중국동포	0	30	24.8
	1	38	31.4
	2	36	29.8
	3	12	9.9
	4	2	1.7
	5	2	1.7
	6	1	.8
	합계	121	100.0
비한국계	0	10	50.0
	1	5	25.0
	2	1	5.0
	5	1	5.0
	6	1	5.0
	9	2	10.0
	합계	20	100.0

F. 주거와 일상생활

26번. 거주 유형

구분		빈도	유효 퍼센트
중국동포	기숙사	32	15.2
	임대주택	179	84.8
	합계	211	100.0
비한국계	기숙사	31	24.4
	임대주택	96	75.6
	합계	127	100.0

26-1번. 임대 주택일 경우 어떻게 알게 되었나

구분		빈도	유효 퍼센트
중국동포	회사 소개	24	12.1
	본인이 직접	142	71.7
	친구 소개	32	16.2
	합계	198	100.0
비한국계	회사 소개	16	15.7
	본인이 직접	17	16.7
	친구 소개	69	67.6
	합계	102	100.0

27번. 비용지불 형태

구분		빈도	유효 퍼센트
중국동포	무상	6	2.9
	월세.사글세	57	27.1
	부증부 월세	122	58.1
	전세	18	8.6
	자가	3	1.4
	기타	4	1.9
	합계	210	100.0
비한국계	무상	16	14.4
	월세.사글세	75	67.6
	부증부 월세	10	9.0
	전세	5	4.5
	자가	4	3.6
	기타	1	.9
	합계	111	100.0

28번. 집 구할 때 어려움

구분		빈도	유효 퍼센트
중국동포	없었다	123	63.1
	있었다	72	36.9
	합계	195	100.0
비한국계	없었다	49	55.7
	있었다	39	44.3
	합계	88	100.0

30번. 거주지 거주 이유

구분		빈도	유효 퍼센트
중국동포	집값이나 임대료가 싸서	55	26.8
	일터가 가까워서	81	39.5
	친척이나 친구가 가까이 있어서	22	10.7
	이웃관계가 좋아서	10	4.9
	주변환경이 좋아서	10	4.9
	기타	27	13.2
	합계	205	100.0
비한국계	집값이나 임대료가 싸서	20	17.2
	일터가 가까워서	79	68.1
	친척이나 친구가 가까이 있어서	10	8.6
	이웃관계가 좋아서	2	1.7
	주변환경이 좋아서	2	1.7
	기타	3	2.6
	합계	116	100.0

31번. 주거 어려움

구분		빈도	유효 퍼센트
중국동포	집세가 비싸다	104	51.5
	동거인이 많다.	20	9.9
	화장실 사용의 불편	65	32.2
	화제나 붕괴의 위험	8	4.0
	교통의 불편	7	3.5
	이웃들과 다툼이 있다	24	11.9
	집주인이 나가라고 한다	1	.5
	방음이 안된다	26	12.9
	창문이 없다	15	7.4
	합계	202	
비한국계	집세가 비싸다	70	63.1
	동거인이 많다.	37	33.3

화장실 사용의 불편	50	45.0	
화제나 붕괴의 위험	25	22.5	
교통의 불편	4	3.6	
이웃들과 다툼이 있다	7	6.3	
집주인이 나가라고 한다	4	3.6	
방음이 안된다	4	3.6	
창문이 없다	9	8.2	
합계	110		

32번. 한국 주민의 친절 정도

구분		빈도	유효 퍼센트	누적퍼센트
중국동포	매우 불친절	15	6.5	6.5
	불친절	48	20.8	27.3
	보통	114	49.4	76.6
	친절	42	18.2	94.8
	매우친절	12	5.2	100.0
	합계	231	100.0	
비한국계	매우 불친절	6	4.6	4.6
	불친절	6	4.6	9.2
	보통	79	60.3	69.5
	친절	34	26.0	95.4
	매우친절	6	4.6	100.0
	합계	131	100.0	

33번. 친구 종류

구분		N	최소값	최대값	평균
중국동포	본국인 친구	161	1	50	5.84
	한국인 친구	42	1	30	5.05
	제3국인 친구	7	1	3	2.57
비한국계	본국인 친구	68	1	60	16.38
	한국인 친구	13	2	20	6.85
	제3국인 친구	21	2	6	2.86

34번. 한국 친구 사귀기

	구분	빈도	유효 퍼센트	누적퍼센트
중국동포	매우 쉽다	30	12.8	12.8
	대체로 쉬운편이다	27	11.5	24.3
	그저 그렇다	82	34.9	59.1
	대체로 어려운 편이다	52	22.1	81.3
	매우 어렵다	44	18.7	100.0
	합계	235	100.0	
비한국계	매우 쉽다	5	3.9	3.9
	대체로 쉬운편이다	30	23.6	27.6
	그저 그렇다	62	48.8	76.4
	대체로 어려운 편이다	29	22.8	99.2
	매우 어렵다	1	.8	100.0
	합계	127	100.0	

35번. 자국인 모임 유무

	구분	빈도	유효 퍼센트
중국동포	있다	142	67.6
	없다	68	32.4
	합계	210	100.0
비한국계	있다	26	33.3
	없다	52	66.7
	합계	78	100.0

35-1번. 모임의 목적

	구분	빈도	유효 퍼센트
중국동포	친목	62	43.4
	운동	6	4.2
	서로돕기	58	40.6
	기타	17	11.9
	합계	143	100.0
비중국계	친목	22	61.1
	운동	8	22.2

구분	빈도	유효 퍼센트
서로돕기	4	11.1
기타	2	5.6
합계	36	100.0

35_3번. 모임 리더

	구분	빈도	유효 퍼센트
중국동포	연장자	14	16.9
	투표로 뽑은 대표	7	8.4
	공동의 의견	62	74.7
	합계	83	100.0
비한국계	연장자	12	41.4
	투표로 뽑은 대표	7	24.1
	공동의 의견	10	34.5
	합계	29	100.0

37번. 이용 의료 기관

	구분	빈도	유효 퍼센트
중국동포	병원	64	36.4
	약국	61	34.7
	무료검진기관	24	13.6
	보건소	3	1.7
	한의원	8	4.5
	기타	16	9.1
	합계	176	100
비한국계	병원	51	53.7
	약국	11	11.6
	무료검진기관	27	28.3
	보건소	2	2.1
	한의원	3	3.2
	기타	1	1.1
	합계	95	100

38번. 일상의 문제

중국동포
1. 음식

구분	빈도	유효 퍼센트
매우 심각하다	7	4.4
다소 심각한 편이다	6	3.8
그저 그렇다	54	34.2
별로 심각하지 않다	24	15.2
전혀 심각하지 않다	67	42.4
합계	158	100.0

2. 의복

구분	빈도	유효 퍼센트
매우 심각하다	6	3.8
다소 심각한 편이다	8	5.1
그저 그렇다	56	35.7
별로 심각하지 않다	22	14.0
전혀 심각하지 않다	65	41.4
합계	157	100.0

3. 주거, 숙소

구분	빈도	유효 퍼센트
매우 심각하다	22	13.9
다소 심각한 편이다	15	9.5
그저 그렇다	71	44.9
별로 심각하지 않다	17	10.8
전혀 심각하지 않다	33	20.9
합계	158	100.0

4. 금전문제

구분	빈도	유효 퍼센트
매우 심각하다	35	22.3
다소 심각한 편이다	28	17.8
그저 그렇다	51	32.5
별로 심각하지 않다	12	7.6
전혀 심각하지 않다	31	19.7
합계	157	100.0

5. 결혼생활

구분	빈도	유효 퍼센트
매우 심각하다	20	16.4
다소 심각한 편이다	12	9.8
그저 그렇다	46	37.7
별로 심각하지 않다	14	11.5
전혀 심각하지 않다	30	24.6
합계	122	100.0

6. 성생활문제

구분	빈도	유효 퍼센트
매우 심각하다	19	16.5
다소 심각한 편이다	15	13.0
그저 그렇다	37	32.2
별로 심각하지 않다	11	9.6
전혀 심각하지 않다	33	28.7
합계	115	100.0

7. 기후, 날씨

구분	빈도	유효 퍼센트
매우 심각하다	9	6.8
다소 심각한 편이다	7	5.3

그저 그렇다	38	28.8
별로 심각하지 않다	20	15.2
전혀 심각하지 않다	58	43.9
합계	132	100.0

8. 언어(의사소통)문제

구분	빈도	유효 퍼센트
매우 심각하다	16	11.9
다소 심각한 편이다	10	7.4
그저 그렇다	29	21.5
별로 심각하지 않다	31	23.0
전혀 심각하지 않다	49	36.3
합계	135	100.0

9. 건강문제

구분	빈도	유효 퍼센트
매우 심각하다	17	11.0
다소 심각한 편이다	21	13.6
그저 그렇다	44	28.6
별로 심각하지 않다	25	16.2
전혀 심각하지 않다	47	30.5
합계	154	100.0

10. 문화적 차이로 인한 갈등

구분	빈도	유효 퍼센트
매우 심각하다	24	16.6
다소 심각한 편이다	17	11.7
그저 그렇다	53	36.6
별로 심각하지 않다	21	14.5
전혀 심각하지 않다	30	20.7
합계	145	100.0

비한국계

1. 음식

구분	빈도	유효 퍼센트
매우 심각하다	2	2.2
다소 심각한 편이다	10	10.9
그저 그렇다	13	14.1
별로 심각하지 않다	45	48.9
전혀 심각하지 않다	22	23.9
합계	92	100.0

2. 의복

구분	빈도	유효 퍼센트
매우 심각하다	0	0.0
다소 심각한 편이다	9	10.3
그저 그렇다	43	49.4
별로 심각하지 않다	12	13.8
전혀 심각하지 않다	23	26.4
합계	87	100.0

3. 주거, 숙소

구분	빈도	유효 퍼센트
매우 심각하다	5	5.7
다소 심각한 편이다	18	20.5
그저 그렇다	30	34.1
별로 심각하지 않다	20	22.7
전혀 심각하지 않다	15	17.0
합계	88	100.0

4. 금전문제

구분	빈도	유효 퍼센트
매우 심각하다	7	7.8
다소 심각한 편이다	16	17.8
그저 그렇다	21	23.3
별로 심각하지 않다	34	37.8
전혀 심각하지 않다	12	13.3
합계	90	100.0

5. 결혼생활

구분	빈도	유효 퍼센트
매우 심각하다	7	8.2
다소 심각한 편이다	34	40.0
그저 그렇다	21	24.7
별로 심각하지 않다	7	8.2
전혀 심각하지 않다	16	18.8
합계	85	100.0

6. 성생활문제

구분	빈도	유효 퍼센트
매우 심각하다	22	27.5
다소 심각한 편이다	22	27.5
그저 그렇다	9	11.3
별로 심각하지 않다	7	8.8
전혀 심각하지 않다	20	25.0
합계	80	100.0

7. 기후, 날씨

구분	빈도	유효 퍼센트
매우 심각하다	5	5.4
다소 심각한 편이다	50	54.3

구분	빈도	유효 퍼센트
그저 그렇다	19	20.7
별로 심각하지 않다	12	13.0
전혀 심각하지 않다	6	6.5
합계	92	100.0

8. 언어(의사소통)문제

구분	빈도	유효 퍼센트
매우 심각하다	6	6.7
다소 심각한 편이다	42	47.2
그저 그렇다	17	19.1
별로 심각하지 않다	16	18.0
전혀 심각하지 않다	8	9.0
합계	89	100.0

9. 건강문제

구분	빈도	유효 퍼센트
매우 심각하다	4	4.7
다소 심각한 편이다	11	12.8
그저 그렇다	50	58.1
별로 심각하지 않다	12	14.0
전혀 심각하지 않다	9	10.5
합계	86	100.0

10. 문화적 차이로 인한 갈등

구분	빈도	유효 퍼센트
매우 심각하다	7	7.8
다소 심각한 편이다	34	37.8
그저 그렇다	28	31.1
별로 심각하지 않다	13	14.4
전혀 심각하지 않다	8	8.9
합계	90	100.0

39번. 한국 인상

구분	빈도	유효 퍼센트
매우 많이 좋아졌다	51	21.2
다소 좋아졌다	78	32.4
마찬가지다	45	18.7
다소 나빠졌다	46	19.1
매우 많이 나빠졌다	21	8.7
합계	241	100.0

구분	빈도	유효 퍼센트
매우 많이 좋아졌다	31	28.2
다소 좋아졌다	53	48.2
마찬가지다	23	20.9
다소 나빠졌다	2	1.8
매우 많이 나빠졌다	1	.9
합계	110	100.0

40번. 퇴근 후 시간 활용(3개 선택)

	구분	빈도	유효 퍼센트
중국동포	방에서 TV보기 등 휴식	148	31.6
	집안일(빨래, 청소 등)	118	25.2
	친구만나기	75	16.0
	기술 습득 및 한국어 공부	15	3.2
	신앙생활	71	15.1
	시대 구경 및 쇼핑	26	5.5
	게임방, 노래방	7	1.5
	기타	9	1.9
	합계	469	100.0
비한국계	방에서 TV보기 등 휴식	104	41.1
	집안일(빨래, 청소 등)	50	19.8
	친구만나기	43	17.0
	기술 습득 및 한국어 공부	23	9.1
	신앙생활	22	8.7
	시대 구경 및 쇼핑	4	1.6
	게임방, 노래방	4	1.6

구분		빈도	유효 퍼센트
	기타	3	1.2
	합계	253	100.0

41번. 주말 휴일시간 활용(3개 선택)

구분		빈도	유효 퍼센트
중국동포	방에서 TV보기 등 휴식	115	26.0
	집안일(빨래, 청소 등)	118	26.6
	친구만나기	84	19.0
	기술 습득 및 한국어 공부	6	1.4
	신앙생활	81	18.3
	시대 구경 및 쇼핑	20	4.5
	게임방, 노래방	5	1.1
	기타	14	3.2
	합계	443	100.0
비한국계	방에서 TV보기 등 휴식	77	29.8
	집안일(빨래, 청소 등)	42	16.3
	친구만나기	50	19.4
	기술 습득 및 한국어 공부	17	6.6
	신앙생활	43	16.7
	시대 구경 및 쇼핑	26	10.1
	게임방, 노래방	2	.8
	기타	1	.4
	합계	258	100.0

42번. 여가시간 불편한 점

구분		빈도	유효 퍼센트
중국동포	회사주변에 적절한 시설이 없어서	4	1.8
	어디를 가야할지 몰라서	26	11.9
	돈이 없어서	96	44.0
	시간이 부족해서	69	31.7
	의사소통이 안돼서	11	5.0
	기타	12	5.5
	합계	218	100.0
비한국계	회사주변에 적절한 시설이 없어서	15	16.5
	어디를 가야할지 몰라서	23	25.3

	빈도	유효 퍼센트
돈이 없어서	18	19.8
시간이 부족해서	25	27.5
의사소통이 안돼서	4	4.4
기타	6	6.6
합계	91	100.0

43번. 모슬렘 여부

구분		빈도	유효 퍼센트
중국동포	모슬렘이다	2	1.2
	모슬렘 아니다	158	98.8
	합계	160	100.0
비한국계	모슬렘이다	52	45.2
	모슬렘 아니다	63	54.8
	합계	115	100.0

43-1번.

구분		빈도	유효 퍼센트
비한국계	예	45	43.3
	아니오	59	56.7
	합계	104	100.0

44번. 종교 모임 · 집회 참석여부

구분		빈도	유효 퍼센트
중국동포	주 1회	54	29.3
	주 2회이상	27	14.7
	한달에 1회~2회	31	16.8
	비정기적으로	16	8.7
	참석하지 않는다	56	30.4
	합계	184	100.0
비한국계	주 1회	36	31.0
	주 2회이상	26	22.4
	한달에 1회~2회	11	9.5
	비정기적으로	35	30.2
	참석하지 않는다	8	6.9
	합계	116	100.0

45번. 차별 경험

구분		빈도	유효 퍼센트	누적퍼센트
중국동포	매우 자주 있다	63	27.8	27.8
	종종 있다	68	30.0	57.7
	조금 있다	52	22.9	80.6
	거의 없다	31	13.7	94.3
	전혀 없다	13	5.7	100.0
	합계	227	100.0	
비한국계	매우 자주 있다	16	12.1	12.1
	종종 있다	41	31.1	43.2
	조금 있다	29	22.0	65.2
	거의 없다	26	19.7	84.8
	전혀 없다	20	15.2	100.0
	합계	132	100.0	

46번. 차별 상대

구분		빈도	유효 퍼센트
중국동포	직장 상사	80	38.1
	행정 공무원	22	10.5
	학교, 교회의 선생님	3	1.4
	주위의 아는 한국인(친구, 동료, 이웃 등)	58	27.6
	모르는 한국인	16	7.6
	없다	31	14.8
	합계	210	100.0
비한국계	직장 상사	51	45.9
	행정 공무원	7	6.3
	학교, 교회의 선생님	2	1.8
	주위의 아는 한국인(친구, 동료, 이웃 등)	13	11.7
	모르는 한국인	11	9.9
	없다	27	24.3
	합계	111	100.0

46-1번. 차별 형태

구분		빈도	유효 퍼센트
중국동포	폭력	3	1.3
	월급을 받지 못한 것	46	20.5
	말로 무시한 것	98	43.8
	시선이나 표정 등의 행동으로 무시한 것	35	15.6
	기타	9	4.0
	없다	33	14.7
	합계	224	100.0
비한국계	폭력	6	5.0
	월급을 받지 못한 것	21	17.5
	말로 무시한 것	32	26.7
	시선이나 표정 등의 행동으로 무시한 것	36	30.0
	기타	1	.8
	없다	24	20.0
	합계	120	100.0

47번. 한국사회에 불만족스러운 점

구분		빈도
중국동포	직장에서의 월급이 적다	67
	직장 상사의 폭력이 많다	15
	비자허가, 갱신이 힘들다	90
	출입국 절차가 복잡하다	93
	국적취득 절차가 복잡하다	57
	일이 너무 힘들다	89
	의식주 등의 물가가 비싸서 생활하기 힘들다	59
	기타	13
	없다	13
비한국계	직장에서의 월급이 적다	42
	직장 상사의 폭력이 많다	22
	비자허가, 갱신이 힘들다	51
	출입국 절차가 복잡하다	61
	국적취득 절차가 복잡하다	39
	일이 너무 힘들다	49
	의식주 등의 물가가 비싸서 생활하기 힘들다	38
	기타	5
	없다	13

48번. 한국사회에 만족스러운 점

구분		빈도
중국동포	돈벌이가 좋다	118
	의식주의 생활이 편리하다	83
	한국 사람들이 친절하고 좋다	47
	한글, 컴퓨터 등 여러 가지 배울수 있어서 좋다	63
	기타	29
	없다	12
비한국계	돈벌이가 좋다	82
	의식주의 생활이 편리하다	30
	한국 사람들이 친절하고 좋다	14
	한글, 컴퓨터 등 여러 가지 배울수 있어서 좋다	10
	기타	3
	없다	9

49번. 국적

구분		빈도	유효 퍼센트	누적퍼센트
중국동포	꼭 바꾸고 싶다	60	25.3	25.3
	가능하다면 바꾸고 싶다	60	25.3	50.6
	상황이 되면 바꾸고 싶다	41	17.3	67.9
	별로 바꿀 생각이 없다	29	12.2	80.2
	바꿀 생각이 전혀 없다	27	11.4	91.6
	생각해 본 적이 없다	20	8.4	100.0
	합계	237	100.0	
비한국계	꼭 바꾸고 싶다	9	6.7	6.7
	가능하다면 바꾸고 싶다	12	9.0	15.7
	상황이 되면 바꾸고 싶다	28	20.9	36.6
	별로 바꿀 생각이 없다	16	11.9	48.5
	바꿀 생각이 전혀 없다	19	14.2	62.7
	생각해 본 적이 없다	50	37.3	100.0
	합계	134	100.0	

(아래부터는 중국동포만 대답해 주십시오)
50번. 한국인 혹은 중국인(중7국동포만)

구분	빈도	유효 퍼센트
중국인이라고 생각한다	147	61.3
한국인이라고 생각한다	45	18.8
둘 다라고 생각한다	46	19.2
둘 다 어느 쪽도 아니라고 생각한다	2	.8
합계	240	100.0

51_1번.

구분	빈도	유효 퍼센트
중국인이라고 생각한다	150	64.7
한국인이라고 생각한다	39	16.8
둘 다라고 생각한다	40	17.2
둘 다 어느 쪽도 아니라고 생각한다	3	1.3
합계	232	100.0

이종구
  일본 동경대학교 사회학 박사
  현) 성공회대학교 사회학과 교수

권진관
  미국 Drew 대학교 신학 박사
  현) 성공회대학교 신학과 교수

박경태
  미국 The University of Texas at Austin 사회학 박사
  현) 성공회대학교 사회학과 교수

임선일
  성공회대학교 사회학 박사
  현) 성공회대학교 연구교수

박준엽
  독일 베를린 자유대학 경제학 박사
  전) 성공회대학교 연구교수

김현선
  한국학 중앙연구원 사회학 박사
  전) 성공회대하교 연구교수

사진: 임선일, 장동만

이주민의
에스니시티와
거주지역 분석

초 판 인 쇄 | 2011년 11월 30일
초 판 발 행 | 2011년 11월 30일

지 은 이 | 성공회대학교 노동사연구소 이종구 외
펴 낸 이 | 채종준
펴 낸 곳 | 한국학술정보㈜
주   소 | 경기도 파주시 문발동 파주출판문화정보산업단지 513-5
전   화 | 031) 908-3181(대표)
팩   스 | 031) 908-3189
홈 페 이 지 | http://ebook.kstudy.com
E-mail | 출판사업부 publish@kstudy.com
등   록 | 제일산-115호(2000. 6. 19)

ISBN   978-89-268-2884-7 93330 (Paper Book)
         978-89-268-2885-4 98330 (e-Book)

이담 Books 는 한국학술정보(주)의 지식실용서 브랜드입니다.